불함문화론

不咸 Părkăn 文化論

우|리|국|학|총|서|1

《불함문화론不咸文化論》은 육당六堂 최남선崔南善 : 1890~1957년이 1927년 《조선급조선민족朝鮮及朝鮮民族 : 조선과 조선민족》경성, 조선사상통신사 제1집에 발표한 논문이다. 원저작은 1925년에 탈고한 것으로 되어 있고, 저작의 동기는 일본지식인들, 특히 동양사학자들을 겨냥하여 한국 민족문화의 시원始源 및 분포 상황을 논한 것이므로 일문日文으로 작성되었다.

불함문화론
不咸 Părkăn 文化論

최남선 지음 | 정재승·이주현 역주

조선과 조선인의 학문적 집체는 자기를 모름이기 때문에 조선인 자기의 막대한 치욕임은 진실로 물론이거니와, 인류생활사의 긴요한 한 구역이 되는 조선을 이제까지 이토록 불관不關의 역외에 두었다 함은 세계 학계에도 큰 불명예가 아니라 못할 것이다.

우리역사연구재단

동북아시아의 성산(聖山) 백두산 —《불함문화론》의 키워드인 '불함(不咸)'산으로 알려져 있다.

최남선이 추정한 〈불함문화의 유라시아 분포도〉 — 붉은 글씨가 불함문화 분포 지역

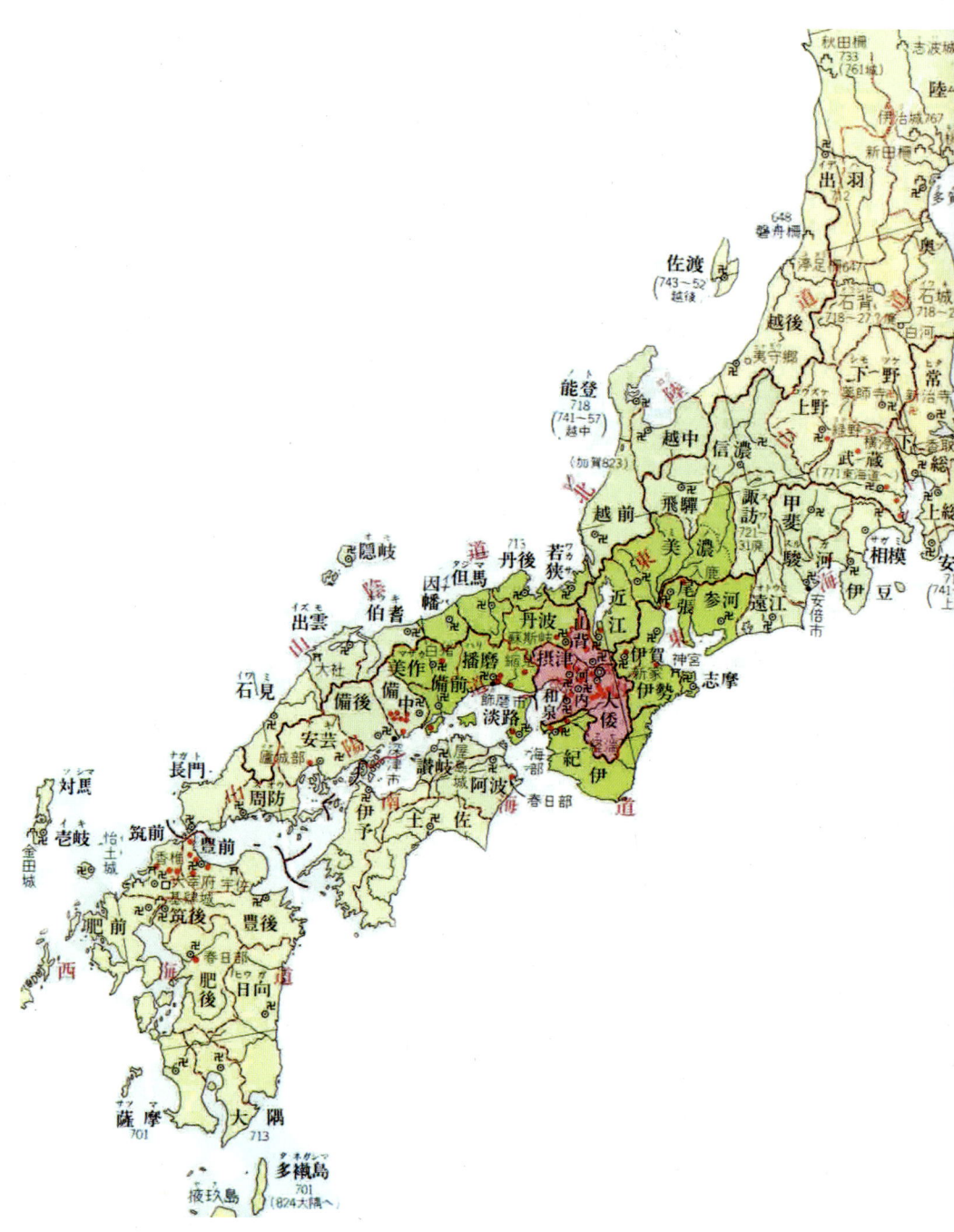

8세기 일본 나라시대의 행정구분도

불함문화론 不咸文化論

• ≪우리국학총서國學叢書≫를 펴내며

　국학國學은 전통문화의 정수精粹이다. 국학은 과거 우리 조상들의 정신문화적 정화精華이자 고전古典들의 결집체結集體이며, 동아시아 공통의 인문학적 에센스인 문사철文史哲의 향훈香薰 또한 감지感知할 수 있는 열린 장場이기도 하다. 아울러 현대를 살아가는 우리 모두에게 꼭 필요한 전통의 지혜안智慧眼과 미래에의 예지를 듬뿍 담고 있는 크나큰 생명양식의 곳간이라 할 수 있다.

　21세기 벽두부터 우리에게 불어 닥치고 있는 안팎으로의 거센 광풍狂風과 갖가지 도전들이 대한민국의 위상을 위태롭게 하고 있는 가운데 특히 인문학人文學의 위기는 그간 물질적 풍요만을 추구하고 민족문화의 뿌리인 국학정신을 소홀히 해온 데서 비롯하였다고 본다. 이러한 국학정신의 부재는 전반적으로 정신문화계의 질적 저하와 혼란을 초래하고 있다.

　그리하여 우리는 다시금 인문부흥人文復興의 기치가 필요함을 절감한다. 우리 국학은 그 대안代案이다. 그간 우리는 국학을 너무 홀대해왔다. <우리역사연구재단>은 이에 우리 국학의 소외된 명작들을 새로이 발굴해내고, 국학의 형성에 상호 영향을 주고받았던 외국의 고전들까지 그 발굴 영역을 확장하여 깊이 있고 폭넓은 열린 국학의 정수를 ≪우리국학총서≫에 담아내고자 한다.

그동안 많은 지인知人들의 도움과 격려에 힘입어 2007년 11월 <우리역사연구재단>을 설립하고 첫 사업으로 이 총서를 발간하게 된 것을 매우 기쁘게 생각하며 도와주신 모든 분들께 깊은 감사를 드린다.

≪우리국학총서≫가 우리가 살고 있는 이 땅의 올바른 역사를 찾고, 미래의 국학영재들을 많이 배출하는 뿌리 깊은 나무가 되기를 기원한다.

2008년 12월
재단법인 우리역사연구재단 이사장 이세용

불 함 문 화 론 不 咸 文 化 論

● 해제解題

1. 입론立論과 서술의 배경

≪불함문화론不咸文化論≫은 육당六堂 최남선崔南善 : 1890~1957년이 1927년 ≪조선급조선민족朝鮮及朝鮮民族 : 조선과 조선민족≫경성, 조선사상통신사 제1집에 발표한 논문이다. 원저작은 1925년에 탈고한 것으로 되어 있고, 저작의 동기는 일본지식인들, 특히 동양사학자들을 겨냥하여 한국 민족문화의 시원始源 및 분포 상황을 논한 것이므로 일문日文으로 작성되었다.

불함문화의 불함이란 붉, 광명, 하늘, 하늘신天神 : 하느님을 뜻하는 고어로서, 육당이 조선민족의 기원을 백두산을 중심으로 한 단군의 나라에 두고, 그 상고시대의 문화적 특징을 천신 사상天神思想이라 할 수 있는 '불함문화'로 명명한 데에서 비롯된 것이다. 이 논문이 발표되기 전 ≪조선역사통속강화개제朝鮮歷史通俗講話開題≫1922라는 긴 제목의 글에서 육당은 이미 역사 연구 항목의 하나로 불함문화를 논급하고 있다.

불함문화는 단군조선의 개창자開創者인 단군이 하늘에서 내려온 천신天神의 아들 환웅천왕桓雄天王의 자손이라는 단군신화, 즉 천손강림天孫降臨신화를 바탕에 깔고 있으며, 이 신화를 뿌리로 하는 불함문화가 퍼져 고대 중국과 일본의 문화를 형성했고, 나아가 유라시아 전역에 퍼졌다는 거대한 가설이 불함문화론의 내용이다.

  이러한 거대담론이 육당 개인의 순수창작은 아니고 1910년대 조선광문회朝鮮光文會를 통해 만났던 수많은 국학계國學界의 선배, 동지들에게서 영감과 지식을 얻었던 것 같다. 대표적으로 신채호申采浩 : 1880~1936년, 박은식朴殷植 : 1859~1925년, 김교헌金敎獻 : 1868~1923년, 유근柳瑾 : 1861~1921년, 나철羅喆 : 1863~1916년, 윤세복尹世復 : 1881~1960년, 권덕규權悳奎 : 1891~1949년, 정인보鄭寅普 : 1892~1950 등 대종교大倧敎 중심의 민족주의자들이 제공한 단군조선 담론들이 불함문화론 형성의 밑거름이 되었고, - 《고조선인古朝鮮人의 지나연해支那沿海 식민지》1915와 《계고차존稽古箚存》1918, 《조선역사통속강화개제》1922 등 논문 참조. - 여기에 육당 특유의 신학문을 통한 섬세하고 집요한 연구 분석 등이 가미되어 당대의 최신 인문학 분석기법인 비교종교학, 비교언어학, 비교신화학, 인류학, 역사학, 문자학, 금석학金石學, 지리학 등이 동원된 참신한 내용의 논문이 탄생한 것이다.

2. 불함문화는 인류 3대 문화권 중 하나이며 그 중심은 조선

  《조선역사통속강화개제》는 육당이 1922년 9월부터 23년 3월까지 시사주간지 <동명東明>에 연재한 한국역사연구방법론으로 불함문화의 세계사적 의의를 제기한 점이 이채롭다.

  다음은 《불함문화론》 관련 대목이다.

> …… 동방아세아에 있는 여러 민족의 종성種姓 문제와 여러 방언方言의 계통 문제는 아직 그믐 밤중이다. 앞으로 아이누, 일본, 유

구流球와 뒤로 만주, 몽골, 퉁구스가 다 상당한 고사考查: 연구를 지내었지만, 아직까지 이 모든 것이 제각기 유리遊離하고 끼리끼리 연결될 뿐이지 이 여러 족속을 크게 한가지로 묶는 일대문화 계통을 성립시키지 못하는 것은 이 문화권 내에서 역사적, 지리적 중심이 되는 조선의 그것이 아직까지 황무지로 있기 때문이다. 아리안문화에 대한 그리스와 중세기 문화에 대한 아라비안 같은 지위를 한 몸에 모두 지닌 조선이 인문과학상 암흑계로 있음은 다만 동방문화의 성립을 불가능하게 하는 손실이 있을 뿐 아니라, 인문 발전의 중요한 일면이 엄폐, 매몰되는 점으로 세계문화사를 기형 불구가 되게 하는 대결함이라 할 것이다. 조선과 조선인의 학문적 침체는 자기를 모름이기 때문에 조선인 자기의 막대한 치욕임은 진실로 물론이거니와, 인류생활사의 긴요한 한 구역이 되는 조선을 이제까지 이토록 불관不關의 역域에 두었다 함은 세계학계에도 큰 불명예가 아니라 못할 것이다. 우리 생각에는 인류사회는 무릇 3대 문화의 조합으로 발전된 것인데, …… 인도유럽 계통의 문화와 중국 계통의 문화는 비교적 어지간히 요리되었건마는, 이 둘에 대해 타他의 일변을 이루는 일대 문화 계통이 있는 줄을 깊이 살피지 못하고 간절히 찾지 아니하는 까닭에 세계사란 것이 아직도 자리를 잡지 못하는 줄 안다. 마땅히 계통적으로 보아주고, 조직적으로 뚫어야 하는 일대 문화 계통의 존재를 인식하지 못하는 것은 …… 신세기 학술의 큰 결점이라 할 것이다. 꼭 있건마는 아직 드러나지 아니한 이 문화 계통이 무엇이냐 하면, 나는 우선 그것은 <불함不咸 계통>이란 이름으로써 부르려 한다. 그것은 이 문화 계통에 붙이는 민족의 주거지에는 반드시 <불함>으로써 어원을 삼는 일대 영장靈場이 있기 때문이다. 그런데 이 인문 발전상의 일대 조류인 불함문화가 벌써 드러났어야 하건마는 아직까지도 숨어 있게 됨은 여러 까닭이 있다 하겠지만, 그 주요 원인이 그 문화권의 집중지인 조선이란 것이 충충하고 시커먼 물속에 일체의 비밀을 담아가지고 있는 까닭으로 안다. …… 우리의

해제 **13**

보는 바로는 조선은 불함 계통 문화의 역사상 표치標幟가 되는 자이다. …… 그 문화의 성질과 유포를 밝힘은 대체적으로 역사의 미몽 일체를 헤치게 될 것이다. 이 점에 있어 조선 역사의 연구는 실로 본질적으로 세계적 대가치를 지니는 것이다.

조선을 중심으로 하는 학문적 설계만 가지면, 시방까지 성부成否가 현안 중에 있는 <동양사>란 것도 비교적 용이하게 학문적 성취를 고할 것이요, 이른바 세계 역사란 것도 그러한 기초 위에 비로소 완전한 결구結構를 기대할 것이다. …… 그런데 이 모든 것은 조선이라는 처녀를 과학의 혼인잔치로 끌어 내와야 될 일이다. 조선으로써 심心을 박고, 조선으로써 부레풀을 하고, 조선으로써 사개*를 맞춰야 그 따로 났던 것이 비로소 한데로 모여들고, 그 어근버근하는 것이 비로소 꼭 엉기게 될 것이다. 조선의 쐐기로만 비로소 하나를 이룰 것이다.

이상의 글을 보면 아무리 80년 전의 계몽학자의 글이라 하더라도 불함문화, 즉 조선문화에 대한 자부심과 긍지가 놀랍도록 당당하고 투명하다. 이를 두고 요즘 말로 '자민족 중심주의'가 지나쳐 과도한 국수주의에 빠져 있다고도 하겠지만, 우리 문화에 대한 지고한 사랑과 열정, 연구 방법에 대한 박학함과 치밀함만은 인정하지 않을 수 없다.

이런 점은 현재의 우리가 지난 국학의 대선배들에게서 필히 배우고 챙겨야 할 소중한 덕목이 아닌가 싶다.

---

* 상자 같은 것의 네 모퉁이를 요철형으로 만들어 끼워 맞추게 된 부분.

3. 18장의 내용에 담긴 세계사적 구도

불함문화론은 총 18장의 항목을 설정하여 저자 자신의 웅대한 세계사적 구도를 펼쳐 보이고 있다. 우선 제1장 <동방문화의 연원>에서는 조선 역사의 출발점을 인문의 기원인 단군 연구에 둠을 밝히고 단군이야말로 조선 고대사의 수수께끼를 풀 수 있는 유일한 열쇠요, 지극히 중요한 동양학의 초석이라는 의미 부여를 하고 있다. 또한, 단군신화의 주무대인 태백산太白山의 백白 자가 있음을 단순한 우연이 아니라 보고 여기에 함축되어 있는 고대 종교 문화의 핵심을 찾아 나서려 함을 불함문화론의 서론序論으로 삼고 있다.

제2장 <백산白山과 천자天子>는 앞서 제기했던 백산의 백白이 조선의 '붉'의 대응어로서 '붉'은 고대로부터 태양을 부르는 성스러운 말이었고, 하늘天과 하느님神을 상징하는 천신天神의 의미로 사용되어왔음을 밝히고 있다. 그리하여 백산白山은 곧 붉산이며 그 활용형으로 붉은산, 붉은애산 등으로 불려왔는데, 조선의 지명뿐 아니라 일본의 천손강림天孫降臨의 신화 중심지인 규슈 미야자키현의 고천수高天穗 : 다카치호 산봉우리 이름들에도 후루ㄱ루나 호코ㅎㅋ 같은 '붉'의 일본어형 증거들이 허다히 나타난다는 것이다.

또한, 이러한 증거가 일본 역사의 첫무대인 쓰쿠시筑紫 지방에도 무수히 있어 다카치호高天穗보다 선명하게 그 옛말의 상태를 보존하고 있다고 설파한다.

제3장 <일본의 붉산>과 제4장 <백산白山의 음운적 변전>에서는 일본 내에서의 붉산의 자취들을 추적하고 있는데, 일본 와세다早稲田대학 지리역사학과 3개월 청강의 교육밖에 안 받은 육당이 천재적

인 독학 실력을 유감없이 발휘하는 듯 종횡무진 일본 전역의 지리와 역사를 넘나들며 자신의 주장을 펼치고 있다. 다카치호高天穗에 버금가는 명산은 역시 규슈의 영언산英彦山인데, 일본어 발음 히코산의 '히코'가 곧 일자日子로 태양의 자손을 뜻하는 말이므로, 히코산 역시 붉산의 일본어형이며 신산神山이라는 것이다. 이런 식으로 규슈에서 혼슈本州 지방의 산잉山陰, 이즈모山雲, 호우키伯耆, 하코네箱根 등 붉의 변형된 지명과 산명 들을 당시 전 세계적으로 유행하던 비교언어학의 잣대를 사용하여 파헤치고 있다.

제4장에서는 붉산의 총수격이 한국의 백두산이며, 그 옛 이름이 불함不咸임을 처음으로 밝히며 '붉'이 울ur의 각운脚韻을 취한 예로 묘향산과 금강산의 최고봉인 비로, 오대산의 풍로, 지리산의 반야 등을 꼽았다.

또한, 모든 붉, 붉은, 붉은애산의 특징으로 첫째, 그것이 그 지방 사람 및 만물의 창조신화의 무대이며

둘째, 그것이 그 지역에서 가장 높고 크며 존숭을 받는 엄숙함을 지녔다는 것

셋째, 그것이 그 지역의 국경선 및 국방의 요충지 역할을 하고 있다는 것

넷째, 그것이 그 지역 주민 신앙의 최고대상인 천신天神을 받드는 제사장소라는 점 등을 도출해내고 있다.

제5장 <금강산은 작가라산차크라산>에서는 한국의 대표적인 붉산의 하나로 금강산을 들고 이에 대한 집중분석을 행한다. 금강산의 다른 이름인 봉래나 풍악, 봉우리 이름인 망군, 법기, 백운 등은

'붉'의 흔적이 남아 있으나, 금강은 인도 산스크리트어 바즈라의 번역어로서 굳셈이란 뜻 외에 원래 금강산의 다른 이름 중 하나인 '대갈' 또는 '대가리Taigări'에서 비롯되었다고 보았다. 이 대가리란 말도 터키와 몽골어인 탕그리Tangri와 텡그리Tengri와 동류어同類語로서 천신天神을 표상하며 그것의 인격화된 이름이 후세에 '대감Taigam'으로 남는다고 설명하고 있다.

이에 대한 방증傍證으로 경주의 토함산土含山이 대갈산Taigăr산 및 대감산Taigam산임을 들고 있으나, 아직 방증이 좀 부족하고 미약한 느낌이다.

제6장 <태산부군泰山府君과 대인大人>에서는 중국에서 붉산과 불함산과 대갈산 및 대감산의 증거들을 찾으려 하며, 산동 지역의 명산이자 중국 오악五嶽 신앙의 메카요, 핵심이 되는 태산泰山을 샅샅이 파헤치고 있다. 특히 주목할 만한 육당의 역사적 시각으로는 태산 근방이 자리한 제齊와 노魯의 땅을 동이족東夷族의 원주지로 보고 있음을 들 수 있다. 동이족은 곧 한민족의 고대 명칭으로 중국 사서史書에 기록되어 있으며, 육당 또한 불함문화의 주담당 계층을 동이족으로 보는 관점을 시종일관 지니고 있다. 또한, 태산의 태泰가 고대에는 대岱로 쓰였으며, 그것은 대갈Taigăr이란 동이어東夷語의 한문식 축약형이라 보았다. 태산의 주신主神을 부군府君이라 함과 태산여신女神을 벽하원군碧霞元君, 주된 사당 이름이 벽하궁碧霞宮임을 들어 '붉'의 어형語形도 남아 있음을 밝히며, 중국의 역易 사상과 삼재론三才論, 천天과 천자天子의 관념과 문자적 형태, 소리, 뜻 모두가 동이족의 고대철학인 불함문화에서 받아들인 것으로 조심스레 예단하고 있다.

제7장 <신선도의 태반>에서는 중국인의 과거 동방민족에 대한 칭호와 태산과의 관계를 논하면서 동이의 이夷 자에 대한 문자학적 접근과 분석을 중국 고전 ≪산해경≫의 대인국大人國설화와 비교하며 동방의 대인大人이란 원래 태산 지역의 대갈인Taigăr人이었다는 결론을 끌어내고 있다.

또한, 대갈산이자 붉산이며 신성한 천신天神 텡그리의 영역인 태산이야말로 중국 도교의 모체인 신선도神仙道가 발생한 태반임을 태산 동쪽 일대의 '봉래' 지명과 앞바다 '발해' 명칭에 대한 어원적 고찰을 시도하며 고증해내고 있는데, 특히 태산이 자리한 동이의 옛 땅 연燕, 제齊는 방사方士의 본고장임을 언급하며 신선 사상의 핵심 인물인 '방사'를 현대 한국어의 남자무당을 뜻하는 '박수'나 키르기즈어의 '박사' 등 중국식 번역 형태 가운데 하나로 추정한 것은 실로 육당만이 발휘할 수 있는 인문학적 상상력의 백미라 할 수 있겠다. 방사, 박수, 박사 등의 공통 원형 역시 '붉'이므로, 최남선은 한국의 무속과 북방 시베리아, 만주, 중앙아시아 지역의 샤머니즘천신주의과 중국의 도교 모두를 잇는 문화의 근원지로 이미 동방 동이족의 불함문화를 상정하고 있었음이 이 7장에서 벌써 드러난다.

제8장 <딕그리와 텡그리와 천구天狗>에서는 앞장에서 조선과 중국의 붉산이 대갈Taigăr과 텡그리tengri의 이름과 뜻도 함께 지니고 있음을 고찰한 데 이어, 일본의 경우를 추리, 고찰하고 있다. 일본어 다케산봉우리 嶽악가 '다카'에서 유래되었고 하늘天을 뜻하며, 일본 고대의 신성한 산 이름에 천구天狗 : 텐구의 이름이 붙는 것은 천구가 천신을 뜻하는 '텡그리'의 일본어형으로 다카, 다카마와 같은 종류의 말이기 때문이라는 것이다. 또한, 일본의 고대 종교인 수험도修驗

道가 원래 텡그리산 중심의 산악 숭배 종교였으며, 산신山神과 천구天狗는 거의 동일시되었다고 밝히고 있다.

일본 역사의 출발점인 ≪고사기古事記≫에 나오는 신대神代의 고천원高天原 : 다카마노하라 천신계天神界에 대한 해석도 불함문화의 남방 진출과 연계하여 금강산, 태산에서 본 것처럼 붉과 대갈, 텡그리 사상의 연장선상에서 고찰을 시도하였고, 논거를 뒷받침하는 많은 지명들을 제시하였다.

제9장 <히코와 다카>에서는 일본 신대神代의 구심점인 다카마노하라高天原의 의미가 한국과 중국 및 여러 나라의 건국신화와 일치하는 모습을 보이고 있음에 주목하고, 일본 신격神格에 붙는 '히코'란 용어가 '붉'의 일본어 형태임을 밝히는 동시에, 그 파생어도 여신을 표현하는 '히루메'와 '히메'가 한국어 '할미'와 '할머이'와 어원을 같이한다고 추정했다. '붉'의 다른 표현인 '대갈' 역시 일본에서 신격神格의 칭호로 쓰였음을 일본 고대 신화집 ≪고사기≫와 ≪일본서기日本書紀≫에 나오는 수십 개의 신들 이름을 분석하여 예증하고 있다. 또한, '대갈'이 '대감'으로 변하는 표징들도 일본 내 지명과 신들 이름, 신사 이름들에서 추적하여 밝히고 있다.

몇 년 전 한 일본 언어학자가 현대 일본어의 어근을 연구하여 현대 일본어가 고대 한국의 고구려, 백제, 신라 말들과 똑같다는 충격적인 결론을 도출해 논문과 책을 써냈는데, 최남선은 이미 80년 전에 고대 일본은 한국인들이 세운 나라라는 생각을 지니고 현대 일본어에 대한 깊은 비교언어학적 연구를 시도하여 엄청 많은 학문적 수확을 올렸던 것이다.

제10장 <조선 신도神道의 대계大系>에서는 불함문화의 핵심 키워드로 사용한 '붉'과 '대갈', '대감', '텡그리', '부군', '불' 등이 모두 하늘과 하늘신天神을 나타내는 종교적 숭앙의 대상어임을 주목하고, 그 용어들을 사용했던 광범위한 지역의 고대 선주민들이 종교와 정치가 일치된 일대 문화권을 형성하고 있었음을 추찰한 뒤 이름 하여 한국의 붉문화불함문화 : 천신도天神道, 중국의 신선도神仙道, 일본의 수신도隨神道라 하였다. 즉 이들의 공통분모는 신도神道 또는 신교神教라는 종교적 공동체에 있다고 보았던 것이다. 이러한 계통의 흔적으로 ≪삼국사기≫ 4권 진흥왕 37년 조에 수록된 최치원의 <난랑비鸞郞碑> 서문의 일부를 필두로, '풍류'는 '불pur'의 호칭으로 보았고, 고대 천신제사를 주관하는 박수남자무당를 거서간, 차차웅, 이사금, 마립간 등으로, 그때의 세상을 '불구내弗矩內'로 표현했다고 보았다.

또한, 붉은의 성스러운 의식은 고려의 팔관회, 이조의 부군府君, 할머이 신앙, 정감록, 남조선 사상, 동학 및 각종 토착적 유사 종교들에게까지 파급되어 그 명맥을 유지해갔으니 실로 <붉도道>는 조선에서 죽어 없어지지 않고 현재까지 끈질기게 살아 있으며, 민중의 마음속 깊은 곳에 내려와 스며들어 있음을 강조하였다.

제11장 <건국설화상의 천天과 단군壇君>에서는 조선의 고대사, 특히 건국신화의 주인공들인 단군과 부루, 주몽, 혁거세, 알지, 주일, 청예, 수로 등의 이야기에 나오는 '붉'의 원형 등을 분석하고, 특히 단군과 천군天君, 당굴, 텡굴, 텡그리 등이 같은 어원임을 얘기하며, 단군이 고대에 '붉'을 표상으로 하는 텡그리천신 문화권의 제정일치적 샤먼군장이었음을 처음으로 주장하였다.

육당은 이 잃어버린 일대一大 문화, 즉 불함문화의 계통과 성격

등을 명백히 밝힘으로써 동양사 내지 인류문화사의 중대한 개정과 보완이 촉구될 것으로 보았다.

제12장 〈불함문화의 계통〉에서는 세계사의 잊혀진 큰 부분인 불함문화, 즉 단군문화가 현재1925년 당시 샤머니즘과 샤먼이란 원시신앙의 양태로서 간신히 명맥을 유지하고 있음을 개탄하며 아주 중요한 발언을 토해낸다. 즉 샤먼이건 붉이건 이것이 인도와 유럽 및 중국이라는 두 계통 이외의 제민족이 지닌 문화적 공통 원칙으로서 예부터 동방역사 전개의 근본 동기를 이루고 있다는 점과, 또한 동방문화의 정점으로 삼는 중국 고대문화가 실은 불함문화로 그 대부분의 내용을 이루고 있다는 점 등을 밝히며 불함문화에 대한 학자의 태도와 기존 관념이 대폭 바뀌어야 함을 강조했던 것이다.

다시 말해 조선인이건 일본인이건 자신의 문화와 역사의 동기와 본질을 고찰할 경우, 무턱대고 중국 본위로 모색함을 지양하고 자기 본래의 면목을 자주적으로 관찰해야 할 것이며, 더 나아가 중국문화의 성립에 자신들이 기여한 자취를 찾아내어 동방문화의 올바른 유래를 밝히려는 노력이 앞으로 요구된다는 것이다.

육당의 이 같은 논점을 듣다보면 인도 유럽권과 중국권을 제외한 나머지 문화권 중 제일 소외된 지역, 바로 몽골리안 루트로 알려진 초원의 길 또는 순록의 길 문화권이 자연이 떠오른다. 육당은 이 길을 알고 있었던 것일까? 실크로드와는 또 다른 인류문명의 새벽, 그 여명기부터 존재한 이 길과 이 지역들을 이미 알고 있었단 말인가? 불함문화에서 북방 몽골리안 황인종의 주체인 동이족들의 북서 남방으로의 진출 루트는 묘사되고 있으나, 북동 남방으로, 즉 캄차카반도와 베링해를 거쳐 북중남미 대륙의 끝까지 진출하는 모습은 없는 것으로 보아 육당이 이에 대해 완전한 밑그림을 갖고 있던 것 같지는 않다.

육당의 불함문화 그림은 일본 및 동부 중국 → 유구 → 북해도 → 장백산백두산, 만주 → 사얀산맥바이칼호, 몽골 → 칸한khan 텡그리산, 천산산맥 → 포류해蒲類海, 신강성 하미哈密 지역, 중앙아시아 → 발칸산, 발칸반도로 일차 그려지고 있다.

여기에 흑해를 중심으로 동쪽은 카스피해, 서쪽은 에게해, 남쪽은 페르시아만까지 언급하고, 메소포타미아 지방의 바그다드, 시리아의 부카, 소아시아의 바리케스리까지 '붉'의 증적을 찾아볼 수 있다는 첨언을 하고 있어 더욱 머리가 혼란해진다.

제13장 <불함문화의 세계적 투영>에서 육당은 불함문화가 인류문명사의 영아기 모습을 지니고 있다고 함으로써 기존의 인도 유럽 문명과 중국 문명과의 차별성을 뚜렷이 했다. 즉 세계문명사의 가장 이른 횃불이 바로 불함문화라는 것이다. 불함문화가 간단치 않은 것은 이렇듯 인류문명의 기원 문제를 건드리며 상당한 두통을 요구하는 거대 담론으로 변모하고 있기 때문이다. 하지만 이런 가시덤불과 장애물들이 많기에 육당 또한 심혈을 기울이며 연구하지 않았을까 하는 추리도 가능하다. 육당은 이 장에서 처음으로 붉 사상의 초산初産地, 즉 기원지를 카스피해와 흑해 부근으로 추측하며, 이곳을 인류의 기원지로 보았다. 하지만 최소한의 현장답사도 없이 문헌적, 학술 문화적 증빙 자료만 갖고 이곳으로 추측한 것은 아무리 생각해도 육당의 경솔한 판단인 것 같다. 육당이 말하는 '유럽과 아시아를 연결하는 인문적 일호수一湖水'는 여기 말고도 시베리아의 바이칼호를 비롯 키르기즈의 이식쿨호수 등 유라시아 대륙에 많이

존재하기 때문이다.

아무튼 육당은 불함문화의 핵심인 붉과 그 고대 형태인 밝, 불 등의 잣대를 지니고 동부아시아 및 서아시아, 인도, 바빌로니아, 이집트, 그리스, 북유럽 등의 여러 나라와 게르만족, 중앙아메리카 과테말라의 마야족 등 여러 민족의 고대 신화 주인공들인 각종 신들의 이름에 대하여 비교 언어학과 비교 신화학적 작업을 진지하게 수행해나간다.

그 박학다식함과 강고한 지식의 힘에는 일견 놀라면서도 본인의 서술대로 뭔가 허술하고 생경한 느낌 또한 드는 것이 사실이다. 일단 불함문화와 동서문화의 교감이란 차원에서 그 공통점을 모색하는 작업을 처음 시도했다는 점에 큰 의미가 있다 할 것이다.

제14장 <지나支那문화의 동이소東夷素 또는 불함소不咸素>에서는 평소 중국 고대문화의 핵심 사상이라 믿고 있던 천제天祭와 천자天子 사상 및 천天에 관한 모든 이론과 실제가 전부 동이족 문화에서 비롯했다는 사실을 육당 특유의 해박한 전고典故 실력과 풍부한 고문헌 자료의 내용 등을 총동원하여 증명해 보이고 있다. 요즘의 후학들이 육당이나 단재丹齋 신채호, 위당爲堂 정인보 등의 선대 국학자들에게 빚지고 있는 대목이다. 1960년대 이후 우리는 우리의 뿌리문화를 기록한 한자 교육을 스스로 포기함으로써 스스로 발등을 찍는 셈이 되었다. 선학先學들이 공통으로 지니고 있던 중국 고전들에 대한 한국인 견지에서의 주체적 해석 실력과 사대주의를 극복한 자신감이라는 우리 국학의 유산을 후학들이 제대로 계승하지 못하고 오히려 스스로 멸시하고 천대한 결과, 이제 우리는 전통문화에 대한 지력智力이 많이 낙후된 정황에 놓여 있다.

육당은 또한 시베리아 바이칼호수 주변에 사는 부리야트 몽골족의 <게세르신화>를 한국 학자로는 처음 인용하며 ≪삼국유사≫의 단군신화 및 일본 ≪고사기≫ 신화와 비교하여 천손강림신화의 공통분모를 지적했는데, 이러한 불함문화 요소가 뒤에 중국의 천명天命 사상으로 정착되었다고 보았다.

제15장 <복희씨伏羲氏와 제帝 요순堯舜>에서는 중국 고대 문화의 첫 창조자인 복희伏羲나 신농神農을 황皇으로 보고, 첫 정치적 지배자였던 요堯와 순舜을 제帝로 보면서 이들 모두 태양의 덕을 갖추고 농업의 임무를 주로 맡아온 점으로 미루어 붉의 대신격大神格인 동이계東夷系의 단군들로 보았음을 고찰하여 문헌적, 언어학적, 금석학적, 신화학적 증명을 시도했다. 그 결과 적지 않은 불함문화적 요소들을 중국 고전에서 발견했음을 보여주고 있다.

특히 제帝의 고대 발음과 뜻, 형태 등을 추적하여 제帝 자가 동이어東夷語의 천天을 뜻하는 말인 텡그리tengri와 대갈taigar과 같은 뿌리에서 나왔음을 밝혀내는 과정은 실로 언어학적 상상력의 진수眞髓를 보여준다.

이 제15장은 ≪불함문화론≫에서 육당만이 보여줄 수 있는 국학의 향연 중 일대 하이라이트 부분으로서 고증考證의 참맛을 느낄 수 있다. 육당의 고증에 의하면 복희씨와 요순은 텡그리이며, 단군이며, 게세르칸이며 대갈붉이 된다.

또한, 중국의 창세신화인 그 유명한 <반고신화>도 불함문화계에서 나온 것이며, 은나라 대모신大母神 신화, 동이국東夷國 서徐 언왕偃王 설화도 동이족 문화에서 형성된 것으로 보았다.

제16장 <몽골蒙古의 악박鄂博과 만주滿洲의 신간神杆>에서는 서두에 불함문화권에서 조선이 차지하는 문화적 비중을 가장 크게 설명하면서, 그 까닭은 동북아시아 및 그 인접 지역인 중국, 몽골, 만주, 일본, 유구 중에서 가장 장구한 기간에 한 토지 안에서 한 민족에 의해 일관된 일통一統의 역사를 갖고 있으며, 그 전후좌우에 대해 문화적으로 하나의 방사점放射點 역할을 해온 것이 조선이었기 때문이라고 강조했다.

여기서는 불함문화의 중요한 큰 특징으로 몽골의 오보돌무더기와 만주의 신간神杆, 즉 솟대를 꼽으면서 오보는 조선의 당산堂山과 조탑造塔, 일본의 우부에 비유했고 만주의 당자堂子로 비유했다.

또한, 솟대는 만주에서 신간神杆, 색막간索莫杆이라 했고, 조선에서는 마한馬韓의 소도蘇塗와 훗대, 수구막이대가 있었고, 일본에서는 신사 앞에 세우는 도리이鳥居가 이에 해당한다고 보았다. 육당은 솟대를 고대 불함문화권 공통의 신령스런 표지였다고 정의하고 있다.

제17장 <조선과 일본과의 제사상의 일치>에서는 일본을 조선 다음으로 한 국토와 한 민족을 계승하는 고국古國으로 보고, 종교문화인 불함문화를 통해 두 나라 제사예식의 공통점을 분석하고 있다.

조선 민족의 액풀이 제례인 '풀이'와 일본신도의 제액除厄 행사인 '하라히祓불', 만주의 푸닥거리 민속인 '불천祓串'을 함께 비교한 것이 눈에 띈다.

마지막으로 푸닥거리할 불祓 자와 영어로 정화의 뜻인 Purification의 어원 Pure와 불어의 Pur, 라틴어의 Purus(Putus), 산스크리트어의 Pur 등 모든 '깨끗이 한다'라는 뜻의 말이 조선어로 푸닥거리정화의식 뜻인 '풀이'와 연관이 있는 것처럼 보임은 우연이 아니라고 문제제기를 하고 있어, 과연 이것으로 불함문화의 세계적 분포(?)를 증명할 수 있는 단초가 될 수 있는 것인지 흥미롭다.

제18장 <불함문화권과 그 설자楔子>는 불함문화론의 대미大尾이다. 육당은 스스로 이 논문을 '소루疏漏한 고찰'이라 자평하며 그간의 논지를 총정리한다. 즉 붉 중시의 문화가 어떻게 광범위에 걸쳐 깊은 근저를 지니고 존재해왔던가를 대략 살펴 알 수 있었다는 것이다.

마지막으로 육당은 그 유명한 ≪산해경≫의 전거를 들이대며 논문의 제목 불함이 여기서 나온 것을 재삼 상기시키며 ≪한서漢書≫와 ≪위서魏書≫에서도 붉과 대갈 신앙의 증거를 볼 수 있다고 제시한다. 한편으로 몽골족와 만주족의 건국신화와 오룬춘인과 솔론족, 길리악족들의 부르한 내지 불함 풍속을 곁들이며, 조선의 부군府君과 대감大監 존숭, 일본의 신도神道 제파諸派, 유구의 해님 신앙 등과 함께 현재까지도 동방의 여러 나라 민족들의 문화 속에 불함문화가 은연 중 자라나고 있다고 그 증거들을 제시하였다.

여기서 다시 그려본 불함문화의 전파 그림은 다음과 같다.

흑해 → 카스피해 → 파미르고원 → 천산산맥 → 알타이산맥 → 사얀산맥 → 야블로노이산맥 → 흥안령산맥 → 태행산맥 이동以東 → 조선 → 일본 → 유구

여전히 캄차카반도와 베링해 및 아메리카 대륙은 나오지 않고 막을 내렸다.

육당은 결론적으로 중국과 인도 문화의 본질을 남방계 문화로 보고 불함문화는 북방계 문화로 생각했으며, 본질적으로 붉에 조응되

고 대갈에 보호되어 그들의 현실적 이념적 일체 생활의 안정과 만족을 얻는다고 보았다. 그리하여 그 명백한 표상이 조선 역사상의 단군과 부루이며 그 가르침이 풍류도風流道이며 팔관회八關會요, 부군신도府君神道며, 국선도國仙道라는 것이다.

육당의 다음 탄식은 지금도 우리가 되새겨야 할 부분이다.

"동아시아의 문화라 하면 모두가 중국 본위 내지 인도 본위로 보고, 또한 가치 지을 것처럼 운위됨을 볼 때마다 동양학의 진전 없음이 성심成心과 선입관에 기인함이 많음을 개탄하지 않을 수 없다."

4. 최남선이 발표한 논문 중 가장 학문적 가치가 있는 ≪불함문화론≫

한민족의 단군신화를 현대 인류학의 세계 문명론 계보에 처음으로 등재시킨 것은 아마도 육당의 ≪불함문화론≫이 아닐까 한다. 이처럼 "최남선이 발표한 논문 중에서도 가장 학문적 가치가 있는 논문으로 평가되는, 매우 대담하고 독창적이며 종래의 모든 학설을 뒤집은" — 송건호, ≪한국현대인물사론≫, 한길사, 1984, 391쪽 — ≪불함문화론≫에 대해서 한국 학계의 접근은 느슨하기만 하다. 논문 몇 편만 있을 뿐, 텍스트에 대한 엄밀한 주석과 본격적인 평가 작업이 논문 발표 후 80년이 지나도록 실종 상태인 것이다.

한국문화의 뿌리를 더듬다보면 반드시 만나게 되는 단군신화, 단군론. 그리고 그 지평을 넓히다보면 부딪히는 육당의 저작들, 특히 ≪불함문화론≫은 친일과 반민족의 시비 속에서도 끊임없이 거론된다. 그래서 찾아보면 1970년대 초의 직역본밖에 없다. 그런데 무슨 뜻인지 의미 파악이 잘 안된다. 직역본이 나온 지 30년이 지났음에도 현대인이 읽을 수 있는 주석을 단 책이 없기 때문이다. ≪불함문화론≫에 대한 거대 담론은 무성한데, 학술논문은 많은데 정작 원전의 주석본은 없었다. 대부분의 관련 논문들은 원전일본어로 된 논문의 뜻을, 내용을 확실히 이해하고 쓴 것 같지 않았다. 충격이라면 충격이다.

원전에 대한 철저한 주석과 해석은 생략한 채 논문부터 생산하는 학계의 고질병이 여기서도 드러났을 뿐이지만, 어쨌든 이로 인해 한 성미 급한 독자가 답답함을 못 이기고, 역주譯註에 나섰을 따름이다.

육당은 중년 이후의 친일로 그의 모든 저작물을 무시당했다 하더라도, 평생 독립운동에 목숨을 바친 단재 신채호의 저작물 또한 학계와 학자들의 홀대를 받는 정황은 어찌 해석해야 할 것인가?

그 유명한 신채호의 ≪독사신론讀史新論≫과 ≪조선사연구초≫, ≪조선상고사≫, ≪조선상고문화사≫ 등은 역사학계의 고전임에도 변변한 번역서 한 권 없다가 2007년에야 한 독지가에 의해 쉽게 풀어쓴 주석본이 비로소 모두 출간되었다. 이런 식으로 근대 개화기 이후의 국학자들 — 정인보, 권덕규, 안재홍, 안확, 장도빈 등 — 의 수많은 명저들이 현대인들에게 전혀 의미전달이 안 되는 원문 상태로 구석에 처박혀 먼지만 쓰고 있는 상태에 놓여 있다.

이래도 되는 것인가? 몇 년 전 서울대에 유학 온 일본인이 국문학박사를 받은 뒤 기자와의 인터뷰에서 "한국은 왜 이리 자신들의 국학을 무시하고 천대합니까?"라고 한 반문이 뇌리에서 떠나지 않는다. 그가 국문학 박사과정을 이수하며 겪었을 온갖 이해 안 가는 고충과 황당함이 절로 이해가기 때문이다.

정녕 이래서는 안 된다. 더 이상 우리 스스로 우리 정신의 근본을 모멸해선 안 된다. 인문학이 더 이상 아카데미즘의 전유물이 아닌 것은 삼척동자도 다 아는 21세기 대한민국에서 이 같은 국학의 퇴행退行이 언제까지 되풀이되어야 한단 말인가? 왜 우리는 몇몇 외국처럼 국가차원에서 국학의 발흥發興을 제대로 추진하지 못하는가? 그 많은 한국학 관련 국가 연구기관들은 국민의 세금을 어찌 쓰기에 이런 근본적 공백을 간과하는지 납득이 가지 않는다. 국학은 온 국민의 것이기에 우리는 이의를 제기하고 과감한 시정을 요구할 권리가 있다.

지금은 국가 차원의 대응이 필요한 시점이다. 특히 역사학계와 역사학자들의 맹성을 촉구하며 지금부터라도 시정작업이 절실히 요구된다. 그 시정작업의 첫 단계는 무엇보다도 우리와 가장 시간적으로 가까이 있었던 근대화 여명기의 잊혀진 국학자들의 원전을 현대적으로 충실히 복원하는 것이어야 한다.

역주자들이 전문성도 없이 한국 인문학계의 한 불후의 노작에 감히 주석을 붙인 것은 순전히 위와 같은 이유에서다. 누군가는 해야 될 기본 작업이 그간 너무나 늦어졌던 것이다. 독자 제현의 너그러운 용서를 빈다.

언제 우리가 세계문화의 밥상을 차려놓고 단군을, 불함을 주 메

뉴로 삼아 마음껏 배불리 먹어봤던 적이 있던가? 우리 기억으론 지금까지도 없다. 그래서 ≪불함문화론≫은 유쾌하다. 이 정신의 음식은 나온 지 80년이 흘렀어도 문화적 상상력에 굶주린 자들에겐 여전히 포식의 대상이다.

한국 인문 담론의 보고寶庫인 ≪불함문화론≫의 정독을 여러분께 권하며 주석의 부족한 점은 역주자를 꾸짖어 보완해주시기를 부탁드린다.

책을 내며 도움 받은 여러분들이 계신다. 우선 ≪최남선의 역사학≫李英華 지음, 2003은 역주 기간 중 수차례 통독하며 가장 많은 도움을 받았다. 육당에 관한 전문 연구서가 극히 부실한 가운데 이처럼 수준 높은 전문서가 단 한 권이라도 있었음을 우리 국학계의 축복이라 여기고 싶어졌다. 또한, 일본 고대 지명과 인명, 서명書名 등을 역주함에 도움을 주신 이복임 선생과 일어 원문과 대조하며 교정과 주석 및 고대 지명 그림까지 그려주신 이주현 선생, 역주 작업 내내 함께 토론하며 원고 정리까지 도와준 후배 이기욱, 정미화 님에게도 깊은 고마움을 전한다. 마지막으로 우리국학총서를 기획하고 실천에 옮기신 <우리역사연구재단>의 이세용李世鏞 이사장님께 최대의 감사를 표한다.

2008년 12월
역주자 정재승

불함문화론 不咸文化論

• 육당이 우리 문화계에서 행한 최초의 것들

1908년 11월   최초의 근대적 종합교양잡지 <소년少年> 창간.
　　　　　　창간호 첫머리에 신체시 <해에게서 소년에게>를 최초 발표.
　　　　　　한자보다 한글을, 문어보다 구어를 위주로 하는 신문장 건립 운동을 국내 최초로 시도.
1910년　　　조선광문회朝鮮光文會 설립.
　　　　　　한국 최초의 국어사전과 현대적 한자자전漢字字典 편찬.
1926년　　　근대 이후 최초의 창작시조집 ≪백팔번뇌百八煩惱≫ 출간.
1927년　　　한국문화의 기원을 최초로 세계사적 구도 아래 파헤친 ≪불함문화론≫ 발표.
　　　　　　북방시베리아 샤머니즘에 대한 최초의 인류학적 입문서 ≪살만교차기薩滿敎箚記≫ 발표.
1928년 9월   신라 진흥왕 순수비巡狩碑 4개 중 하나인 <마운령비磨雲嶺碑>를 함경도 이원에서 발견.

◦ 한국 학자 중 최초로 일본신화의 학문적 연구 시도.
◦ 단군연구사에서 최초로 단군신화의 역사성과 신화성을 총체적으로 조망한 역사가.
◦ ≪삼국유사≫의 <단군신화>에서 환웅과 웅녀의 결합을 종족 간의 통합으로 해석한 최초의 학자.
◦ 단군 연구사에서 <단군샤먼론>을 최초로 제기.

◦ 최초로 다학제적多學際的 입장에서 인류학, 민속학, 언어학, 고고학, 신화학, 종교학, 금석학, 지리학, 지질학, 해부학, 생물학 등을 활용하여 한국사 연구 방법으로 도입.
◦ 최초로 ≪삼국유사≫의 사료적 가치를 논증論證.
◦ 조선 후기 실학實學의 의의와 계보를 최초로 체계화한 역사가.
◦ 통일신라 문화의 한국사적 의의를 최초로 규명.
◦ 최한기, 이규경, 김정호, 오경석, 유대치 등을 개화운동의 선봉으로 평가한 최초의 역사가.

불함문화론 不咸文化論

• 목차

≪우리국학총서≫를 펴내며 ·· 9
해제 ·· 11

제1장 동방문화의 연원 ·· 35
제2장 백산白山과 천자天子 ·· 41
제3장 일본의 붉părk산山 ··· 48
제4장 백산白山의 음운적 변전變轉 ······························ 58
제5장 금강산은 작가라산斫迦羅山 : Taigăr ··············· 64
제6장 태산부군泰山府君과 대인大人 ··························· 70
제7장 신선도神仙道의 태반胎盤 ··································· 78
제8장 딕ᄀ리와 텡그리Tengri와 천구天狗 ·················· 87
제9장 히코ヒコ와 다카タカ ·· 93
제10장 조선 신도神道의 대계大系 ······························ 104
제11장 건국설화상建國說話上의 천天과 단군壇君 ·· 113
제12장 불함문화의 계통 ·· 120
제13장 불함문화의 세계적 투영 ·································· 129
제14장 지나支那문화의 동이소東夷素 또는 불함소不咸素 ··· 143
제15장 복희씨伏羲氏와 제帝 요순堯舜 ······················ 157
제16장 몽골蒙古의 악박鄂博과 만주滿洲의 신간神杆 ··· 175
제17장 조선과 일본과의 제사상祭祀上의 일치 ········ 183
제18장 불함문화권과 그 설자楔子 ······························ 195

최남선 년보 ·· 202
참고문헌 ·· 207
찾아보기 ·· 216
부록〔불함문화론 원문 수록〕······································ 234

33

>>일러두기

1. 이 책은 최남선의 학술논문 ≪불함문화론(不咸文化論)≫(1925, 日文) ─ ≪조선급조선민족(朝鮮及朝鮮民族)≫(1927)에 실림 ─ 을 원전(原典)으로 삼고, ≪육당최남선전집≫(1973) 제2권에 수록된 국한문 번역본 ≪불함문화론≫(尹在暎譯)을 대조본(對照本)으로 하여 원전에 없던 상세한 주석(注釋)을 새로 달아 다시 번역한 것이다.
2. 저자의 원문에 사용된 용어들을 최대한 살려 저작 당시의 원문 분위기가 남아 있도록 너무 많은 의역은 피하였다.
3. 본문에 인용된 한문 고전들의 원문 풀이와 한자용어 풀이는 역주자가 한 것이다. 각주(脚注) 또한 역주자가 달았다.
4. 일본의 지명(地名), 인명(人名), 서명(書名) 등의 표기는 한자의 한글 발음(한자 : 일본어 발음)을 원칙으로 하되 ─ 예) 전중(田中 : 다나카) ─ 경우에 따라 ≪고지키(古事記)≫ 같은 형태로도 표기함을 허용하였다
5. 중국의 지명과 인명 또한 모두 한자의 한글 발음으로 표기하였다.
   예) 발해(渤海)
6. 연구자들의 편의를 위해 ≪참고문헌≫과 ≪년보(年譜)≫, ≪해제(解題)≫ 등을 새로이 작성하여 실었다.

불 함 문 화 론 不 咸 文 化 論

제1장 • 동방문화의 연원

　나는 년래年來*로 조선 역사의 출발점에 관하여 고찰을 시도하고 있다. 그 인문人文의 기원起源에 관한 연구는 필연적으로 동방문화의 연원을 생각하게 하므로, 어느 사이에 연구의 대상 또한 그것으로 바뀌게 되었다. 그리하여 동방문화의 원시 상태는 조선을 통하여 비교적 뚜렷이 조망할 수 있으리라고 생각되며, 또한 이는 전인미답前人未踏 : 앞사람이 밟지 않은의 경지인 만큼 이상한 흥미에 이끌리는 바이다. 아무튼 동양학의 진정한 건립은 조선을 중심으로 하여 조선의 비밀스런 옛 문이 열림을 기다려 비로소 시작되리라고 생각한다.

　오랜 전승에 의하면, 조선의 인문은 단군壇君**이라는 조국자肇國者

---

* 지난 몇 년 전부터 지금까지 쭉.
** 단군신화를 기록한 책 중 제일 오래된 ≪삼국유사(三國遺事)≫ 기이(紀異) 제1권 고조선(古朝鮮) 항목에는 위서(魏書)와 고기(古記) 인용문에 단군(壇君)이라 하여 제단(祭壇)을 관장하는 우두머리의 뜻으로 쓰였으나, 거의 동시대의 책인 ≪제왕운기(帝王韻紀)≫와 이조 초엽의 ≪응제시주(應製詩註)≫, ≪세종실록지리지(世宗實錄地理志)≫, ≪고려사지리지高麗史地理志)≫, ≪동국여지승람(東國輿地勝覽)≫, ≪동국통감(東國通鑑)≫ 등에는 모두 단군(檀君), 즉 박달나무 아래에 탄강(誕降)한 천신(天神)의 아들로 묘사되어 있다. 육당(六堂) 최남선은

: 개국자에 의하여 시작된 것으로 되어 있는데, 대저 이것이 조선 역사 개권開卷 : 시작 첫 번째의 수수께끼로서 학자들 사이에 취송聚訟 : 논쟁거리로 삼음의 표적이 되어 있다.

게다가 까다로운 것을 혐오하는 성급한 학자들에 의해 말살과 같은 운명에 조우遭遇 : 만남하여 훨씬 후세의 민족 감정적인 산물인 것처럼 운위云謂되고 있음도 어제 오늘의 일이 아니다.

이제는 벌써 단군 등을 문제로 삼는 것조차 다인시茶人視 : 한가로이 차나 마시는 사람처럼 봄됨이 당연하게 된 듯한 느낌이 있다. 그러나 그를 실재계實在界 : 현실에서 제거한다손 치더라도, 지금까지의 처리 방법은 너무나 소홀하고 경솔하여 학문적 신중성을 결여함이 태심太甚 : 너무 심함한 바 있다. 그단군를 고려 중엽의 일개 승려의 날조捏造로 치부해버리는 것은 횡포 극심한 태도라 아니할 수 없다. 훨씬 후세의 문헌적 증빙證憑에 의하여서만 그 조백皁白 : 흑백을 다투고, 원시문화의 산물을 고찰함에서 가장 중점을 두어야 할 인문과학적 방법이 전연 도외시되고 있음은 오히려 기괴한 일이라 하겠다. 내

1910~1920년대에 왕성하게 단군을 연구하며 많은 논저(論著)를 남기면서 제단 임금 단군(壇君)을 고수했으나, 중년 이후 입장을 바꿔 단군 연구에 제단 임금 단군이나 박달나무 임금 단군(檀君)이나 그리 큰 문제가 되는 것은 아니라 생각된다 — 최남선, ≪단군소고(壇君小考)≫ 육당 최남선전집 2권, 348쪽 — 면서 박달임금 단군(檀君)으로 표기하기 시작했다. 또한, 1930년대 초엽 황의돈(黃義敦)에 의해 고려조에 간행된 ≪제왕운기≫가 발견되고, 그 안에 '檀君'으로 표기된 것이 알려지면서 당시 조선조에 간행된 ≪삼국유사≫에 비해 사료적 가치가 훨씬 높게 평가된 것도 최남선에게 큰 영향을 주었다는 얘기도 있다.
참고) 최남선, ≪조선의 고유신앙≫(1936), 日文, ≪국민조선역사≫(1945), ≪단군고기전석(檀君古記箋釋)≫(1952).
이영하, ≪최남선의 역사학≫, 경인문화사, 2003, 151쪽.

가 보는 바로는 단군은 조선 고대사의 수수께끼를 해결할 수 있는 유일한 관건關鍵 : 열쇠이요, 따라서 이는 극동極東문화의 옛 모습을 조망할 수 있는 지극히 중요한 동양학의 초석礎石이라고 생각된다.

단군에 관한 상세한 고증은 다른 기회로 미룰 것이로되, 그 중에서 동방문화의 연원 문제에서 기초가 될 일점一點만을 개시開示 : 열어 보임하여 단군신화 혹은 전설의 중요성을 끌어내보고자 한다.

단군신화는 태백산太白山으로 그 무대를 삼고 있는데, 이 태백산이 실은 용이容易치 않은 고문화古文化를 밝게 드러내주는 보고寶庫인 것이다.

단군을 실재적 인물로서 생각할 경우에 이 태백산은 지금의 백두산 혹은 묘향산妙香山이 이에 비의比擬 : 견주어 비교함되어 아직도 정설定說을 보지 못하고 있는 상태이나, 단군의 민속학적 연구의 결과는 구태여 태백산에 그 객관적 대비를 요구치 않으며, 또한 반드시 확실한 결정을 필요로 하지도 않을 것이라 생각된다.

아직 아무도 유의留意하지 못하고 있는 일이지만 대체로 조선에는 백白 : paik 자字 또는 그와 유사한 음音 또는 훈訓 : 뜻을 그 명칭에 가지고 있는 산이 매우 많다. 현재 한반도 안으로만 보더라도, 가장 북쪽에 있으며 가장 유명한 백두산을 위시하여 장백長白, 조백祖白, 태백太白, 소백小白, 비백鼻白, 기백旗白, 부백浮白, 혹은 백운白雲, 백암白巖, 백마白馬, 백학白鶴, 백화白華 등과 같은 명칭을 가진 산을 도처에서 볼 수 있으며, 더욱이 백白의 음音과 훈訓의 전주轉注*, 가차假

---

* 한자 제조의 원리인 육서(六書)의 하나. 이미 있는 한자의 뜻을 확대, 발전시켜 다른 뜻으로 쓰는 것. 경우에 따라서 음이 바뀌기도 함. 가령 풍류 '악(樂)'이 즐거울 '락', 좋아할 '요' 자로도 쓰이는 것. 낙원(樂園), 요산요수(樂山

借*라고 인정할 수 있는 것까지를 합하면 역내域內 산악의 십 분의 몇으로써 헤아릴 정도로 다수를 보여주고 있다. 특히 장대한 산군山群과 준고峻高 : 험준하고 높음한 산봉山峰에 이 명칭이 따라붙는 것이 우리의 주의를 끈다. 얼른 자형字形으로 보면 혹은 그 지형地形을 표현한 것, 또는 한어漢語 : 한자어의 아의雅意 : 우아한 뜻를 취한 것이라고도 생각할 수도 있으나, 좀 깊이 연구하여보면 그런 것이 아니라 조선의 옛 어형語形이 이두吏讀**식으로 기사記寫되어 차차 약간의 아화雅化 : 우아하게 치장함를 거친 것에 지나지 않음을 알 수 있다.

일체의 번쇄煩瑣 : 번잡하고 자질구레함한 고증을 생략하고 바로 결론만을 말한다면 조선에 그와 같이 백白 자의 명칭을 가진 산이 많음은 실로 깊은 민속적 연유가 있는 것으로서 다른 모든 증적證迹 : 증거와 흔적이 다 인멸湮滅 : 없어짐된 금일 다행히도 절금유주截金遺珠 : 차단되어 숨겨진 금맥이나 버려져 잊혀진 진주와도 같이 이러한 산명山名이 남아 있어 그 고문화古文化의 중요한 내면을 규지窺知 : 엿보아 알다할 수 있음은 실로 의외의 선물이라고도 할 수 있는 것이다. 여러 방면으로 고구考究 : 생각하고 연구함하여본 결과 지금까지 역사적 사실로서 전해진 국초國初 : 단군조선 개국 초기의 사적은 대부분이 일정한 시대까

樂水).

* 육서(六書)의 하나로 어떤 말을 한자로 나타내고자 할 때 마땅한 글자가 없을 경우, 이미 있는 한자의 음만 빌려서 그것을 적는 것. 주로 외래어 표기에 사용. 예) 프랑스 — 불란서(佛蘭西 : 중국어 발음 '푸란시').

** 신라 때부터 한자의 음과 뜻을 빌려 우리말을 적던 표기법. 설총(薛聰)이 정리했다 함. 광의로는 향찰(鄕札), 구결(口訣) 등을 포함하거나 일반적으로 한문을 국어 문장 구성법에 따라 배열하고 이에 토를 붙인 것을 가리킴. 고려, 조선시대에는 관용(官用) 문서에 서리들이 주로 사용했음.
예) 必于(비록), 爲去乃(하거나) 등.

지의 종교적 사상事象 : 사물과 현상을 기본으로 하여 성립한 민족적 성전聖典의 편린片鱗 : 한 조각의 비늘. 일면一面임을 알 수 있으며, 그와 같은 고전古傳 : 고대의 전승傳承이 경솔한 문헌文獻 학자들의 손에 의하여 말살되지 않는 고전적古典的 강인성도 실은 이 지지支持가 있음으로 인함이니, 현재 조선의 산 이름에서의 백白 자의 어형은 실로 그 시대 문화의 중심 사실을 시현示現하는 귀중한 증빙인 것이다. 나는 오랫동안의 신고辛苦 : 몹시 고통스러움 후 겨우 이 일점을 파악하여 비로소 조선의 원시문화에 대한 확실한 광명을 얻게 되었고, 그 윤곽을 어느 정도까지 묘사할 수 있게 되었다. 실상 조선에서는 상당히 오랜 옛날부터 태양을 대신大神으로 하는 일종의 성형종교成形宗敎 : 형식을 갖춘 종교가 행하였고, 더욱이 그것은 어느 시대에 이르러서는 약간의 고등 요소를 포함한 윤리적 종교로 발전하려는 단계에까지 이르렀다. 그리하여 그 시대의 문화란 것은, 요컨대 이 종교적 충동에 의한 민족생활의 상태이었으나, 후세에 전승되어 재적載籍 : 책이나 문서에 까지 오르게 된 역사적 사실은 결국 이러한 사상事象 내지 의의意義의 설화적 표현, 그리고 또 그 전승에 지나지 않았다. 그리하여 〔백白〕 자에 함축되어 있는 것은 그 종교 사상事象 내지 전문화全文化 과정의 핵심을 이루었던 것이다.

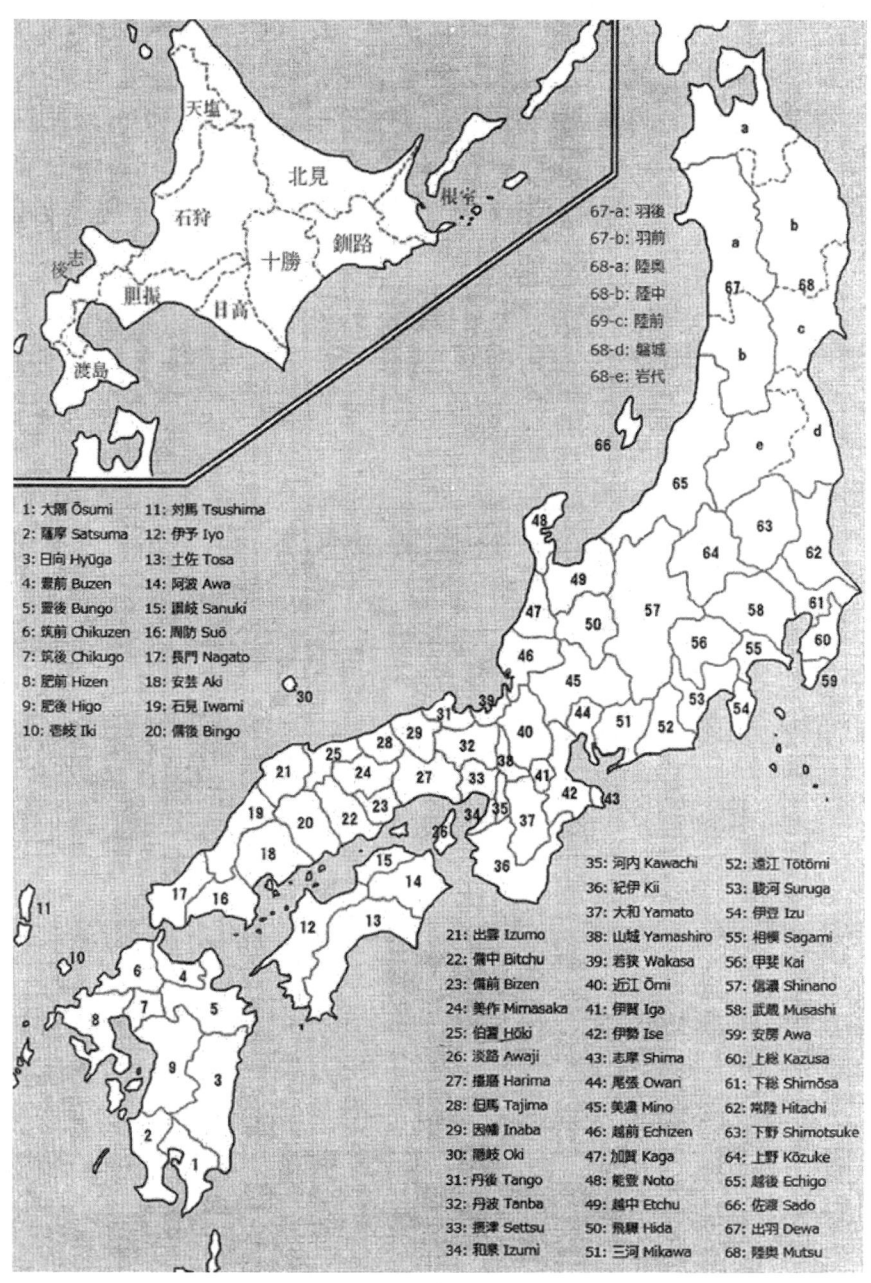

<일본의 옛 지명도>

> 불함문화론 不咸文化論

제2장 • 백산白山과 천자天子

　지금의 조선어에서 [붉părk]은 단순히 광명을 의미하는 것이나, 우리가 조사한 바에 의하면 그 고의古義: 옛 뜻에는 신神, 천天 등이 있고, 신이나 천은 그대로 태양을 의미하는 것이었다. 조선에서 지금 천제天帝: 하느님를 칭하는 하날님Hanăr-nim이란 말도 고대에는 태양에 대한 인격적 칭호에 불과했던 것으로 태양이야말로 세계의 주主: 주재자로 삼았음을 규지窺知할 수 있다. 그런데 고대에는 특히 종교적으로 하날Hanăr 혹은 그 인격형인 하날님Hanăr-nim보다도 [붉părk] 또는 그 활동형인 붉은Părkăn 또는 붉은애Părkănai가 이 태양을 부르는 성어聖語: 성스러운 말로서 오히려 많이 사용된 듯하다. 백白: paik이란 곧 이 [붉părk]의 대자對字: 대응하는 글자였던 것이다.

　원래 천天을 추상적으로 인정하지 못하고 태양이란 구상적具象的 존재로서 본 것도 그러하거니와, 이 구상적 요구가 더욱 친근미를 요구할 때에 천天 곧 태양인 신神의 측근적 진호鎭護*를 생각하게 되고, 이 요구에 응하여 신산神山이란 신앙 현상이 그 종교적 생활 중에 나타나게 되었다. 아무튼 옛날에는 산악 그 자체의 숭배도 행해졌을 것이나, 지금 우리가 소급할 수 있는 시한 내에서는 조선에

---

* 난리를 진압하여 나라를 지킴.

서의 신산神山이란 절대 다른 경우에서와 같은 통례의 산악숭배가 아니라, 천계天界의 인간적 존재 또는 태양의 권현權現: 화신化身 혹은 그 궁거宮居: 궁궐로서의 그것임을 알 수 있다. 그리하여 그와 같은 의미인 신체神體: 신의 몸로서의 산이 붉părk, 붉은, 붉은애Părkăn,-ai로써 호칭되었던 것이다.

신神의 산, 신神인 산이란 의미이다. 이 경우에서의 붉părk은 단순히 신神을 의미하는 것으로서 시방의 광명의 의미와는 직접 관계없음이 물론이다.

이와 같은 신산神山 곧 붉părk산은 그들의 삶의 터전이기만 하면 어느 곳에나 어느 부족에게나 반드시 마련되었으며, 그리하여 이 신산神山을 중심으로 하여 그들의 공사公私의 생활은 영위되었던 것이다. 소부락에는 작은 신산이 있었고 대부락에는 큰 신산이 있어서, 어느 지역을 한계로 하여 그 안에서의 표치標幟: 표지標識적인 산 또는 그 주봉主峰이 이에 충당되었다. 시방 군읍郡邑마다 있는 진산鎭山*이란 것도 지나支那**의 그것을 모방하였다기보다 오히려 그 민족적 고풍古風을 계승하여온 것일지니 여하간 고대에서의 그들의 부족 내지 국가 성립의 제일 조건은 이 신산神山의 존재였다. 그것이 시세時勢의 진전과 함께 부족의 통합이 행하여져서 더 큰 국가가 성립되는 경우에 많은 신산神山이 경합하매, 거기에 대소大小와 존비尊卑 등 가지가지의 히에라르칼hierarchal: 위계적 질서한 등급이 붙여지

---

* 나라의 도읍지나 각 지방의 큰 산을 그곳을 눌러 보호하는 주산(主山)으로 삼고 제사하는 산.

** 중국의 다른 이름. 차이나(China)의 발음을 한자로 옮긴 것. 최남선은 '중국(中國)'이란 용어를 이 논문에서 쓰지 않았고, 다른 저작에서도 반드시 '지나'로 표현했는데, 이는 중화(中華)주의에 대한 반감이 매우 컸고, 그 제국주의적 발상을 용납하지 않았기 때문이다. 이하 역주에서는 '중국'으로 표기했다.

게 되어, 지금 보는 바와 같은 태백太白, 소백小白 기타의 기이岐異 : 여러 갈래로 다름가 생긴 것이었다.

더욱이 붉은, 붉은애Părkăn,-ai의 전형轉形 : 전이 형태으로 백운白雲, 백암白巖 등의 자형字形이 생기고, 여기에서 조선어의 음운 법칙에 의한 많은 이명異名들이 전전자생轉轉滋生 : 돌고 돌아 더욱 많이 생김하게 되었다.

이것이 조선에 백산류白山類가 많은 연유이며, 그 껍질을 벗기고 더듬어 들어감이 의외의 역사적 원천에 도달할 수 있는 단서가 되기도 하는 것이다.

이 붉părk, 붉은, 붉은애Părkăn,-ai란 것은 실은 조선에만 국한된 것이 아니라 꽤 광범하게 분포되어 있었음은, 조선을 중심으로 하여 상당히 광대한 범위 내에 그 증적證迹이 역력히 잔존함으로써 의심할 여지가 없는 바이다.

우선 일본의 지명에서 극히 현저한 몇 가지 예를 들기로 한다. 일본의 많은 산악 중에서 역사적으로나 신앙적으로나 가장 저명한 것이 무엇인지 묻는다면 무엇보다도 먼저 소위 천손강림天孫降臨 : 하늘의 자손이 땅에 내려옴의 곳이라고 호칭되는 고천수高千穗 : 다카치호, 규슈 미야자키현의 산봉山峰*이라 할 것이다.**

---

* 높게 쌓아올린 볏가리의 뜻. 일본 신화집 ≪고사기(古事記)≫ 상권(上卷) '신들의 세계'의 마지막 부분에서 천상의 신의 자손 니니기노미코토(日子番能邇邇藝命 : ≪일본서기≫에는 경경저존(瓊瓊杵尊)으로 나옴. 발음은 같음)가 5부신(部神)을 거느리고 쓰쿠시(筑紫 : 규슈 지방)의 히무카(日向)에 있는 고천수봉(高千穗峯 : 타카치호노미네)으로 내려왔다는 얘기가 나온다. 고천수봉의 전설지는 미야자키켄(宮崎縣)의 니시우스키군(西臼杵郡)과 가고시마켄(鹿兒島縣)의 경계로 추정된다. ≪고사기≫ 원문은 다음과 같다.

이 고천수高千穗에는 ≪고사기古事記≫*의 구지포류久志布流 : 구시후루クシフル, ≪일본서기日本書紀≫**의 환일樸日 : 구시히クシヒ 등의 관사冠詞 내지 다른 칭호가 있으며, 예부터 이것은 다 같이 영이靈異 : 신령스런 이적의 뜻으로 해석되고 있음은 세인이 널리 모두 다 알고 있는 바이다. 이 해석만으로는 구시クシ는 그만두고라도 후루フル 또는

「古爾, 詔天津日子番能邇邇藝命而, …… 天降坐于筑紫日向之高千穗之久土布流多氣..」
고천수의 구사포류다기(久土布流多氣)라고 나오는데, 다기(多氣 : 타케)는 산악(山岳)이란 뜻이고, 구지후루(久土布流)는 신령스런 의미로 추정하며, '구지후루타케(久土布流多氣)'는 영봉(靈峰)으로 해석한다. ≪고사기≫의 일본 주석의 원문(原文)에 대한 훈(訓 : 뜻)에는 구지후루(久土布流くじふる)로 발음한다.

** 한국 최초의 일본 신화연구자는 최남선이다. 1925년에 이 논문 ≪불함문화론≫의 2장, 3장, 4장, 8장, 9장, 17장 등에서 한국 고대문화의 핵심적 요소들이 일본신화에 그대로 투영되어 있음을 비교언어학적, 민속학적 방법론을 동원하여 나름대로 일관성 있게 예증(例證)에 성공하고 있으며, 1930년대 4월 25일과 26일에 걸쳐 방송한 <조선의 신화와 일본의 신화> 강좌에서도 양국 신화의 관련 양상을 검토하여 비교연구의 가능성을 제시하였다. (고려대 아세아 문제 연구소 편집, ≪육당 최남선 전집≫ 제5권, 현암사, 1973, 36쪽 ; 김화경, ≪일본의 신화≫, 문학과지성사, 2002, 53쪽 참조.)

* 일왕(日王)의 정통성 주장을 주된 목적으로 구전으로 전해 내려오던 내용을 A.D. 712년에 편찬한 것이다. 고대 일본의 의식, 관습, 점술, 주술을 이해하는 데 귀중한 자료이다. 상권(上卷)은 신의 계보와 신화, 중권은 신무(神武)천황부터 응신(應神)천황까지, 하권은 인덕(仁德)천황부터 추고(推古)천황(A.D. 628년)까지를 다룬 역사적인 기술이다. 대부분의 일본 신도(神道) 사상이 여기에 실린 신화 해석에 바탕을 두고 있다.

** ≪고사기(古事記)≫와 함께 일본에서 가장 오래된 역사서. A.D. 720년 편찬된 것으로 추정된다. 천무(天武)천황의 명에 따라 왕실의 계보와 민족의 전승을 분명히 하기 위해 중국 연대기에 버금가는 역사서를 목표로 편찬되었다. 모두 30권으로 제1권은 고대 일본의 신화와 전설을 기록하여 신도(神道) 사상을 알 수 있는 중요 자료이다.

히ヒ의 의의가 구명究明되었다고는 생각되지 않는다.

본거선장本居宣長*의 ≪고사기전古事記傳≫에도 "포류布流와 비備와는 동일어의 활용이다"라고 하여 일종의 용언用言과 같이 취급하려 하고 있으나, 이 후루フル：布流와 히ヒ：備야 말로 고천수지봉高千穗之峯：다카치호노미네, 다카치호의 봉우리의 신위神威를 나타낸 중요한 언어로서 그렇게 아무렇게나 취급될 성질의 것이 아니다.

고천수高千穗：다카치호인 무도산霧島山**에는 모지봉矛之峯***이란 이명異名이 있어, 지금은 이상二上**** 봉우리 가운데 서봉西峰인 한국악韓國嶽*****에 대한 동봉(東峯)의 일명一名이라고 하는 모양이나, 양자兩者 공히 산 전체의 다른 이름이었던 것이 후세에 분기分岐되어 양쪽 봉우리의 전명專名：전용 이름이 된 듯하며, 그 모矛：호코ホコ란 명칭도 후에 여러 해석을 붙이고 있지만 그 실제는 후루フル와 동어이형同語異形에 지나지 않은 것이다. 그 이유는 고천수高千穗만의 설명으로는 해명될 수 없는 것이나, 간단히 말하면 후루フル나 호코ホコ도 다 붉 pärk의 일본어형으로서 후루フル에는 r 음이 생략되었고 호코ホコ에는

---

* 모토오리 노리나가. 1730~1801년, 에도(江戶)시대의 국학자이며 가인(歌人), 23살에 의학과 유학(儒學)을 배웠다. 1757년 의학을 접고 국학연구 몰입, 자택에서 ≪원씨물어(源氏物語：겐지 모노가타리)≫, ≪만엽집(萬葉集：만요슈)≫, ≪고금집(古今集：고킨슈)≫, ≪신고금집(新古今集：신고킨슈)≫을 강의했다. 1763년 ≪고사기(古事記)≫ 연구에 일생을 바친 ≪고사기전(古事記傳)≫을 저술했다.
** 기리시마산, 가고시마현과 미야자키현의 접경에 걸쳐 있는 화산의 총칭.
*** 호코노미네(ホコノミネ), 창끝처럼 생긴 봉우리.
**** 니죠, 나라현 가쓰라기산(葛城山)에 있는 봉우리.
***** 가라쿠니다케. 미야쟈키현과 가고시마현 경계에 있는 화산. 높이 1,699m로 산 정상에서 한국까지 보인다고 하여, '한국악(韓國嶽)'이라 한다. ≪고사기≫ 고천수의 천손강림 대목 바로 뒤에 역시 '한국(韓國)'이란 지명이 나온다.

k 음이 생략된 것이며, 히ヒ는 그 약전略轉 : 생략된 변형일 뿐이다. 이런 유례는 조선, 일본에서 다 같이 많이 잔존하여 있으며, 또한 현재의 조선어에는 그와 같은 음례音例가 한 개의 법칙으로 존재하느니 만큼, 어미의 기이岐異 : 분화되어 달라짐에 대하여는 별반 이상하게 생각할 것이 없다.

고천수高千穗의 일본사상日本史上에서의 지위는 마치 조선사상朝鮮史上에서의 태백산太白山과 동일한 것으로서, 그 천손강림天孫降臨의 사실에서 붉pärk이란 명칭에까지 일치함을 보여주고 있음은 상당히 주의할 만한 가치가 있는 것*으로서 두 나라 역사의 민족학적 연구에 일대一大 새로운 계기를 보여주고 있다. 그런데 이와 같은 증빙은 특히 일본 역사의 첫 무대인 축자筑紫 : 쓰쿠시, 지금의 후쿠오카현**

---

* 북한 학자 김석형은 1960년대에 발표한 ≪고대한일관계사≫에서 일본 신화의 천손(天孫) 니니기노미코토가 내려온 구시후루노다케(槵觸峯)을 한국 가야 신화의 수로왕(首露王)이 강탄(降誕)한 구지봉(龜旨峯)과 같은 말로 보면서 일본 고문헌(고사기, 일본서기 등)에 실린 천손강림신화는 가락국 이주민들의 것이었다고밖에 생각할 수 없다는 주장을 한 바 있다. — 김석형, ≪고대한일관계사≫, 서울, 한마당, 1988, 142~143쪽, — 이는 일본의 다카마노하라(高天原) 계통 신화가 한국의 서해안을 따라 내려와 남해안으로 이어지는 고구려, 백제, 가락국의 문화와 깊은 관계에 있었음을 보여준다. — 김화경, ≪일본의 신화≫, 문학과지성사, 2002, 282쪽

** 본래 규슈(九州) 지방 전역을 의미했으나, 이후 축전(筑前)과 축후(筑後)로 분리됐으며, ≪고사기(古事記)≫에서는 규슈를 축자국(筑紫國 : 후쿠오카현), 풍국(豊國 : 토요노쿠니, 오호이타현大分縣, 분젠豊前과 분고豊後로 나누기 전의 이름), 비국(肥國 : 히노쿠니, 현재의 나가사키현長崎縣으로 히젠肥前과 히고肥後로 나뉨. 해를 마주보는 곳의 범칭), 웅증국(熊曾國 : 쿠마소노쿠니, 쿠마모토현熊本縣의 남부에서 가고시마현鹿兒島縣에 걸친 지방. 일본의 천손이 강림한 히무카노쿠니日向國를 포함한다)으로 다시 나누고 있다.

지방에 허다하게 있으며, 그 위의 고천수高千穗 : 다카치호보다는 극히 선명하게 그 고어古語를 보지保持 : 보존하고 있음을 본다.

〔조선어의 P 음이 일본어로 전음轉音할 경우, ハ 행行의 음을 취함은 이미 하나의 법칙으로 인정되고 있다.〕

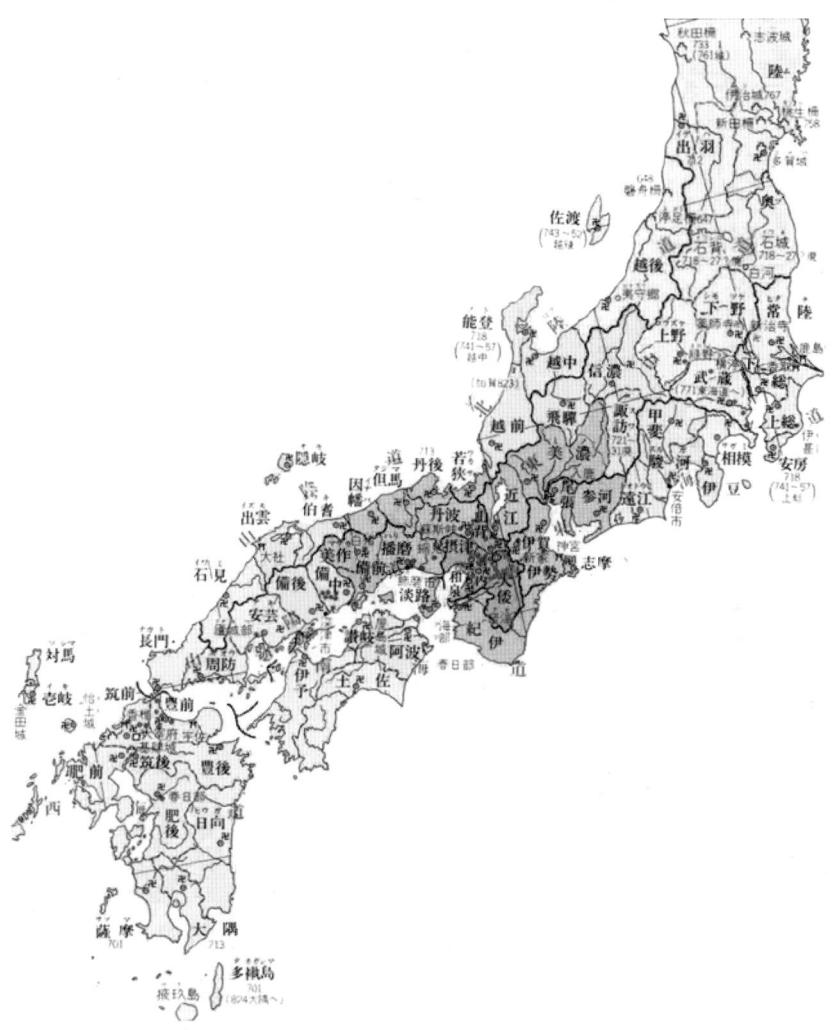

<일본 나라시대의 8세기 행정지도>

불함문화론 不 咸 文 化 論

제3장 • 일본의 붉park산山

고천수高千穗 : 다카치호에 다음가는 구주九州 : 규슈에서의 명악名嶽은 천구天狗 : 덴구*의 종가宗家이며 수험도修驗道**의 대본산大本山으로서 역사상 또는 민속상 오히려 고천수高千穗 이상으로 중요한 풍전豊前 : 부젠, 후쿠오카현의 언산彦山 : 히코야마, 영언산英彦山이라고도 함***인데, 언彦 : 히코ヒコ은 일자日子 : 히코ヒコ, 태양의 자손로도 써서 영이靈異 : 신령스러운

---

* 일본의 전설 속 동물. 야마부시(산복山伏) 곧 산을 돌아다니며 수행하는 자의 복장을 하고 얼굴이 빨갛고 코가 높으며 날개가 있어 공중을 날아다닌다고 함, 또는 고시라카와(後白河)천황(1127~1192년, 일본 77대 천황)의 다른 이름.

** 수험도(修驗道 : 슈겐도)는 일본 신도(神道)의 고대 산악 신앙에 불교와 도교가 가미된 종교이다. 여기서 일본 신도란 일본 고유의 민족종교를 말하는데, 일본에 예부터 내려오던 민간신앙이 유교, 불교의 영향을 받아 성립되었으며 신사(神社) 및 왕실을 중심으로 널리 퍼졌다. 신도(神道)의 원래 의미는 '귀신'을 높여 부르던 말로 신(神)의 영묘한 도리를 뜻하기도 했는데 유독 일본에서는 민족종교를 대변하는 말로 쓰였다. 주지하다시피 문명 교류사의 입장에서 볼 때, 일본 고유의 민족 신앙체계란 표현 자체가 어불성설(語不成說)이다. 일본 고대 건국 설화의 거의 모두가 한반도에서 도래한 문명인들의 행적을 드러냈음이 이미 밝혀졌기에 일본 신도(神道)의 정체나 기원 또한 고대 한국문화와의 연장선상에서 고찰하지 않으면 안 될 것이다.

*** 좀 더 정확히 하면 후쿠오카현(福岡縣) 다가와군(田川郡) 이소다정(添田町)과 야마구치정(山國町)에 걸쳐 있는 유명한 산이다.

이적異蹟의 의미를 포함한 명의名義: 이름 뜻임은 고인古人도 이미 주의한 바이다. 그런데 이 히코ㅌㄱ란 것은 실은 붉pärk의 일본어형의 하나로서, 히코ㅌㄱ 산이란 곧 신神의 산, 신神인 산이란 의미이다.

《풍전국지豊前國志》*의 전하는 바에 의하면 천지개벽할 때 이 산에 강림한 영신靈神: 영험한 신은 팔각八角, 팔장八丈: 여덟 길, 약 24미터 길이의 광채 찬란한 여진옥석如眞玉石: 진짜 옥돌, 사타마후수이시サタマフスイシ이었다 하며, 숭신천황崇神天皇: B.C. 97~B.C. 30년 때에는 이 산이 금빛으로 제궐帝闕: 궁전을 비추었다 하며, 또한 행자行者의 유서遺誓: 남긴 서원誓願에 의하여 매해의 제사에는 영조靈鳥가 강림하여 신찬神饌: 신에게 바치는 음식을 받았다는 등, 모두가 붉pärk의 성덕性德: 성품과 작용을 표현하는 취의趣意: 취지 아닌 것이 없다. 특히 그 행자에게 그 자세를 현현顯顯: 드러내 보여줌하였다는〔풍전굴豊前窟에 있는 풍전방豊前坊 대행야차大行夜叉** 비행야차飛行夜叉의 존체尊體〕운운의 비행飛行: 히교이 히코ㅌㄱ의 다른 형태임은 물론이요, 그 대행大行: 다이코이란 것은 조선에서의 붉산에 흔히 동체이명同體異名: 몸은 같으나 다른 이름으로서 부수되는 대갈Taigär과 일치함은 필연적이로되 너무도 기이한 부합이다.***

---

* 풍전국의 지리, 풍속에 관한 책. 풍전국(豊前國: 부젠노쿠니)은 사이카이도에 위치한 일본의 옛 쿠니(國: 행정구역)이다. 현재의 후쿠오카현 동부, 오이타현 북부에 해당한다. 쿠니(國)는 나라시대에서 메이지시대 초기까지 일본의 지리 구분의 기본 단위였다.

** 여기서 야차란 인도 산스크리트어 야크샤(Yaksa)의 음역으로 약차(藥叉)라고도 쓴다. 육안으로 볼 수 없고 초자연적 힘을 지니고 있어 두려운 귀신의 성격을 지녔는데, 부처에게 공양을 잘하는 사람에게는 재보(財寶)나 아이를 갖게 해주는 공덕을 베풀기도 한다. 불교수호신장(神將)의 하나로 나찰(羅刹)로 여겨진다.

*** 참고로 일본 전통 인형극에 쓰이는 목각인형의 머리는 '데코(でこ)' 또는

영언산英彦山 : 히코야마, 후쿠오카현 이외에도 구주九州에서 언彦 : 히코ヒコ으로서 호칭되는 산은 풍후豊後 : 분고, 오이타현의 해안 지역이나 비전肥前 : 히젠, 지금의 사가현佐賀縣과 나가사키현의 일부의 피오彼杵 : 소노기, 나가사키현에도 있으며, 더욱이 언彦 : 히코과 유연자有緣者 : 연관 있는 것라고 인정할 수 있는 것에 백산악白山嶽 : 하쿠잔다케, 시즈오카현, 동계악洞ヶ嶽 : 히코肥後, 구마모토현, 법화악法華嶽 : 호케다케, 미야자키현, 모노원령鉾ノ元嶺, 반목산盤木山 : 반기야마, 일향日向 : 휴가, 히무카, 규슈 동남부 미야자키현, 척진산脊振山 : 세부리야마, 사가현, 정원산井原山 : 이하라야마, 사가현, 심강산深江山 : 치쿠젠筑前, 후쿠오카현 서부, 조모악祖母嶽 : 소보다케, 미야자키현, 모탑산鉾塔山 : 분고豊後, 통통산樋桶山 : 히오케야마, 가나가와현, 회원산檜原山 : 부젠豊前 등이 있으며, 특히 비전肥前 : 히젠 온천의 산악들 가운데 중심 또는 최고점을 이루는 한 봉우리가 보현普賢이라 호칭되는 것은 조선에서 붉părk산의 전형적 명칭과 합치함을 나타내는 흥미로운 일례一例이다.

이들은 모두 대소간大小間에 각각 한 구역 내에서 그 옛날 신체神體 : 신의 몸로 존숭되던 잔영으로서 명실名實이 상부相符한 것이다. 제2차, 제3차적으로 전변轉變된 것까지 포함하면 명산, 영악靈嶽 : 영산, 신령스런 산으로써 붉părk, 붉은, 붉은애Părkăn,-ai와 인연 없는 것은 태무殆無 : 거의 없음하다 할 정도이나, 번잡을 피하기 위해 여기서는 생략하기로 한다.

단지 구주九州 : 규슈에서만은 명산, 영악이라 일컬어지는 것에는 어떤 형식으로든 반드시 '히코ヒコ' 류음類音 : 같은 종류의 발음의 명칭을 가지고 있음과 그것을 뒤집어 말해서 히코ヒコ 또는 그 유음을 갖고 있는 산악은 거의 예외 없이 예로부터 민중의 신앙 대상이 되

'데쿠류(でくゐ)'라 부른다. 우리말 '대갈'이 어원이다.

어왔다는 것만을 말해둔다.

다시 눈을 돌려 일본 신대사神代史: 신화시대의 역사의 요람지이며, 특히 조선과 깊은 인연이 있다고 하는 산음山陰: 산잉, 혼슈本州, 일본해 쪽의 서부 지방을 일별一瞥: 한번 흘깃 봄하기로 하자. 상고上古시대에 출운出雲: 이즈모, 시마네현 동부*의 속지屬地: 어느 나라에 속해 있는 땅였으리라고 생각되는 백기伯耆: 호우키, 산잉山陰에 속해 있는 지금의 돗토리현 중부 및 서부는 국명國名 자체부터가 붉părk이 고태古態: 옛 형태를 남기고 있어, 그 옛날 신역神域: 신의 영역이었음을 나타내고 있으며, 또한 백기신伯耆神**은 고래古來로 그 이름이 역사상에 나타나 있다. 산음에 있는 대산휘大山彙: 대산의 무리이며 그 최고봉인 대산大山: 다이센, 돗토리현 다이센정町악嶽 또는 신령의 우처寓處: 처소라 하여 수험행자修驗行者: 수험도를 행하는 사람의 도량道場이 된 곳으로서, 지금은 산 전체로는 대산大山: 다이센이라 일컬으나 아직도 그 동록東麓: 동쪽 산기슭인 산수山守: 야마모리의 남령南嶺: 남쪽 고개은 질산蛭山***이란 이름이 남아 있으며, 또 각반角盤: 가쿠반이란 일명一名을 가지고 있어 그 구용舊容: 옛 모습을 말하고 있다. 대산은 ≪출운풍토기出雲風土記≫****에 대신

---

* 출운국(出雲國: 이즈모노쿠니)을 말한다. ≪일본서기(日本書紀)≫ 제1권에서는 태초에 국토를 만든 두 신(神) 이자나키 노미코토와 이자나미 노미코토의 아들인, 스사노오 노미코토(須佐之男命)가 자신의 아들 이소타케루(五十猛)와 신라에서 이곳으로 건너온 것으로 나온다. 일본 신화학자들도 이즈모(出雲) 계통의 신들은 조선과 관계가 깊은 것으로 보고 조선계의 도래민족이 신앙했던 신으로 추정한다.

** 호우키신 혹은 하하키신(波波伎神). 하하키(波波伎)는 호우키(伯耆)와 같은 뜻.

*** 거머리산, 히루젠, 오카야마현과 돗토리현 국경에 위치, 현재는 산산(蒜山: 마늘산)이라고도 쓴다.

**** 이즈모노쿠니후도키. A.D. 733년에 지어졌다는 출운국(出雲國)의 지리서로 건국신화를 시작으로 기기(記紀: 고사기古事記와 일본서기日本書紀)와는 또

악大神嶽 : 오카미산이라고 기록되어 있으니, 대산 또는 단지 대大가 앞서 나온 대갈Taigăr의 약형略形 : 생략된 형태으로서 역시 붉părk의 한 변형임은 뒤에 서술할 기회가 있을 것이다. 또한 각반角盤 : 가쿠반, 뿔쟁반이 붉părk을 의미함도 뒤에 밝혀질 것이다.

신사神社 중의 신사라고 얘기되는 출운대사出雲大社 : 이즈모 대신사의 소재지는 현재 출운산出雲山 : 이즈모야마, 시마네현 또는 어기산御埼山 : 미사키야마으로 알려지고 있으나, 《조염초藻鹽草》*에는 불로산不老山 : 오이세누야마이란 이름으로 기록되어 있으니, 그것이 선비鮮卑족**의 적산赤山을 '아카야마'로 읽음에 견주어서 불로不老를 자음독字音讀 : 글자의 소리로 읽음으로 '후라우フラウ'***라고 읽을 것이라면 그 붉părk산山의 형적形跡을 여기서도 볼 수 있는 것이다.

다른 고대의 전승을 싣고 있으며, 현존하는 일본의 5대 풍토기 중 유일하게 소실된 부분이 없는 지리서이다.

* 무로마치(室町)시대(A.D. 1338~1573년)의 시인(詩人) 소기(宗祇 : 1421~1502년)의 제자인 소세키(宗碩 : 1474~1533년)가 1513년경 편찬한 방대한 노래사전. 연가(戀歌 : 일본의 전통시)를 읊는 사람들을 위해 고문헌에서 어구를 발췌하여 모아놓은 책. 조염초란 원래 바다에서 소금을 채취할 때 이용하는 해조(海藻)를 뜻하는 말로서 이와 같이 노래를 모아 적어놓은 책이란 뜻.

** 고대 동이족의 일파로서 북만주 대흥안령산맥이 내포한 훌룬부이르 몽골 스텝에서 기원했다. (위구르인 북방 민족사학자 전백찬剪伯贊 학설.) 이곳 초원지대에서 성장하여 시라무렌강 적산(赤山), 지금의 내몽골 적봉(赤峯)시 지역으로 이동하여 A.D. 386년에 중국 북부를 통일하였다. 중국 최초의 정복왕조 북위(北魏)를 세워 A.D. 534년까지 유지했고, 후일 중국 통일왕조인 수(隋)와 당(唐)나라의 건국세력 또한 선비족의 우문씨(宇文氏) 부족과 탁발씨(拓跋氏) 부족들이었다.

*** 여기서는 중국어 발음(不老 : 부라오)를 뜻하는 듯.

≪조염초藻鹽草≫가 후세의 가집歌集 : 노래집이라고는 하지만 그 토지에 잔존한 옛 명칭을 수록한 것이 그 가치가 삭감될 이유가 되지 않음은 물론이요, 그 일명一名인 비고산鼻高山 : 하나다카센, 시마네현 이즈모시에 소재의 비鼻 : 하나, 코의 음과 일서궁日栖宮 : 히스미노미야이란 대신사의 내전內殿이 서향西向이어서, 사람은 동향하여 예배하게 되어 있는 옛 풍습에 비추어 그 붉park과의 인연*을 미루어 알 수 있음도 물론이다.

백기伯耆 : 호우키, 출운出雲 : 이즈모 등 연희식延喜式**에는 소위 중국中國*** 지방에만도 이 밖에 언명彦名, 엽려葉侶, 회산檜山, 파천簸川, 일치日置 : 히카, 일창日倉, 일어전日御前, 일갑日岬, 미명未明 : 호노카, 춘식春殖 : 하루에, 심야深野, 백태白太, 불경산佛經山 등 붉park 관계의 명구名句 : 이름 구절가 지명 상에 잔존하고, 오키隱岐, 이와미石見에서 단고丹後, 단바丹波까지의 사이****에 이루 헤아릴 수 없을 만큼 많은 유사한 단어들을 예로 들 수 있음은 이것이 결코 우연한 사실이 아님을 말

---

* 이즈모시(出雲市)의 히스미노미야(日栖宮) 신사의 내전에서 서쪽을 향해 예배한다 함은 경배하는 신의 도래처가 이즈모시의 서쪽인 한반도임을 뜻하는 것이다.

** 엔키시키 : 헤이안(平安)시대 A.D. 794~1185년 중기에 편집된 격식(格式), 즉 보조법령으로 3대 격식 중의 하나.

*** 여기서는 일본 열도의 중부 지역을 말함. 즉 시모노세키에서 오사카까지로 시코쿠(四國) 지방의 위쪽에 위치.

**** 은기(隱岐 : 숨은 갈림길, 오키), 석견(石見 : 이와미). 단후(丹後 : 단고), 단파(丹波 : 단바). 오키(隱岐), 이와미(石見)와 단고(丹後), 단바(丹波)는 모두 옛 지명인 산잉도(山陰道)에 속한 지방 이름이며, 이 산잉도에는 단고국(丹後國), 다지마국(但馬國), 이나바국(因幡國), 호우키국(伯耆國), 이즈모국(出雲國), 이와미국(石見國), 오키국(隱岐國), 단바국(丹波國) 등 8국이 있었다. 위치는 본서 40쪽 <일본의 옛 지명도> 참조.

해준다.

　이렇듯 가장 많이 상고시대의 전설이 남아 있고, 기기【記紀 : ≪고사기古事記≫와 ≪일본서기日本書紀≫】의 신대권神代卷 : 신화시대를 기록한 책과 관련 깊은 지방에 이러한 유증遺證 : 남겨진 증거이 있음은 당연한 일이라고도 하겠거니와, 다음으로 대화大和 : 야마토, 나라현 지방의 일치日置 : 히카, 포류布留 : 후루, 평군平群 : 헤구리, 이세伊勢 : 미에현의 포기布氣 : 후케, 주천晝川 : 히루카와, 질蛭 : 히루, 심장深長 : 후코사, 호목戶木과 같이 산성山城 : 야마시로*의 평목平木 : 히라키, 미장尾張 : 오와리, 아이치현 서부의 일치日置 : 히카, 팔번궁八幡宮 하치만궁, 미농美濃 : 미노, 기후현 남부의 복부악福部嶽 또는 월전越前 : 에치젠, 후쿠이현의 부자산部子山 등과 같이 나아갈수록 그 분포가 확대되어 근강近江 : 오우미, 시가현 지방과 같은 곳은 특히 많은 증적이 남아 있어 비밀행秘密行 칠고산七高山의 수일隨一 : 여럿 가운데서 첫째로서 그 절정絶頂 : 꼭대기에 봉래蓬萊의 이름과 그 북쪽에 무나봉武奈峯 : 부나가다케, 시가현이란 일봉一峯이 있는 비량산比良山 : 히라야마, 시가현을 위시하여, 황신산荒神山 : 고진야마, 시가현의 별칭이 있는 평류산平流山, 천진언근명天津彦根命**의 천강지天降地 : 하늘에서 내려온 곳라 호칭되는 언근산彦根山 : 히코네야마, 시가현, 신조촌神照村 : 가미테루무라, 시가현의 일명一名이 있는 복영장福永庄은 모두 붉pärk의 변형變形으로 볼 것이며, 유명한 비학산比叡山***과 비파호琵琶

---

* 험준한 산을 이용하여 쌓은 성이라는 뜻으로 에도시대(1603~1868년)에 무사들에 의해 분류된 지형의 옛 국명. 본서 40쪽 <일본의 옛 지명도> 참조.

** 아마쓰히코네노미코토. 아마테라스오호미카미(天照大御神)의 자식이며 일본신화에 등장하는 여러 씨족의 조상신으로 태양의 자손 신(神)이란 뜻. 여기서 '네(根)'는 친근하게 부르는 말이고, '미코토(命)'는 신의 말씀이란 뜻으로 신이나 사람의 이름 뒤에 붙을 때는 '신의 분부를 받은 자'라는 의미임. 천진일자근명(天津日子根命).

湖 : 비와코, 시가현도 그 파생어일지 알 수 없는 일이다.

　더 나아가 신농信濃 : 시나노, 나가노현 지방에서는 빙포氷飽 : 히카나, 무장武藏 : 무사시, 동경 사이타마현과 가나가와현 동부에서는 빙천氷川 : 이즈모 대신사를 옮겨 모신 곳, 상륙常陸 : 히타치, 관동 지방의 동북쪽에서는 백제씨百濟氏 : 백제 유민들의 고주지古住地 : 옛 거주지이던 평강平岡, 육오陸奧 : 무쓰, 이와테현에서는 굴월堀越 : 호리코시라는 별칭이 있는 평하平賀 : 히라가, 아오모리현 등도 모두 붉pärk의 전형轉形 : 변형인가 한다.

　그 직접 파생어 중에서 주요한 것을 약간 열거해도 이런 정도이니, 붉pärk이 얼마나 광범위하게 퍼지고 깊이 침투되었는지 참으로 놀라운 일이 아닐 수 없다.

　〔일본어의 일日이 히ヒ로 발음되는 것도 유구어琉球語*와 마찬가지로 고음古音은 피Pi로써 붉pärk과 유연類緣 : 유사한 연관성의 말임에 틀림없을 것이다.〕

―――――――――

*** 히에이산 : 일본 경도(京都)시 북동부와 자하(滋賀 : 시가)현의 경계에 있는 산. 《연력사(延暦寺)》, 《일길대사(日吉大社)》가 있어 예부터 신앙의 산으로 알려져 있다. 본서 56쪽 <비학산 지도> 참조.

* 오키나와의 고대 언어 : 유구어(류큐어)는 류큐제도에서 주로 류큐 민족에게 사용되는 언어로 현재도 100만 명 이상이 사용하고 있다.
여기서 류큐(琉球)는 유구국(琉球國), 유구왕국으로서 15세기부터 19세기까지 유구제도에 있었던 일본과 다른 독립된 나라였다. 중국과 동남아시아, 조선 등과 무역으로 번영했으며 유구상인들은 결속력이 강했다는 포르투갈 상인의 기록이 있고, 현재 일본의 유명 전통 무술 가라데도 유구의 무술이 일본 열도에 전파된 것이다. 이씨 조선이 개국한 1392년 8월 유구국의 중산왕(中山王)은 사신을 보내 조회(朝會)할 정도로 조선과 일찍부터 수교를 원했다. 1879년 일본은 무력으로 유구왕국을 무너뜨리고 오키나와현으로 만들었다. 1945년 일본 패망 후 미국이 점령하면서 일본 영토로 간주되었으나, 현재까지 유구독립운동이 활발하게 전개되고 있다.

<비학산 지도>

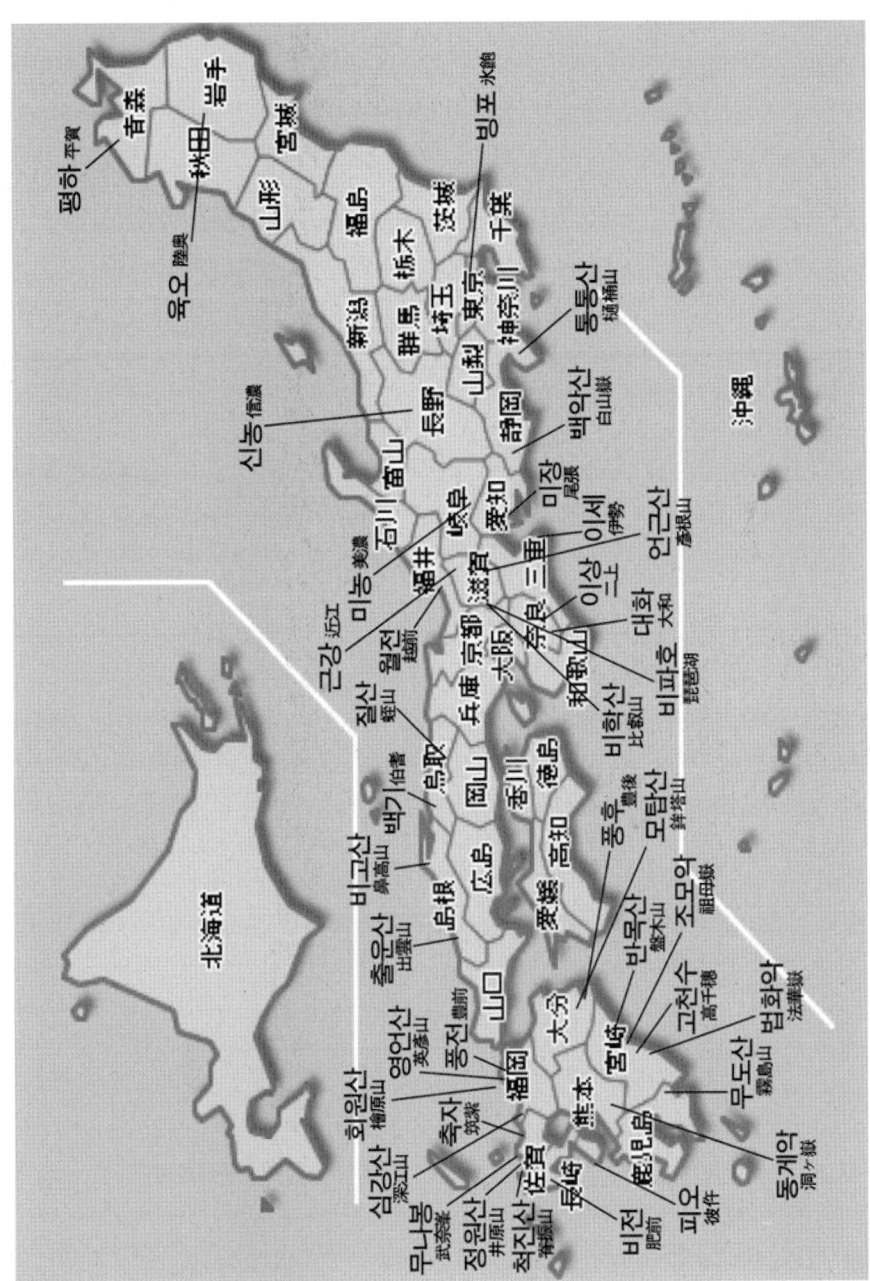

<일본의 불함문화 관련 지명도 1>

불 함 문 화 론　不　咸　文　化　論

제4장 • 백산白山의 음운적 변전變轉

　　또 하나 일본에서의 붉pǎrk, pǎrkǎn,-ai산의 좋은 예증例證으로 상근箱根 : 하코네, 가나가와현을 약간 말해두고자 한다. 본주本州를 횡단하여 광의廣義의 관동關東, 관서關西를 분할하는 대산휘大山彙 : 큰 산의 무리며, 준험합답峻險合沓 : 산세가 높고 험한 것이 함께 겹치다하고, 유명한 호수와 많은 온천을 가지고 있는 이 승경勝境 : 빼어난 지역이 일찍부터 산악 종교의 영장靈場 : 신령스런 장소이 되어, 성점聖占, 이행利行, 현리玄利 등의 선인仙人과 만원滿願, 태징泰澄* 등의 행자行者들에 의하여 성산聖山으로서의 장구한 역사를 지니게 된 것은 당연하다 하겠다. 그런데 그 주봉主峰에 신산神山이란 칭위稱謂 : 칭호가 있고 개산開山 : 산을 처음으로 빛냄의 삼선三仙을 존숭하여 삼신권현三神權現**이라 하며, 호수에 구룡九龍 제복制伏 : 제압하여 복종시킴의 설화가 결부되어 그 신사神社에 구駒 : 망아지의 명칭이 붙게 되고, 더욱이 산악 종교의 일방一方 : 수험도를 뜻함의 태두泰斗인 태징泰澄에 의해 주봉主峰을 천령天嶺이라 칭하고, 이장락존주국伊弉諾尊主國시대***의 도성都城이라는 - ≪원형

---

* 다이쵸, 나라시대 수험도(修驗道) 승려. A.D. 691~767년.
** 삼신이 세상을 구하기 위해 다른 모습으로 나타남.
*** ≪일본서기(日本書紀)≫에 나오는 신화시대. 일본열도 창조신 '이자나키

석서元亨釋書≫ 등에 보임— 가하加賀: 가가. 시마네현의 백산권현白山權現: 백산의 화신이 권청勸請*되었다고 하는 것처럼, 붉părk산으로서의 설화적 제요소가 구비되어 있음은 이 산의 고태古態: 옛 모습를 미루어 살펴보기 쉽게 해주는 것이다. 그 명칭인 상근箱根: 하코네이 다름 아닌 붉은애părkăn,-ai의 한 어형語形일 것임도 자명한 이치요, 따라서 산 이름을 상근箱根: 하코네이라 붙인 것이 산 형태가 상자와 비슷함에 근거한다는 고인古人의 설 또한 취할 바 못 되는 억설臆說임을 알 수 있을 것이다.

〔붉산părk山의 설화적 요소에 대해서는 상세한 서술을 요하나 여기에 그럴 여가가 없다.〕

이상 간략하게 서술한 바에 의하여 일본 지명상에 남아 있는 붉părk의 증적證迹은 어느 정도 인정할 수 있다 하되, 다만 그 음운 변화의 다양함으로 인하여 독자의 이해를 방해하는바 불선不尠: 不鮮, 적지 않음함을 앙탈할 수 없을 것이다. 그러나 이 점은 조선어에서의 그 원형을 고핵考覈: 조사하여 밝혀냄함으로써 무난히 역명繹明: 실마리를 찾아 근본을 밝힘할 수 있다.

백白의 조선어형은 〔붉〕인데 그 모음을 이루는 아ă는 분화의 정도가 얕은, 극히 불선명한 모음母音의 집합이라고도 할 것으로 현대어에서는 거의 그 독립성을 상실하고 있는 것이다.

얼른 말하면 발음기관의 사소한 이변移變에 따라 a, ö어, u, eu 어느 것으로도 자유로이 전환되는 것이기 때문에, 고대에 〔ˋ〕로 표현되었던 언어가 지금은 대개 옛 발음 중 하나, 혹은 둘, 셋의 음형音

노미코토(伊奘諾尊)'가 주재하던 나라의 시대를 말한다.
* 신령(神靈)의 영을 청하여 맞이함.

形을 취하고 있다.

또 하나 조선어에는 〔rp(ㄼ), rm(ㄻ), rk(ㄺ)〕과 같은 이중 종성終聲의 말을 특히 명사로서 단독적으로 호칭될 경우에는 발음의 편리상 그 중의 한 음이 생략되는 것이 통례이며, 더욱이 지역과 시대와 경우에 따라 한 말이 r로 발음되기도 하고, p(m-k)로 발음되기도 하여 그 정해진 형태가 없다. 지금 〔붉〕을 이 법칙에 의해 설명한다면 ă란 a, u, e, o로, 종성 rk는 분리되어 r 혹은 k 어느 것으로도 전변할 소성素性 : 본디 타고난 성품을 지니고 있으므로, 후대의 어형이 히코ヒコ이거나 후쿠フク이거나 또는 하라ハラ이거나 후루フル이거나 다 같이 그 근원을 〔붉părk〕에 귀착시킴에 조금의 서어齟齬*도 느끼지 않는다. 아니 오히려 그와 같은 기이岐異**를 포함하는 점이야말로 그 본원本原이 〔붉〕이 아니면 아니 될 확증이 되는 것이다. 또한 조선에서의 실례가 그와 같은 부정상不定相 : 정해지지 않은 모습을 보이고 있다.

시공時空 양간兩間 : 둘 사이을 통하여 붉산părk山의 총수격인 백두산白頭山 : 장백산長白山, 태백산太白山의 옛 이름이 불함不咸임은 이미 그 음운 변화의 좋은 예증인데, 태백太白, 소백小白의 백은, 즉 악ak의 운각韻脚***을 취한 형식이며 묘향妙香과 금강金剛, 두 산의 최고봉인 비로毘盧, 오대산五臺山의 풍로風爐, 지리산의 반야般若 등은 곧 울ur의 각운을 취한 형식이다. 한강 유역의 신악神嶽인 북한北漢 : Peukan에서 욱euk, 그 다른 이름인 삼각三角 : 세뿔Saippur에서 울ur, 또 다른 이름

---

* 위아래 이가 서로 맞지 않음, 사물이 어긋남.
** 의논이 일치하지 않고 여러 갈래로 다름.
*** 시부(詩賦) 등에서 글귀 끝 부분에 다는 운자(韻字), 각운(脚韻).

부아負兒에서 조선어음朝鮮語音의 법칙 중 하나인 r 음音 y화化의 예를 보이고 있다. 이들 가운데 묘향산은 고조선 내지 고구려의 신악神嶽이었고, 금강산 내지 오대산은 임둔臨屯* 내지 예濊**의 신악이었고, 북한산은 백제, 태백산은 신라, 지리산은 가라***加羅 : 가야伽倻 와 임나任那**** 등 각각의 신악이었다. 또 이 중 금강산은 뒤에 서술

---

* 중국 한나라가 위만조선을 정벌하고 설치한 한사군의 하나. 그 위치는 함경도 설과 만주 요동 또는 요서 지방 설이 있는데, 고구려 광개토대왕 때에 완전히 고구려 영토가 되었다.

** 예맥족(濊貊族). 우리 민족의 기원이 되는 종족 이름으로 중국 사서(史書)에 나옴. 예(濊 : 더러울 예)나 맥(貊 : 오랑캐)이나 부정적이고 멸시의 뜻이 감겨 있다. 중국인들은 예족이니 맥족이니 동이족이니 북적(北狄) 등으로 고대 우리 민족을 분할하고 구별 지어 이름 붙였으나, 실상은 같은 뿌리에서 나온 북방계 몽골리안였을 뿐 여러 종족이 아니었다. 예족은 현재 몽골 북부와 러시아 바이칼호 주변에서 거주하던 종족이었다.

*** 고대 낙동강 유역과 그 남부 지역에 위치했던 부족국가의 연맹체로서 가야(伽倻), 가락(駕洛), 가량(加良), 구야(狗耶), 임나(任那)라고도 함. 동쪽으로 신라, 서쪽으로 백제를 접하고 있었으며 최초로 일본 열도에 진출하여 일본 문화의 시조(始祖)가 되었다. 최근의 연구에 의해 가야인의 선조는 북방 만주 지역의 철기문명을 지닌 동이계(東夷系) 기마민족인 것으로 밝혀졌다.
가야의 소국들은 A.D. 2~3기경 김해 부근의 금관가야를 중심으로 전기(前期) 가야연맹을 구성했고, 고구려 공격을 받으며 쇠락기에 들어섰다. A.D. 5~6세기경 고령 부근의 대가야를 중심으로 후기 가야연맹이 성립되었으나 신라와 백제 사이에서 압박을 받으며 무너졌고, A.D. 562년 대가야가 신라에 병합되며 역사에서 자취를 감추었다.

**** 6가야의 하나로 김해 지역에 위치했던 금관가야의 다른 이름. 일본 기록에서는 낙동강 유역의 여러 가야국을 총칭하는 표현으로 나온다. '임나(任那)'라는 명칭은 원래 광개토대왕 비문에 '임나가라(任那加羅)'라고 보이는 것이 가장 오래되었다. 또 ≪삼국사기≫ <강수전(强首傳)>에서 강수가 스스로 '임나가량인(任那加良人)'이라 했으며, A.D. 924년(경명왕 8년)에 건립된 금관가야 왕족이었던 김유신의 후손인 진경대사(眞鏡大師)의 탑비(塔碑)에 대사가

할 바와 같이 한반도만을 국한할 경우에 신산神山 중의 신산神山인 자격을 가지고 있는 만큼 비로毘盧 이외에 법기法起 : Pöpki- öpk의 예, 백운白雲 : păkăn-akan의 예, 망군望君 : Parkun-arkun의 예 등 여러 예를 겸하고 있음도 흥미로운 일이다. 또 이 밖에 작은 지역의 소신악小神嶽이 붉părk 또는 그 전변轉變인 명칭을 갖고 있으며, 그 위에 종종 잡다한 음운 변화를 이루고 있음은 번잡을 피하여 생략한다.

이제까지의 예로 대략 추찰되는 바와 같이 모든 붉părk, 붉은, 붉은애părkăn,-ai의 명칭을 가지고 있는 산의 특징은 첫째는 그것이 그 지방에서의 민물창성民物創成 : 사람과 만물의 창조신화의 무대인 것, 둘째는 그것이 어떤 한 지역에서 가장 고대高大 내지 숭엄崇嚴 : 높고 고상하며 범할 수 없을 정도로 엄숙함한 형체인 것, 산휘山彙인 경우에는 그것이 그 중에서 가장 주상主上의 위치를 점하고 있는 준봉峻峰 : 가파른 봉우리인 것, 따라서 그 지방의 대동맥을 이루고 있는 강하江河의 발원점인 것, 셋째는 대개의 경우 적을 막는 국경선을 따라 병장관액屛障關阨*의 역할을 갖추고 있는 것, 넷째는 종종의 이유에 의한 주민신앙의 최고 대상인 신체神體 : 신령의 몸의 봉사지奉祀地 : 제사를 받드는 곳이며, 더욱이 그것이 흔히 천신天神, 즉 그 씨족의 조상으로 삼는 태양신인 것 등이 그 주요한 점이다. 그리하여 그 같은 지역 내의 고산高山은 인천人天 : 사람과 하늘의 접촉 지점으로 생각되어 고조선의 태백산, 웅심산熊心山과 같이, 일본의 고천수高千穗 : 다카치호와, 대산大山 : 다이센, 돗토리현의 명산과 같이 산 그 자체가 하늘의 분신分身

'임나왕족(任那王族)'이었으며, 속성(俗姓)이 신김씨(新金氏)라고 나온 것을 보면 임나가 금관가야를 지칭함을 알 수 있다.
* 병풍처럼 가려 막고 요소마다 통로가 막힘.

을 의미하고 국가의 기본으로 의식되었기 때문에 그들의 생활 및 문화는 다만 관념상으로 뿐만 아니라 실제상으로도 이를 출발점 및 종합점으로 하여 전개되어온 것이다. 붉pärk 관념 내지 사실이 행해진 지방에서는 고대 생활의 전부가 오로지 이것 중심의 일경상一景象 : 한 모습에 융섭融攝 : 잘 녹아들어 다스려짐되어서 특수한 하나의 문화 계통을 형성하는 까닭도 여기에 있는 것이다.

| 불 함 문 화 론　　不　咸　文　化　論 |

제5장 • 금강산은 작가라산斫迦羅山 : Taigăr

　　대저 붉산părk山이 그 토지의 주민에게 절대적인 숭경崇敬 : 숭배와 존경을 받음에는 또 하나 고대인의 신앙과 관련되는 충분한 현실적 이유가 있었다. 그것은 붉산이 생명의 사신司神 : 신을 관장하는 존재으로서 그들의 수요화복壽夭禍福 : 장수와 요절, 화와 복을 좌우하는 권위자로 여겨왔기 때문이다. 여하간 소부군치小部群峙*의 최초는 각기 소신산小神山에 그 권능을 의식하였을 것이나 국토 통합 후에는 최고 총람자總攬者 : 모든 일을 한데 묶어 관할하는 존재로서 하나의 붉산에 그 대권이 부여되었던 것이다.

　　가령 조선에서의, 혹은 한민족에서의 백두산, 금강산과 같음은 그 적절한 예라고 하겠다.

　　이제 편의상 금강산에 대해 그 숭경적 증적을 찾아보기로 하자. 금강산이 예로부터 조선인 사이에 특이한 존숭을 받아 평생에 한 번은 꼭 보아둬야 할 것으로 생각됨은 단순히 초특超特 : 아주 특별함한 그 풍경미風景美에만 의한 것은 아니었다. 시방은 거의 고의古義가 망각되어 있으나, 자세히 고핵考覈하여 보면 금강산은 고대에는 오히려 신앙상의 일대 대상으로 민중의 외경畏敬 : 어려워하고 공경함을

---

* 작은 부족의 여러 언덕들, 즉 소규모 공동체들.

받았고, 신라시대에는 화랑花郞이란 당시의 최고 종교 단체에 의해 국가적 순례巡禮가 행해지는 상태였다.

그 이유는 사람의 생명이나 국가의 운조運祚 : 돌아오는 운세도 오로지 금강산신의 의사 여하에 달렸다고 하여, 마치 희랍그리스의 올림푸스에서처럼 신탁神託과 예언이 이 산에 의해 계시되는 것으로 알았기 때문이다.

그 후 금강산이 점차 불자佛者 : 불교신자에게 섭화攝化 : 다스려짐되는 정도가 깊어짐에 따라 옛 풍속이 차차 사라지고 극히 근소한 면모만이 불교적 명상名相 : 이름과 형상에 남아 있는 수준에 불과하게 되었으나, 오히려 근대까지도 금강산이 선술仙術 : 선도의 방술方術 수행자修行者 : 수험자修驗者 혹은 통령通靈 : 신령을 통함 수련자의 최고 전당으로 되어왔고, 또한 사람이 죽으면 혼령魂靈이 금강산으로 돌아간다고 전해졌으며, 금강산에서 가장 유형幽夐 : 아득히 깊고 멀음한 계곡인 영원동靈源洞은 인간人間 : 사람 세상에서의 사자死者의 귀서지歸棲地 : 돌아가 깃들 곳요, 불교류佛敎流 : 불교식로 말하여 지옥의 입구라고 칭하는 등, 고풍古風의 편모가 흩어져 남아 있는 바이다. 아무튼 고대에 금강산과 인생의 관계는 저 중국에 있어서의 동악東嶽 : 태산泰山과 흡사한 것이었으리라고 생각된다.

고대의 통례通例로서 한 사물에 대해 여러 방면의 관념을 그 명칭에 포함시키려고 애쓴 관계로 우리는 그 명칭을 더듬음으로써 고대 문화의 내용을 엿보아 알 수 있는 편리한 경우가 많다.

이제 금강산을 예를 들어보아도 그것이 붉Părk, 붉은, 붉은애 Părkăn,-ai로서의 면모가 봉래蓬萊 : Pong-rai나 풍악楓岳 : Pung-ak과 같은 총명總名 : 전체 이름과 망군望君 : Parkun, 법기法起 : Pöpki나 백운白雲 :

Pākăn과 같은 부분명部分名에 그 흔적이 남아 있음은 물론이거니와 한편 금강이란 이름의 유서由緖 : 이유理由가 되는 실마리를 역명繹明 : 실마리를 찾아냄함으로써 금강산의 본지本地 : 근원이 되는 곳이 더욱 명백해짐을 알겠다.

우리가 조사한 바에 의하면 금강이란 명칭이 ≪화엄경華嚴經≫* 보살주처품菩薩住處品** 등과 같은 데서 나왔음에, 특히 허다한 산에 관한 명구名句 중에서 금강이 뽑혀져 나옴에는 그 필연적 이유가 있다고 본다. 금강은 보통 범어梵語 : 인도 고대 산스크리트어 바즈라Vajra의 번역어로서, 때로는 차크라Cakra***이기도 함은 ≪능엄경楞嚴經≫**** 3

---

* 대승불교 경전으로 산스크리트어로 Avatamsaka-sutra, 한어(漢語)로 대방광불화엄경(大方廣佛華嚴經)이다. 석가모니의 가르침을 가장 훌륭하고 광대하게 드러낸 작품으로는 A.D. 418~420년, 불타발타라에 의해 한문 번역된 60권본과 A.D. 695~699년에 실차난타의 한역본 80권이 유명하다. 60권본은 34품(品), 80권본은 39품으로 구성된다. 내용은 부처가 되기 위한 수행과 그로부터 화엄(華嚴 : 꽃의 장엄함)처럼 피어나는 과보(果報)에 대해 말하고 있다.

** ≪화엄경(華嚴經)≫의 제보살주처품(諸菩薩住處品 : 모든 보살이 머무는 곳)에 나오는 담무갈(曇無竭) 보살이 머무는 불교의 성지가 금강산으로 알려지며 그 믿음이 고려시대 후기에 퍼졌다. 이것이 원나라 황실과 귀족층까지 전파되어 천하의 명산 금강산으로 크게 각광을 받았으며 금강산도(金剛山圖)가 제작되기 시작했다.

*** 원 또는 수레바퀴의 뜻. 작가라(斫迦羅) 또는 삭가라(爍迦羅)의 역어(譯語).

**** 능엄경의 원명은 '대불정여래밀인수증요의제보살만행수능엄경(大佛頂如來密因修證了義諸菩薩萬行首愣嚴經)'이며, 10권으로 되어 있다. 내용은 마음을 어디에서 얻을 수 있는가, 깨달음은 무엇인가, 깨달음으로 가는 과정, 마음의 영원불멸성, 업(業 : 카르마)을 짓게 되는 근언, 수행의 마음가짐, 관음수행(觀音修行), 해탈주문(解脫呪文) 능엄다라니, 보살의 수행단계 57위(位), 말세중생의 수행 마장(魔障) 50가지, 오음(五陰)의 근원 등을 다루고 있다. 이 경전은 중국에서 찬술한 위경(僞經)이라는 설이 지배적이나, '작은 화엄경'이란 이름으로 널리 한국에서 독송되어왔고, 한국 불교 사상의 형성에 큰 영향을

권에 보인다. 삭가라심爍迦羅心을 금강이라 번역할 경우가 있음으로도 추찰할 수 있다. 지금 금강산의 금강은 바즈라Vajra에 의하여 〔붉părk〕을 표현하려 한다기보다는 대체로 그 원래 이름의 하나인 대갈, 또는 대가리〔Taigăr(i)〕에서 유도되었다고 봄이 타당할 것이다. 왜냐하면 금강산에서 신산神山으로서의 모든 조건이 다른 산에 대한 대갈Taigăr산으로서의 실질實質을 갖추고 있을 뿐 아니라, 금강이 작가라斫迦羅의 역어이며 또한 그 별칭인 기달怾怛, 개골皆骨 등의 표현하는 의미가 대갈Taigăr에 근사한 점이 있음은 이 추정을 뒷받침하기에 충분하기 때문이다. (자세한 설명은 생략한다.)

그러면 대갈Taigăr이란 대체 무엇을 의미하는 어구인가 하면 조선의 현대어에서 그것은 단순히 '머리'를 의미함에 불과하지만 같은 조선어에서 다른 종류의 사례와, 동일한 어족語族 안에서 타국어他國語와의 비교에 의하면 '대갈'이란 말이 고대에는 천天을 표현하는 어구語句였음은 의심할 여지가 없는 바이다. 즉 토이기土耳基 : 터키, 몽고蒙古 : 몽골 등에서의 탕그리Tangri, 텡그리Tengri*의 유어類語 : 같은

끼쳤다. 3권 마지막 부분에
「舜若多性可銷亡 爍迦羅心無動轉」
— 허공(순야다)의 성품은 없앨 수 있을지언정 굳고 굳은(삭가라) 이 마음은 변함이 없을 것이다. — 이라 하여 삭가라(爍迦羅)의 뜻은 견고함(굳고 굳음 : 금강金剛)으로 나온다.

* 시베리아 바이칼 호수 주변에 사는 몽골족 부리야트인의 언어로 표현하면 텡그리는 '하늘에 사는 존재' 혹은 '천신(天神)'을 뜻한다. 부리야트 고어(古語)로는 텡게리(Tengeri) 혹은 텡게린(Tengerin)이라 불렀고, 터키어와 몽골어는 티기르(Tigir) 혹은 텡기르(Tengir)라는 변이형이 있다. 텡그리는 하늘세계에 살며, 우주법칙에 따라 하늘, 지상, 지하세계의 조화를 유지하는 역할을 하는 천신(天神 : 하날님)으로 알려져 있다. 영원불사의 신성(神聖)인 텡그리는 지상의 인간들처럼 희로애락을 느끼며 인간세상처럼 결혼을 통해 자손을 번성시

부류의 단어이니, 지금 금강산의 어귀於口 : 드나드는 목의 첫머리인 장경봉長慶峯의 장경長慶 : Tiangiung, 장안사長安寺의 장안長安 : Tiang-an도 실로 그 옛 어형語形을 지녀온 것이며, 따라서 금강산이 대갈Taigar 또는 텡그리Tengri산이었던 증좌證左 : 증거, 증참證參라고도 볼 수 있을 것이다.

대갈Taigǎr을 인격화한 이름이 후세의 대감*大監 : Taigam으로, 이로써 장경長慶의 경慶 : kiung, 장안長安의 안安 : ngan은 설명된다.

나의 이 견해가 망언이 아닌 방증傍證**으로서 다시 굴강崛强 : 몹시

키는 존재이며 주기적으로 지상의 인간계에 관여하기도 하고, 인간들과 결혼하여 자신의 자손을 중계(中界 : 지상)의 지도자인 칸(khan)으로 세우기도 하는 것으로 이해된다. 텡그리는 시베리아 일대에서 사얀산맥과 알타이 산악 지대를 거쳐 카자흐스탄의 스텝 지역과 키르기스스탄의 산악 지대에 이르는 동아시아와 중앙아시아 알타이어계 제민족들의 제천신앙의 핵심이었으며, 서구인들에게 샤머니즘으로 이해되는 시베리아 민족문화체계의 중심이 되는 하늘신(神)이다. 텡그리를 중심으로 하는 시베리아 샤머니즘을 천신주의(天神主義) 문화, 텡그리안스트바(Tengkrianstvo)로 부르는 연구자도 있다.
— 양민종 옮김, 일리야 N. 마다손 채록, 《바이칼의 게세르신화》, 2008, 417쪽 주(註)에서 인용 —
최남선이 한국의 고유어 '대가리'를 천신을 뜻하는 유라시아 고대어 '텡그리'와 비교, 추정한 것은 실로 탁견(卓見)이다. (역주자)

* 이 말이 언제부터 쓰였으며, 어디에서 비롯되었는지 확실치 않으나 무속기원 전설의 하나인 '성모(聖母)' 전설이 담겨 있는 《무녀고(巫女考)》에 "신라 중엽 함양의 법우화상(法雨和尙)이 여덟 딸을 두어 팔도에 보내 무당을 삼았다고 하나 그 진실을 알 수 없다"라고 한 것과 현재 서울과 중부 지방에서 널리 행해지고 있는 굿 놀이인 '대감놀이'에 나오는 터줏신인 '대감신'의 복장이 무장(武裝 : 무인 차림 옷)인 것, 그리고 신라시대의 대감은 무관직인데 조선시대 대감은 관직이 아니라 정2품 이상 당상관(堂上官)에게 붙였던 존칭인 것으로 보아 신라시대 대감에서 유래한 것 같다. 무속에서 대감신은 그 기능에 따라 특수신인 대감신, 일반신인 용궁(龍宮)대감, 기주(基主 : 터주)대감, 신주(身主)대감, 부군(府君)대감, 도당(都堂)대감, 부마(府馬 · 駙馬)대감, 천신(天神)대감, 업(業)대감 등이 있다.

힘이 셈한 하나의 유례類例를 들 수 있다. 원시 신라에서의 대갈산 Taigăr山이라고 생각되는 토함산吐含山의 토함이 실은 대감大監 : Taigam의 전성轉成 : 구르고 굴러 이루어짐인 것이며, 그리하여 토함산 불국사의 불국토 근원을 따지면 또한 붉părk의 불교적 유어類語라고 추측할 수 있음은, 토함산이 국동國東 : 나라 동쪽의 바다 쪽에 위치하였음이 금강산과 일치하고 있는 점과 아울러 고대의 대갈산과 대감산의 면목을 연상케 하는 것이다.

그리하여 붉산, 즉 신산神山이라 함이나 대갈산Taigăr山, 즉 천산天山이라 함도 결국 지상 최고의 존재로 인정한 점에서는 다름이 없으며, 그러므로 일본에서의 붉산군părk山群이 고천수高千穗 : 다카치호의 고高, 대산大山의 대大 등의 별칭을 갖고 있는 이유나, 소위 고천원高天原*의 다카마タカマ : 高天의 의의意義도 이로써 비로소 적해適解 : 적절하게 풀이함한 감도 있다.

** 사실을 직접 증명할 증거는 안 되나 주변 상황을 밝힘으로써 간접적으로 증명에 도움을 주는 증거.

* 다카마노하라(タカマノハラ). 일본 신화에서 여러 신들이 산다는 하늘 또는 신도(神道)에서 영혼이 영주한다는 하늘. ≪고사기(古事記)≫에는 천상계(天上界)를 다카마노하라(高天原), 지상계를 아시하라노나카츠쿠니(葦原中國), 지하계를 요노츠쿠니(黃泉國)라 부르고 있어, 일본 신화의 우주관 역시 북방 시베리아의 샤머니즘과 동일한 형태를 보여준다. 다카마노하라(高天原)는 신대(神代) 7대신들의 출현을 담당하며 아마테라스오호미카미(天照大御神)가 지배자이다.

불함문화론 不 咸 文 化 論

제6장 • 태산부군泰山府君과 대인大人

서술이 이에 이르면 좀더 논구論究의 범위를 확대시키지 않으면 아니 되겠다.

그것은 중국에 있어서의 그 증적을 탐구할 필요가 절실하기 때문이다.

원래 명백한 듯하면서도 비교적 모호한 것이 중국의 고대사요, 잘 알려져 있는 듯하면서도 의외로 알 수 없는 것이 중국문화의 성립경로인데, 특히 그 동이東夷와의 교섭에 있어서 더욱 그러함을 본다.

소위 중국문화란 것이 그렇게 독창적인 것이 아니라, 많은 자료를 그 주위의 민족에게 힘입었음*은 이미 알려진 바인데, 우리들이 보는 바로는 중국인들이 가장 문화적 도움을 많이 받았을 동이족東夷族**과의 교섭을 이상하게도 지금까지 지나치게 등한시等閑視하여

---

* 이 언급은 실로 매우 중요한 대목으로서 당시 육당을 포함한 많은 국학자들의 공통된 견해였으며, 중국에 현실적으로 사대(事大)를 하면서도 중국의 학문과 문화를 바라보는 우리 지성계의 깊은 속내가 투영되어 있다. 여기서 '주위의 민족'이란 바로 우리 민족(동이족)을 지칭한다.

** 최남선은 우리 민족의 시원을 중국 사서에 나오는 동이족으로 보고 이들의 발자취에 주목해왔다. 이러한 견해는 비단 최남선뿐 아니라 근대 국학자 신채호, 박은식, 정인보, 권덕규, 안재홍 등 거의 모두의 일관된 견해이기도

하다. 또한, 중국학자들 또한 동이족의 후예가 조선족 또는 한민족이란 점을 인정해왔으나 근래 중국이 동북공정을 추진하며 이 전통적 인식을 교란시키고 있다.

동이족(東夷族)이란 고대 중국인이 중국 동방에 거주하던 종족을 일컫던 호칭으로, 동쪽의 오랑캐라고 비하(卑下)하는 뜻이 담겨 있다. 하지만 고대 중국문화란 것이 실상 정신적, 물질적으로 모두 동이족이 이룩해낸 것으로, 동이족은 후세 중국인들이 멸시하던 야만스런 오랑캐가 전혀 아니었으니, 이는 중국학자들도 인정해오던 상식이었다. 다음은 ≪중국지역문화대계≫ 중 <제로문화(齊魯文化) — 동방문화의 요람> 편(상무인서관 출판, 1996년) 서론(緒論)에 실린 내용이다.

…… 동이(東夷)는 창조적 발명에 뛰어난 선진문화 부족이었다. 전설 속의 동이족 지도자는 모두 발명가였으니, 태호복희씨(太昊伏羲氏)는 백성에게 물고기 잡는 법과 짐승 사냥법, 경작법, 그물 짜는 법, 팔괘 사용법, 결혼하는 예법 등을 가르쳤고, 소호(少昊)는 관리제도를 만들고 역법(曆法)을 정했으며 농경과 목축업을 발전시켰다. 치우(蚩尤)는 쇠를 제련하여 다섯 가지 병기를 제작했고, 요임금의 대신(大臣)이며 동이인(東夷人)인 창힐(倉頡)은 문자를 만드는 등 이후에도 …… 동이문화의 허다한 창조적 발명과 정신문화적 성과들은 그 모두가 중원문화에 흡수되었다.
(創造這些先進文化的部族—東夷, 是善於發明的部族, 傳說的東夷首領都是發明家, 如太昊伏羲氏敎民漁獵, 耕作, 結網, 畵八卦, 立嫁娶之禮; 少昊設官制, 定曆法, 發展農牧業; 蚩尤煉金作五種兵器; 帝堯的大臣東夷人倉頡造字等. 後來 …… 但東夷文化的許多 創造發明和文化成果, 其實都被中原文化所吸牧.)

이를 보면 중국 상고사의 비밀이 여기에 모두 응축되어 있음을 알 수 있다. 지금으로부터 약 3,000년 이전의 동아시아에는 중국은 없었고, 소위 동이의 나라만이 있었다는 사실이다. 은(殷)나라 이후 동이는 퇴조하기 시작했는데, 대부분 그 발상지인 동북 지방(만주)으로 갔다. — 부사년(傅斯年), ≪동북사강(東北史綱)≫ 중, "상(商)나라의 흥기(興起 : 떨쳐 일어남)도 동북에서 온 것이고, 상나라가 멸망하자 동북으로 갔다(商之興起自東北來, 商之亡也向東北去)." — 이러한 사실은 역대 중국 사가들에게 역사적 콤플렉스로 작용한 듯하다. 또왔다는 것이다. 나는 이제 그 전반에 긍亘 : 널리 뻗침한 고찰은 피하겠거니와 잠시 〔붉pǎrk〕을 통해 그 일단一端을 엿보려고 한다.

중국에서 국가적으로 가장 중요한 의식은 천자天子의 제천祭天 : 하늘에 제사함이요, 민간신앙 중에서 가장 융성을 극極 : 극대화한 것은 오악五嶽*숭배라고 할 수 있다. 그리고 이 양자兩者, 즉 천자의 제천과 오악숭배는 본래 태산泰山신앙**이 존비尊卑 : 높고 낮음로 양분되어

한, 현 중국인의 조상이라는 화하(華夏)족이 은상(殷商) 대신 중원(中原)을 차지한 이후 소위 중국문화를 이룩했으나 그 문화적 기원에 동이문화가 자리잡고 있는 사실에 대해 이를 의도적으로 부인하려 애썼다. 현재 남아 있는 《사기(史記)》,《한서(漢書)》,《후한서(後漢書)》,《삼국지(三國志)》,《신당서(新唐書)》 등 중국 사서들의 동이관계 기록들이 모두 그러하다. 중국 사서들의 동이족에 대한 인식은 시대에 따라 달라져서 진(秦)나라 통일 전에는 산동반도와 발해만 일대에 거주한 종족이었고, 진 통일 이후에는 발해만 일대와 만주, 한반도, 일본 열도에 거주하는 종족을 가리키는 용어로 바뀌었다. 이때부터 동이족은 한(韓), 예(濊), 맥(貊)으로 불리었고, 만주 일대의 제종족 외에 일본 열도의 왜(倭)도 동이족의 범주에 넣어 설명하고 있다.

* 중국에 있는 5대 명산으로 동악(東嶽)은 산동성의 태산(泰山 : 1,524미터), 남악은 호남성의 형산(衡山 : 1,290미터), 서악은 협서성의 화산(華山 : 1,997미터), 북악은 산서성의 항산(恒山 : 2,017미터), 중악은 하남성의 숭산(嵩山 : 1440미터)이다.

** 옥황산(玉皇山)이라고도 함. 중국 산동성(山東省) 태안(泰安) 북쪽에 있는 태안산맥의 주봉. 원래는 태중산(泰中山) 또는 태악(泰岳)이라 불렸다. 진대(秦代 : B.C. 221~206년) 이래로는 동악(東嶽)이라고도 불렀는데, 흔히 중국의 5악 가운데 으뜸가는 명산으로 꼽혔다. 뒤에 중국공산당이 산 이름을 옥황산으로 바꾸었으나, 현재 대다수 민중들은 여전히 태산으로 부른다.

태산은 고대로부터 중국 민중의 숭배 및 신앙의 대상이었으며, 역대 왕조의 국가적 행사 가운데 가장 장엄한 의식이 열리는 곳이었다. 봉선(封禪)이라 불리는 이 제사는 왕조의 번영이 완전히 확립된 것을 상징했으며 매우 드물게 한 번씩 치러졌다. 전한(前漢 : B.C. 206년~A.D. 8년) 시대에는 B.C. 110년, B.C. 106년, B.C. 102년, B.C. 98년에 각각 봉선을 행했고, 후한(後漢 : A.D. 23~220

발전된 것임에 불과하며, 사실 또 제천은 봉선封禪 : 천자가 제위에 오름을 하늘로부터 인정받는 의식으로써 오악숭배는 동악東嶽 : 중국 산동성山東省의 태산泰山으로서 그 극치를 이룬 관념이 있었다. 즉 제왕이거나 서민이거나 고금을 통해 중국인의 신앙적 최고 대상은 태산 그것이었다. 그런데 이 태산숭배 — 봉선封禪이나 동악대제東嶽大帝 : 태산을 인격화하여 황제라 칭함도 중국인 고유의 것이 아니라 태산을 중심으로 하여 예로부터 그 주위에 분포되어 있던 동이東夷의 유풍遺風을 계승 또는 섭입攝入 : 수입한 것이요, 그것이 곧 〔붉pǎrk〕 제사의 한 형식에 지나지 않음은 종종의 징빙徵憑 : 증거에 의해 명백한 바이다.

우선 태산의 태泰의 어원을 고찰하여보자. 태泰란 글자는 뒤에 오악의 관념이 성립하여 항恒이니, 화華니, 형衡이니, 숭嵩이니 하는 중국류中國流의 미명美名으로 할 필요에 따라 선택된 고자古字 : 옛 글자인데, 고대에는 대岱* 자字로서 표현되었으며 소위 오악과는 독립된 기원을 가진, 꽤 오래된 것으로서 오히려 오악관념이 대岱 또는 대종岱宗이란 고풍古風에 유도되어 성립된 것이라고 인정할 만한 점도 있다.

이와 같이 태泰라고도, 대岱라고도 쓰는데 그 명칭이 뜻을 지니는

년)에는 A.D. 56년에 한 번 행했다. 이 밖에 태산 자체가 신앙의 대상이어서 사람들은 봄에 풍년제를 올렸고, 가을이면 추수감사제를 올렸으며 홍수나 지진이 날 때도 제사를 올렸다. 그리하여 근 2,000년 이상 도교와 결합된 중국 민간신앙의 본산이 되었으며, 태산은 생명의 근원으로 정의되는 양(陽)의 중심으로 여겨졌다. 후한시대 이후로는 태산의 산신(山神)이 인간의 모든 운명을 지배하며 사람이 죽으면 영혼이 심판을 받으러 태산으로 돌아간다고 믿었다. 원래 태산부군(泰山府君)으로 불린 이 산신령의 이름은 체계적 도교가 등장하면서 태악대제, 동악대제(東嶽大帝) 등으로 바뀌었다.

* 대산(岱山) 대, 대산은 오악 중 제일 웃어른 격인 태산의 별칭으로 대종(岱宗)이라 함.

것이 아니라 그 시대의 어형을 기록한 음표音表임을 알겠으니, 대종
岱宗의 근방 소위 제齊*와 노魯**의 땅은 훨씬 후세까지도 동이東夷
의 단부團部 : 부족사회가 산재해 있던 곳으로서 중국인이 동쪽으로
오기 이전부터 이인夷人 : 동이족의 원주지 비슷한 곳이었음을 추찰推
察할 수 있으며 그들의 배천拜天 : 하늘을 숭배함하는 고속古俗 : 옛 풍속은
여기서도 그 증적을 남겼음을 생각하면 태산과 같은 산에 그들의
신앙이 모이지 않았다고 말할 수 없을 것이며, 따라서 그 이름의 뜻
을 동이東夷의 어휘 중에서 구함은 지극히 타당하다고 생각된다.

그리고 동이의 타지방에서의 예例에 징徵 : 증거하건대, 종교적 영
산靈山으로서 붉pǎrk, 대갈Taigǎr 중의 하나이거나 또는 그 둘을 다 겸
한 것인 듯하다. 이렇게 본다면 대岱 : 뒤의 태泰가 대갈Taigǎr이란 동이
어東夷語의 한문식 축약형이라 함을 가공의 설이라 할 수도 없을 듯
하다. 이것을 사실적 방면에 징徵하건대, 태산은 예로부터 일명 천
손天孫이라 하여 인간의 생명을 맡은 신으로 인정되어 만물이 비롯

---

* 중국 춘추전국시대(B.C. 771년경~B.C. 221년)의 나라 이름. 지금의 산동성과
하북성(河北省)이 있는 화북 평야의 많은 이민족들(거의 동이계東夷系)을 병합
하여 세력을 확장하기 시작했다. 전설적 군주인 제환공(齊桓公)과 그의 유명
한 신하 관중(管仲)이 다스리는 동안, 균등한 조세제도와 군대를 창설하고 소
금과 철을 국가가 독점 생산하는 제도를 만들었으며 세습이 아닌 능력을 바
탕으로 한 중앙집권적 관료제도를 처음으로 확립하여 한때 중국의 패권을
장악했으나, 제환공이 죽은 후 세력이 기울어 다시는 패권을 찾지 못하고
진(秦)에게 멸망했다.

** 중국의 춘추전국시대 왕조 이름. (B.C. 1055~249년) 산동성 남부 지역에 위
치했으며 수도는 곡부(曲阜)였고, 공자(孔子)가 태어난 곳이다. 주(周)나라의
제후국으로 공자가 집필한 사서오경(四書五經) 중 하나인 ≪춘추(春秋)≫는 바
로 이 노나라의 역사(은공隱公 원년 B.C. 722년~애공哀公 14년, B.C. 481년)를 내
용으로 한다.

하는 곳이요, 영기靈氣가 머무르는 곳이라 하였다. 또 왕자王者 : 임금이 새로 천명天命을 받으면 공功을 보報 : 알림하고 성成을 고告 : 알림함은 반드시 군악群嶽 : 여러 산들의 장長 : 가장 웃어른인 대종岱宗에서 하였음도 그 천天과의 특수한 관계를 인정하였기 때문이다.

　태산의 내원內院*이라고 할 지역의 어귀於口를 예로부터 천문天門이라 일컫고, 그 산정山頂에 선인석려仙人石閭 : 신선이 사는 돌 마을라든가 개구介丘 : 작은 언덕라든가 일관日觀 : 해를 봄이라든가의 붉산pǎrk山 특유의 어휘에 의한 명칭이 붙여졌고, 절정絶頂 : 맨 꼭대기을 옥황정玉皇頂이라 하여 도교의 신사神祠 : 신들을 모시는 사당인 옥황묘玉皇廟가 시방도 그대로 있으며, 흔히 붉pǎrk의 신체神體로 쓰이는 입석**立石 : 멘히르menhir, 선돌이 몰자비沒字碑 : 글씨 없는 비석로서 예로부터 태산 정상에 존재하며, 산의 정령精靈을 금계金鷄 : 금닭라 하고 종종의 옥녀玉女 : 선녀仙女전설이 있으며, 후세의 일이기는 하나 개원開元 : 당대唐代 A.D. 713~741년의 연호 시대에 당나라 현종 황제가 태산을 천제왕天齊王으로 봉封 : 임명했던 것은 참으로 천산天山, 즉 대갈산Taigǎr山으로서 부족함이 없는 조건을 보여주고 있는 것이다.

---

* 원래 미륵보살의 거처인 도솔천(兜率天)의 설법당(說法堂)을 말하나 여기서는 내부.

** 선돌 또는 멘히르라고도 하며, 고인돌과 더불어 대표적인 거석문화(巨石文化)에 속한다. 고인돌과 거의 같은 분포권을 이루고 있으며, 우리나라는 함경도부터 제주도까지 전국적이고 우리와 축조 형태가 좀 다르지만 프랑스의 브르타뉴를 비롯한 서부 유럽과 인도네시아, 말레이시아 등 동남아시아 지역에도 집중적으로 모여 있다.
선돌의 기능은 다산(多産), 장수(長壽)를 바라는 풍요의 기능과 벽사(辟邪), 수구막이의 역할을 하는 수호(守護 : 지킴이)의 기능, 죽은 사람을 상징하거나 무덤을 표시하는 무덤돌 기능이 있다. 일반적으로 신석기시대부터 청동기시대까지 세워졌다고 본다.

더욱이 옥황정玉皇頂의 큰 바위에 시방도 대관봉大觀峯 : 일명 미고암
彌高巖이란 명칭이 남아 있어서 대감Taigam의 고형古形 : 옛 모습을 지니
고 있음은 기중奇中 : 기이奇異함 속의 기奇 : 기이함라고 할 것이다.

또한, 태산에 한하여 그 주신主神을 부군*府君 : Pukun이라 칭하여
그 명칭이 진대晉代**의 고전古傳 : 옛 책에도 기재되었는데, 부군府君
으로서 산의 신체神體를 이름 지어 부르는 것은 중국에서 다른 유례
가 없으므로 이 역시 동이東夷의 원어原語를 승계한 것이니, 다름 아
닌 〔붉은Părkăn〕을 번역한 글자일 것임은 너무도 명백하다.

도가道家 : 도교에서 태산을 봉원태공지천蓬元太空之天이라 칭하며, 태
산녀泰山女를 벽하원군碧霞元君***이라 칭하며, 태산 정상의 주사主祠 :
으뜸가는 도교사원를 벽하궁碧霞宮이라고 칭함과 같음은 모두 〔붉părk〕
과 일맥상통하는 것이다.

대체로 도가에서 천天을 벽락碧落, 벽한碧漢, 벽허碧虛, 벽성碧城, 동
해東海를 벽해碧海, 선도仙桃 : 신선의 복숭아를 벽도碧桃라 하는 것처럼
푸를 벽碧 자를 즐겨 쓰는 것도 실은 우연한 일이 아닐 것이다.

이상으로 본다면 태산에는 〔대갈Taigăr〕과 아울러 〔붉părk〕의 어
형語形도 전하여 완전히 그 동이東夷의 청전靑氈****임을 표시하고 있음

---

* 죽은 아버지나 남자 조상을 높여 부르는 말, 또는 서울·경기 지역에서
마을을 지키는 신령을 이르는 말. 태산부군(泰山府君)은 중국 태산의 산신(山
神)으로 사람의 수명과 복록(福祿)을 다스린다고 하며 도교에서 모신다.
** 중국 춘추시대 12열국(列國) 중 하나로, 분수(汾水 : 중국 산동성 위치) 지역
에서 일어났다. B.C. 1106~376년.
*** 만주 지방에서 믿는 산악의 여신(女神). 동악대제(東嶽大帝 : 태산)의 딸로
민중 신앙의 대상이 된 도교의 신들 중 하나.

을 알 수 있다. 그리하여 장중莊重한 봉선封禪의 의식이나, 경건한 동악대제東嶽大帝 숭사崇祀 : 숭배하여 제사지냄의 풍속이나 모두 동이의 붉산părk山의 옛 뜻을 계승한 것에 지나지 않음이 거의 명백하며, 그 중국의 문화와 역사에 끼친 영향이 얼마나 컸던가 함도 약간 미루어 볼 수 있다.

얼른 말하면 중국에서의 역易 사상이며, 삼재론三才論 : 천지인天地人을 논함이나, 특히 천天과 천자天子 : 황제의 관념과 같은 그 문자의 형形 : 형태, 음音 : 소리, 의義 : 뜻부터가 이미 동이의 고대 철학에 의거한 것인 듯하며, 그 종교적 정서와 같은 것은 전부 동이족에게서 받아들인 것 같기도 하다.

〔그 중 일부는 뒷글에 논급論及하고자 한다.〕

**** 푸른색 모직물 또는 옛 물건.

| 불 함 문 화 론　不　咸　文　化　論 |

제7장 • 신선도神仙道의 태반胎盤

　이 기회에 약간 언급하고자 하는 것은 중국인의 동방민족에 대한 칭호稱呼와 태산泰山과의 관계다. 이자夷字가 원래 이적夷狄*, 만이蠻夷** 등과 같이 모멸적侮蔑的인 것이 아니라, 동방에 있는 다른 민족을 그렇게 호칭했던 것뿐임은 새삼스럽게 거론할 필요도 없는 일***이나, 어느 설문說文 : 한자의 어원을 해설한 책을 읽어보아도 그 진의眞義 : 참뜻나 최고의最古義 : 가장 오래된 뜻는 아직 밝혀지지 않은 듯하다. 그 음音에 대해서는 중국의 고전에 이夷와 지遲를 혼용한 실례도 있어서, 고금古今이 같지 않음이 인정되나 형形 : 꼴과 의義 : 뜻에 대해서는 아직 적확的確 : 아주 확실함한 설說이 없는 형편이다.

　그런데 우리의 고찰한 바로는 이夷의 자형字形은 거의 대인大尸****

---

* 북방의 오랑캐이자 야만족인 적(狄) 자를 동이(夷) 자 뒤에 붙여 야만스런 오랑캐란 뜻.
** 남방의 미개한 야만족 만(蠻) 자 뒤에 이(夷) 자를 붙여 역시 야만스런 오랑캐란 뜻으로 사용.
*** 이는 최남선의 호의(好意)에서 나온 해석 같다. 중국인의 역대 이민족 관념은 사이팔만(四夷八蠻)에서 보듯, 중원을 차지한 이후 중국인(현대적 의미로 중국시민권을 가진 자) 외에는 모두 오랑캐(야만인)로 치부해왔다.

이요, 대인大尼은, 즉 대인大人으로, 중국의 고전 ≪산해경山海經≫*에 동방에 대인국大人國**이 있다고 함도 실은 동이東夷 그것을 가리 킨 것이며, 그리하여 대인大人이란 원래 태산泰山 일대의 대갈Taigăr인 人의 뜻이었던 듯하다. 태산을 중심으로 하여 생활하는 민족이란 뜻으로, 대인大人으로도 일컬어지고 <대인大人 존신尊信 : 존숭하고 신앙함의 산이기 때문에 태산으로도 일컬어졌으리라고 생각되는데, 그것은 여하간 이夷와 태泰 : 岱, 太가 어원을 같이한다는 것만은 용이하게 설상設想 : 상정想定할 수 있는 바이다. 이자夷字의 고음古音이 티ti 또는 태tai에 가까운 듯함이 우리의 이 고설考說 : 학설을 지지함에 유력한 것임은 물론이다. 이것은 단순히 이자夷字의 문자학적 문제일 뿐 아니라 동방의 인仁 : 어짐과 평화와 생명의 원시原始와를 짝하는 중국의 고대 사상에 관련을 가진 극히 긴요한 사항으로서, ≪이아爾雅≫***에 동방일출지처東方日出之處 : 동방의 해뜨는 곳를 태평太平이라 한

**** 크게 어진 사람. 인(月)은 어질 인(仁) 자와 이(夷) 자의 고자(古字)에서 온 것.

* 고대 중국 및 외국의 지리에 대해 다룬 가장 오래된 신화집. ≪산해경≫이란 이름은 사마천(司馬遷)의 ≪사기(史記)≫에서 맨 처음 보인다. 유향(劉向)의 아들 유흠(劉歆)이 기존에 전해오던 내용에 덧붙여 편찬했으며 진대(晉代)의 곽박(郭璞 : A.D. 276~324년)이 최초로 주석을 달았다. 제작 시기는 여러 학설이 분분하다. 중국 문학사에서 중요한 위치를 차지하는 상상력의 보고이자 동이계(東夷系) 신화집이란 점에서 우리와도 밀접한 연관이 있는 책이다.

** <해외동경(海外東經)>과 <대황동경(大荒東經)>, <대황북경(大荒北經)>에 나온다. 특히 <대황북경>에는 동북해(東北海) 밖에 있다는 대황(大荒)의 한가운데에 불함산(不咸山)과 숙신씨국(肅愼氏國)이 있다 하였고, 이곳에 대인국(大人國)이 있다 하여 대인국과 동이족과의 연관성을 신화적으로 표현하고 있으며, 최남선, 안재홍(安在鴻), 레미 마띠유 등 많은 국내외 학자들은 대인국의 지리적 정황이 조선과 일치하는 것으로 본다. ≪산해경≫에 쓰인 불함산은 문헌상 나타난 백두산의 최초 이름이기도 하다.

다 하고 또 태평의 인人은 인仁하다 하였음과 태산의 절정絶頂인 옥황정玉皇頂에 태평정太平頂이란 고칭古稱이 있음과를 아울러 고찰할 것이다.

대갈산Taigǎr山 : 붉산의 주위는 신역神域 : 신의 영역일 것이요, 이에 상응하는 유증遺證이 있어야 할 것이다. 우선 주목되는 것은 예로부터 태산을 위요圍繞 : 둘러쌈하고 박博 : Pak이라 일컫는 도읍都邑이 설치되어 있었음이니, 지금의 태안부泰安府는 한대漢代에는 박博, 영嬴, 봉고奉高의 세 현縣이 있었던 곳으로서 박博 : pak과 봉고奉高, Pongko가 〔붉Pärk〕에서 온 명칭임은 물론이며 봉고는 동시에 태산을 위한 재읍齋邑 : 제사지내는 마을이란 뜻도 포함시킨 명칭이다.

그리하여 현으로서의 박博은 한나라시대에 시작되었는지는 알 수 없으나, 그 일대의 지명이 박博으로 일컬어졌음은 물론 태고太古로부터의 일로서, 현의 이름이 이에 연유하였음은 상상하기에 어렵지 않은 바이다. 이 밖에 산동반도에 있는 박산博山, 백산白山, 복산福山 등의 산악과 박평博平, 박흥博興, 박현博縣 등의 현읍縣邑 중에는 아무래도 〔붉Pärk〕과 인연 있는 것이 많으려니와 그것은 차치하더라도 태산 동쪽 일대의 땅에 예로부터 봉래蓬萊*란 신비경神秘境을 연상케 하여 그 앞 바다에 지금까지도 발해渤海란 명칭이 있음은 우연이 아닐 것이다.

발해는 원래 발해渤澥 : Parkai, 여기서 해澥는 바다의 일부분을 뜻함라 씌었

*** 기원전 2세기경 지어진 중국의 가장 오래된 자서(字書). ≪서경(書經)≫에서 글자를 뽑아 고어를 용법과 종목별로 19편으로 나누고 글자의 뜻을 전국(戰國)시대와 진한대(秦漢代)의 말로 풀이하였다.

* 중국 전설에 나오는 불로불사(不老不死)의 약초가 있고, 신선이 있다는 삼신산(三神山)의 하나. 삼신산은 봉래산(蓬萊山), 방장산(方丈山), 영주산(瀛州山)이다.

고, 예로부터 신선 사상*神仙思想과 결부되어 종종 설화의 무대가 되었음은 실로 깊은 연유가 있는 것으로서, 얼른 말하면 신선**이란 것의 연원은 원래 동방의 〔붉Părk〕에서 유래하여 동이東夷에 의해 붉Părk시視되고 발해渤澥라 불리던 표묘縹渺 : 멀어서 아득한 모양한 동해의 피안彼岸에 이상경理想境을 설상設想했기 때문에 발해, 봉래 등의 명칭이 생긴 것이었다.

그리하여 다시 한번 종합적으로 고찰한다면 지금의 직예直隷 : 하북

---

* 도교(道敎)의 기원이 되는, 중국에 널리 퍼졌던 민간 사상으로 그 모태는 동이족의 천신(天神)사상이요, 단군사상이다. 단군신화를 비롯, 단군의 자취에 대해 언급하고 있는 모든 자료에는 단군이 하느님의 아들이요, 인간세를 다스리고 장수를 하였으며, 나중에 산에 들어가 신선이 되어 하늘로 돌아갔다는 내용이 공통적으로 나온다. 또한, 그 존재 자체를 신선(神仙) 또는 선인(仙人)으로 묘사하고 있다. 이러한 동이족의 토착사상을 한국의 국학자들은 <신교(神敎)>라 표현했고, 최근에 양민종은 이를 '천신(天神)주의'로 정의하며 단군신화가 고대 제국의 흥망성쇠를 다루고 있다고 보았다. 이는 춘추전국시대 발해만과 산동 지역의 제(齊), 연(燕)나라에 널리 성행했고, 그 후 진(秦)나라 및 한(漢)대에 중국 전역으로 급속히 확산되었다.
신선사상은 신선의 존재를 믿고 장생불사(長生不死)하는 선향(仙鄕)으로의 승천을 추구하여, 그 유토피아(이상향理想鄕)로 삼신산(三神山) 전설과 수많은 계급의 선인(仙人)전설이 생겨났다.

** 한국의 단군 사상과 중국의 신선 사상 및 도교에서 이상(理想)으로 여기는 인간상. 중국의 신선은 인간계를 떠나 산속에 살며 불로불사(不老不死)의 기술을 닦고 신통력을 얻은 사람을 지칭하나, 한국의 신선은 매우 세속적이어서 홍익인간(弘益人間 : 널리 세상에 도움이 됨)과 재세이화(在世理化 : 세상에 머물며 다스리고 교화시킴)를 지향하며 평소 산중에서 수도를 하다가도 국가에 위난이 닥쳐오면 앞장서 무기를 들고 전쟁터로 향하는 호국안민(護國安民) 전통을 강하게 지니고 있었다. 한국의 신선도와 단군교의 교단(敎團)은 삼국시대를 마지막으로 사라졌고, 통일신라 이후에는 불교의 사찰 속으로 숨어 들어가 명맥을 이었다. 고려, 이조시대의 호국불교와 승려들의 빈번한 전쟁 참가는 한국선도의 단군 사상적 배경 없이는 해석이 불가하다.

성 일대의 동안변東安邊에서부터 산동의 해풍海豊에 이르기까지를 옛날 발해의 땅이라 함도, 그 앞바다를 발해라 부름도, 그 이상화理想化의 경애境涯 : 땅 끝을 봉래라 부름도, 근원은 모두 〔붉Pärk〕에서 유래한 것으로서 신선가神仙家* 내지 도교道敎** 그 자체의 남상濫觴*** 도 이에 의해 엿볼 수 있으며 고대로부터 황제黃帝****라든가 광성자廣成子*****라든가 하는 선도仙道 : 신선도神仙道, 신선가神仙家 성자聖者들이 텡그리Tengri : 천신天神의 변형으로 생각되는 청구靑丘*, 자부紫府** 등

* 여기서는 중국 춘추전국시대와 진한대(秦漢代)에 성행했던 신선 사상을 기반을 한 학파 내지 수행집단, 수행자들을 총칭함.

** 유교, 불교와 함께 중국 삼대 종교 사상의 하나. 불로장생을 꾀하는 신선 사상과 민간 종교가 결합하고 노장(老莊) 사상과 불교를 받아들여 교단의 체계를 이룸. 후한(後漢) 말기 동이계(東夷系) 도사(道士) 장도릉(張道陵)의 오두미도(五斗米道)에 기원하고, 나중에 점차 종교화되어 중국인의 내면과 풍속 형성에 막강한 영향력을 행사함.
도학(道學), 도덕교(道德敎), 현문(玄門), 황로학(黃老學) 등으로도 표현됨.

*** 효시. 양자강 같은 큰 강의 근원도 술잔을 띄울 만큼 작은 시냇물이란 뜻.

**** 중국 전설상의 제왕. 복희씨(伏羲氏), 신농씨(神農氏)와 함께 삼황(三皇)의 한 사람. 소호(少昊) 대신 오제(五帝)의 한 사람으로도 일컬어짐. 중국인의 가장 오래된 시조 삼황 가운데 복희씨와 신농씨는 동이족의 수장(首長 : 단군)이었음을 중국 역대사가(史家)들도 인정해왔고, 황제 또한 동이족 제철(製鐵) 신선 치우(蚩尤)와 한판 대결을 벌이는 고대 화하족(華夏族) 영웅이지만 동이족 출신이란 설도 있다.

***** 고대의 전설적 선인(仙人). 공동산(崆峒山 : 위치 불명)의 석실(石室)에 살았는데 황제(黃帝)가 찾아와 도(道)를 물었다 한다. 도를 통달하여 1,200세의 수를 누렸다고 진(晉)나라 포박자(抱朴子) 갈홍(葛洪)이 지은 ≪신선전(神仙傳)≫에 나옴.
≪장자(莊子)≫ 외편 <재유(在宥)>에도 광성자와 황제와의 대화가 실려 있다.

* 중국에서 우리나라를 일컫던 말. ≪산해경≫ <해외동경(海外東經)>에 처음

동이東夷의 땅에서 교教 : 가르침을 받았다는 전설의 의미도, 연燕*, 제齊**가 방사方士***의 본고장인 이유도, 도교의 지상신격至上神格 : 가장 높은 신의 존재이 태산 위에 존사尊祀 : 크게 높여 제사함되고 또한 태산신泰山神 : 태산의 산신山神이 도교에서 수승殊勝 : 아주 뛰어남한 지위를 점하게 된 연유도 모두 용이하게 설명할 수 있다.

저 봉래蓬萊의 설설說은 등래登萊 : 지명 해상에서의 신기루로부터 유도된 것이라는 설 같음은 필경 상식적인 하나의 상상일 뿐이다. 이것만으로도 중국문화에 대한 동이東夷의 관여가 그 얼마나 지대했던가를 추찰하기에 충분할 것이다.

더욱이 중국에 있는 붉Pårk의 유증遺證에도 역시 음운적인 것이 있음은 매우 흥미 있는 일이다. 우선 진시황秦始皇의 명을 받아 동남童男 동녀童女를 인솔하고 바다에 들어 선인仙人을 구하였다는 제인齊人 : 제나라 사람 서불****徐市 : 서복徐福의 불市은 불敝*****과 같은 글자로서 분

나온다. 청(淸)나라의 ≪일통지(一統志)≫에는 '청구는 고려 경내(境內)에 있다'라고 되어 있다.

** 중국 도교의 전설적 선인(仙人)으로 진(晉)나라의 도인 갈홍(葛洪)의 ≪포박자(抱朴子)≫에 '황제(黃帝)가 동방 청구(靑丘 : 조선)에 와서 풍산(風山)을 지나다 자부(紫府) 선생을 만나보고 ≪삼황내문(三皇內文)≫을 얻어 만신(萬神)의 이름을 새겼다'라고 나온다. 여기서는 조선의 옛 이름을 뜻함.

* 중국 전국(戰國)시대 칠웅(七雄) 중의 한 나라. 주(周)나라 무왕(武王)의 동생 소공석(召公奭)이 현재 하북성(河北省) 북부를 점유하고 북경(北京) 지역에 도읍을 정하여 시작함. B.C. 222년 진(秦)나라에 멸망. 주(周)나라 이전에 산동 지역과 함께 은상(殷商) 나라를 건국한 동이족의 주거지였다.

** 중국 춘추시대에 현재의 산동성(山東省) 일대에 있던 나라(B.C. 1123~386년). 주(周) 무왕이 태공망(太公望 : 강태공)에게 봉해준 나라로 29대 739년 만에 그 가신(家臣) 전씨(田氏)에게 빼앗겼다.

*** 신선도의 방술(方術)들을 체득한 도사(道士).

물절* 음불音弗 : 소리는 '불'의 글자인데 서불은 일명 서복으로도 쓰인다. 서불은 물론 방사方士의 한 사람인데, 그 불과 복이 상통함은 약간 이상하게 생각될 것이나, 돌이켜서 그것이 중국어 이외의 어음語音, 아마도 동이어東夷語의 기사記寫 : 베껴 씀로 어미에 r 또는 t와 k와의 2중 종성終聲을 가졌던 것이 발음 편리에 따라 그 하나가 생략되고 하나만이 나타나는 것이라 하면 그것은 조금도 기이할 것이 없다. 대저 방사方士의 원두源頭 : 원천라고 생각되는 동이의 옛 교속敎俗 : 가르치는 풍속, 습속으로는 중국식으로 말하여 방사方士라고 할 것을 붉Pärk 및 그 전자형轉滋形 : 변하여 늘어난 형태인 박pak, 발Par, 북Puk, 불Pur 등으로 호칭하고 있으나, 이 명칭은 아마도 중국의 같은 계통 교속敎俗 : 습속習俗에도 행해졌을 것으로서 서불의 불市도 단순한 인명人名이 아니라 방사方士 계급의 일반적 호칭이거나, 아니면 고신인古神人 : 옛 신화적 인물에게 불弗 또는 발勃이나 일본의 그것에 히코ㅌㄱ의 미칭美稱 : 아름다운 명칭이 붙는 것과 같은 것으로 짐작된다. 아마

**** 서복(徐福)이라고도 함. 중국 진(秦)나라 때의 사람으로 신선도의 방사(方士)였으며 당시 신선술을 깊이 신봉하며 자신도 장생불사의 신선이 되기를 염원했던 진시황의 명령으로 어린 아이 남녀 3,000명을 데리고 불사약(不死藥)을 구하러 신선이 산다는 전설의 삼신산(三神山)으로 배를 타고 떠났으나 다시 돌아오지 않았다 함. 서불의 전설과 유적은 한반도와 일본 열도에 지금도 남아 있다. 특히 남해석각(南海石刻)으로 불리는 경남 남해군 이동면(二東面) 양아리(良阿里) 소재 바위에 새겨진 글자는 서불이 새겼다는 전설이 있는 화상문자(畵像文字)의 하나이지만, 실제로는 이보다 훨씬 더 오래전에 새겨진 고대 원시문자로 추정된다.

***** 슬갑 불자로 바지 위에 껴입는 무릎까지 닿는 옛날 가죽 제사복.

* 분물절(分物切) : 분+물의 반절反切. 반절이란 한자의 음을 나타낼 때, 다른 두 한자의 음을 반씩 따서 합치는 방법이다. 여기서 분(分)은 성모(聲母) 'ㅂ'을, 물(物)은 운모(韻母) '울'을 따서 '불'의 소리를 나타낸다.

도 방사方士 그것이 이미 현재 조선어의 남자무당을 의미하는 박수 Paksu*, 키르키즈어語의 역시 남자무당을 뜻하는 박사Baksa 등 고원어古原語 : 고대 원시언어의 중국식 번역 형태 가운데 하나일 것이다.

그리고 이들의 공통 원형은 붉Părk이므로 k 음이 생략될 때는 불市 자가 채택되고 r 음이 생략될 때는 복福 자가 대비된 것임에 지나지 않음을 알 수 있다. 이처럼 서불의 이름은 제齊, 노魯의 땅과 붉과의 관계에 대해 음운을 통해 의외의 비건秘鍵 : 비밀의 열쇠을 이룬 느낌이 있다.

또 불市 자에 박개절博蓋切의 음音 : 소리는 '배'이 있어서 발朮 : 초목草木이 무성할 발 자와 통용되고 발朮 자에는 보활普活, 북말北末, 포미甫味, 박개博蓋의 4절四切의 음이 있는데 불市과 발朮과의 통용이 형태가 비슷한 이유로서가 아니라 음운적 관계에 의한 것이라 한다면 더욱 흥미 있는 붉Părk과의 음운적 유사類似 : 종류가 같음를 인정할 수 있을 것이다. 또한 불祓**과 복福이 소리와 뜻 모두 상통相通함을 참조할 것이다.

이와 같이 태산의 본질까지를 설명하면 붉Părk 사상 및 그 사실을 설명하는 데 매우 편리함을 느낀다. 그것은 한층 광범위한 비교 고찰이 가능하기 때문이다. 우선 금강산과 태산을 대비하여 보건대, 두 산이 다 대갈Taigăr과 붉Părk의 이름을 갖고 있으며, 인간의 혼백魂魄을 맡은 신神으로 존숭되고 태산의 개구介丘 내지 고리高里, 금강산

---

* 복사卜師 : 점치는 선생). 조선 숙종 때(1690년) 신이행(愼以行), 김경준(金敬俊) 등이 한글로 풀이한 중국어 단어집(2권 2책)인 ≪역어유해(譯語類解)≫ 상(上)권 37에 박스로 나옴. 이것이 뒤에 박수로 변함. 남자무당의 뜻.

** 떨 불. 신에게 빌어 재액(災厄 : 재앙과 같음)을 제거함.

의 개골皆骨 내지 개재開哉 곧 구점狗岾처럼 대大를 의미하는 별명을 가지고 있다. 또한, 주위에 있는 거주민의 최고 신앙대상으로서 순례의 성지이고 그 정변頂邊 : 꼭대기 주변이 천계天界 : 하늘의 영역로 생각되어 그 표상인 입석立石 : 선돌이 세워졌으며 둘 다 만물의 생기점生起点 : 생겨나는 곳으로 여기는 국토의 동쪽에 위치하고, 그 각하脚下 : 다리 아래에 명해溟海 : 망망한 바다가 있어 태산에는 발해渤海, 금강산에는 벽해碧海라고 하는 붉Pärk으로부터의 성호聖號 : 성스러운 칭호를 가지고 있고, 겸하여 태산의 발해와 금강산의 벽해가 다 창해滄海*의 별칭을 갖고 있어서 한편 텡그리Tengri란 의미까지도 함께 갖고 있는 등, 벌써 두 산이 인문적 의미로 동원同源 관계임은 부인할 수 없게 되었다.

태산泰山, 금강산金剛山, 상근산箱根山 : 하코네산에 공통한 지옥전설을 통하여 그 종교적 연쇄의 한 측면을 조망함도 흥미 있는 일이나 번잡을 피하기로 한다.

나는 하코네箱根의 지옥계곡이 화산火山 관계만으로는 설명될 수 없으리라 본다.

---

* 넓고 큰 바다.

불함문화론 不咸文化論

제8장 • 「되가리」와 텡그리와 천구天狗

　조선과 중국에서의 붉산은 겸하여 대갈Taigăr : 텡그리tengri의 명실名實 : 이름과 실제을 모두 지니고 있음은 전에 서술한바와 같거니와, 그러면 일본은 어떠한가?

　일본어의 다케タケ : 악嶽가 다카タカ에서 유도되었다 함은 이미 학자들의 주의를 끈 바요, 고천원高天原 : 다카마노하라의 고高가 단지 높다는 뜻으로 일컬어졌음과는 달리 천天을 의미한다 함은 본거本居 : 모토오리 씨도 이미 추론推論한 바이나, 이 3자三者의 필연적 관계는 아직 밝혀지지 않았다. 그러나 조선이나 중국에서의 비슷한 유례가 표시하는 바에 의하건대, 고대신화에 있어서의 고산高山과 천天이 거의 동일한 의미였음은 전술前述한 바와 같으므로, 동일한 모티브에 속하는 신화를 말하는 일본의 그것도, 당초에는 산山으로써의 천天을 상징했음은 다른 여러 나라와 동일하였을 것으로서 자세히 음미하면 그에 관한 증적도 상당히 남아 있을 것이다.

　백기伯耆 : 호우키. 일본 혼슈本州 산잉山陰에 속한 지역. 현재 돗토리현의 중부 및 서부의 대산大山 : 다이센, 돗토리현 다이센정에 대해서는 앞에서 약간 언급하였거니와, 그 근방에서 예를 찾는다면 출운出雲 : 이즈모, 시마네현 동부의 숭산嵩山 : 다케야마 등은 연희식延喜式에도 보인 포자지미布自

枳美 : 후지키미, 시마네현 신사神社의 진좌지鎭座地*인데, 이 다케タケ가 대갈Taigăr에서 왔음은 이 포자지미布自枳美가 붉은Părkăn에서 왔음과 동일한 것이요, 그보다 훨씬 완전한 고형古形을 보유하고 있는 것으로서 출운出雲 양대사兩大社 : 두 개의 큰 신사의 하나인 웅야熊野 : 구마노, 야마가타현신사**의 주산主山 천구산天狗山을 들 수 있다.

혹은 웅야산熊野山으로서 혹은 웅성봉熊成峯 : 구마나시노타케クマナシノタケ으로서 상고上古 이래로 저명한 신산神山, 다케タケ로 호칭되는 이 산에 천구天狗 : 덴구의 이름이 있음은 물론 우연한 일이 아닐 것이다.

일본에서 천구라고 칭하는 것이 텡그리Tengri의 일본어형인 다카タカ, 다카마タカマ의 유어類語일 것임은 종종의 이유로 우리의 진작부터 고신考信 : 생각하고 믿음하는 바이며, 예로부터 고산高山, 심산深山, 또는 신산神山인 것이 많이 천구란 명칭을 가졌으므로 천구를 산의 괴물로 상상하게 되었을 것이다.

그리하여 일본에서의 수험도修驗道란 것은 원래 텡그리산Tengri山 중심의 산악 종교였으므로 수험도에서는 산신山神과 천구와는 거의 동일한 관념을 갖게 되었을 것이다. 이제 임라산林羅山***의 ≪본조신사고本朝神社考≫에 열거한 천구 중에 두드러진 것을 보면 언산彦山 : 히코산의 풍전방豊前坊 : 부젠보, 후쿠오카 대산大山 : 다이센의 백기방伯耆坊 : 호우키보, 돗토리현을 비롯하여 부사산富士山 : 후지산, 시즈오카현과 야마나시현

---

* 신령이 그 자리에 임하는 것. 혹은 자리잡아 앉음.

** 구마노다이샤(熊野大社)라고 하며, 신비하고 영묘한 신인 구마노쿠스비노미코토(熊野久大須毘命)를 제사한다.

*** 하야시라잔(林羅山). A.D. 1583~1657년. 에도(江戶)시대 초기의 유학자로 ≪신도전수(神道傳授)≫와 ≪본조신사고(本朝神社考)≫ 등을 저술하여 일본 고유의 신앙과 주자학설과의 조화를 도모하였다.

의 경계에 걸쳐 위치, 비량산比良山 : 히라산, 시가현 비와코琵琶湖에 접해 있는 산, 갈성산葛城山 : 가쓰라기산, 시즈오카현, 비학산比叡山 : 히에이산, 시가현, 고웅산高雄山 : 다카오산, 교토, 축파산筑波山 : 쓰쿠바산, 관동 지방 동부 쓰쿠바 市, 반강산飯綱山 : 이히쓰나산, 니이가타현 등 대개가 붉Pärk, 대갈Taigăr의 증적이 있는 신산神山임은 이 견지에서 보아 극히 타당하다 할 것이다.

천구의 명칭을 가진 산에 대해 그 상태를 보건대, 신농信濃 : 시나노, 옛 국명의 반강飯綱 : 이히쓰나イヒツナ산에는 반강신사神社를 중심으로 하여 천구를 호狐 : 여우에 부회附會 : 억지로 끌어다 붙임한 그럴듯한 전설이 부수(附隨 : 붙여져 따라다님되어 있음도, 마魔 : 마귀의 곳이라는 천구악天狗嶽도, 반강법飯綱法이라는 타지니陀祇尼의 법도 모두가 다 대갈Taigăr에서 유래함일 것이요, 그 산 전체를 명신明神 : 밝은 신으로 존숭함도 물론 대갈산Taigăr山이었던 증적일 것이며, 암대岩代 : 이와시로, 옛 국명, 와카야마현의 천구산天狗山 같음은 그 옆의 산을 중군산中軍山이라 호칭하는데, 두 산이 다 대갈Taigăr의 전형轉形일 것임은, 조선에서의 그것이 흔히 「장군將軍」으로 바뀐 것과 대비하여 대략 찰지察知 : 살펴 알다할 수가 있다. 이 맥락을 더듬음으로써 천구의 진상과 함께 일본에서의 대갈산Taigăr山의 잔영도 알아봄 직하다.

저 산중山中*에서는 천구를 부르는데 고양高樣 : 다카사마 タカサマ이란 은어隱語를 쓴다고 하지만, 그것은 실상 은어가 아니고 고어古語임을 알아야 할 것이다.

다시 그 전자轉滋 : 변하여 불어남된 방면을 보건대, 연희식延喜式에 보이는 산성山城 : 야마시로의 고高 : 다하多河 다카タカ신사神社는 뒤에 불

---

* 지명. 산죠(さんちゃう : 나라奈良현, 군마群馬현). 또는 야마나카(やまなか, 石川 석천현).

교로 들어가서 천왕天王으로 습합習合 : 섞여 변함되고, 고천언高天彦신사神社의 진좌지鎭座地인 대화大和*의 고천高天 : 다카마タガマ산은 ≪화엄경華嚴經≫의 보살 거소居所 : 거처에 부회附會되어 갈성葛城 금강金剛의 이름을 얻었다. — 앞글 조선 금강산의 명원론名源論 : 명칭의 기원론 참조. —

이세伊勢**의 외궁外宮 : 바깥 신궁인 풍수豊受 : 도요우케トヨウケ궁***의 섭사攝社 : 최고 총괄 신사인 고궁高宮 : 다카노미야タカノミヤ도 높은 곳에 있기 때문에 다카タカ라고 일컬었다 함은 불핵不覈 : 사실대로 밝혀지지 않음의 설說이요, 상륙常陸 : 히다치, 옛 국명인 고천원高天原 : 다카마노하라도 그 귀성鬼城의 명칭과 함께 확실한 유서由緒 : 까닭가 있어서일 것이다. 이 밖에 ≪국조본기國造本紀≫****의 고국高國을 위시하여 다하多賀 : 다가, 이바라키현, 다가多珂 : 다카, 고야高野 : 다카노, 도쿄 신주쿠, 고견高見 : 다카미, 오사카, 보寶 : 다카라, 재부財部 : 다카라베, 가고시마현, 수예手刈 : 데카리, 전자田子 : 닷코, 아키타현과 이와테현의 경계, 천신天神 : 덴진, 후쿠오카,

---

* 일본 혼슈(本州) 가나가와현(神奈川縣)에 있는 도시. 사가미(相模)고원 동부. 옛 지명으로는 현재의 나라현(奈良縣).

** 일본 혼슈(本州) 남부 미에현(三重縣)에 있는 도시. 1956년까지는 우지야마다(宇治山田)로 불렸다. 태평양의 이세 만에 접함. 여러 신사가 있는데 이세 신궁(神宮)이 중심이다. 내궁(內宮)과 외궁(外宮)으로 이루어졌다. 내궁은 B.C. 4세기에 건립된 것을 태양의 여신이자 일본 왕실의 창시자인 아마테라스오미카미(天照大神)를 모시며 일본의 신성한 3대 보물(三種神器)의 하나인 거울을 보관하고 있다.

*** 5세기 말 건립. 음식과 옷, 집의 신인 도요우케오카미(豊受大神)를 모시고 제사지낸다.

**** 고쿠조우혼기. 고대 일본의 대화(大和)에서 섬까지의 136개 국가 형성을 기록한 책으로 저자는 불명. 헤이안(平安) 초기에 완성되었고, 그 소재가 기기(記紀)와는 별전(別傳)의 고기(古記)에서 유래되었다 한다.

천구天狗 : 텐구 등 다카タカ의 접두어를 가진 지명, 인명에 대갈Taigăr에서 유래한 것이 많을 것은 의심할 여지가 없는 바이다.

이렇게 보아오면 일본역사의 출발점인 고천원高天原*에 대한 해석도 금강산, 태산 등과 같은 레벨에 놓아서 그 고찰의 범주를 바꿀 필요가 있음을 알 수 있고 따라서 고설古說의 취사取捨 : 취하거나 버림나 새로운 견해의 창립에도 대갈Taigăr이란 논점을 무시할 수 없을 것이다. 일본의 침사枕詞**에 고광高光이라 함도, 보좌寶座를 고어좌高御座 : 다카미쿠라***라 함도 천지고시天之高市 : 아마노타케치アマノタケチ****, 천상고일국天上高日國 : 아마쓰히타카미アマツヒタカミ란 의미도 이 견지에서 보면 한층 명백하게 이해될 것이다.

---

* 일본 역사의 시작은 천손강림(天孫降臨)신화였고, 천손의 고향이자 이상향은 늘 고천원(高天原 : 다카마노하라), 즉 천상계(天上界)였다.

** 고대가요로 궁녀가 밤에 부르는 노랫말.

*** 일본 천황이 즉위식 때 앉아 즉위했다는 높은 자리. 일본 고대 노래집 ≪만엽집(萬葉集 : 만요슈)≫ 권18에 보인다.

**** ≪일본서기(日本書紀)≫ 신대(神代) 상(上) 제7단에 보임. 천조대신(天照大神)과 그 동생 소잔명존(素戔鳴尊, 스사노오 노미코토)의 갈등으로 80만신(萬神)이 천고시(天高市)에 모여 대책을 상의했다는 신화. 여기서 천고시는 천상계인 고천원(高天原)과 같은 의미로 사용한 듯하다. 일본 에도시대 국학을 잇는 계열의 학자들은 이 소잔명존(스사노오 노미코토)이 단군과 동일 인물이라 하여 일선동조론(日鮮同祖論)의 근거로 삼았다는 얘기도 있다.

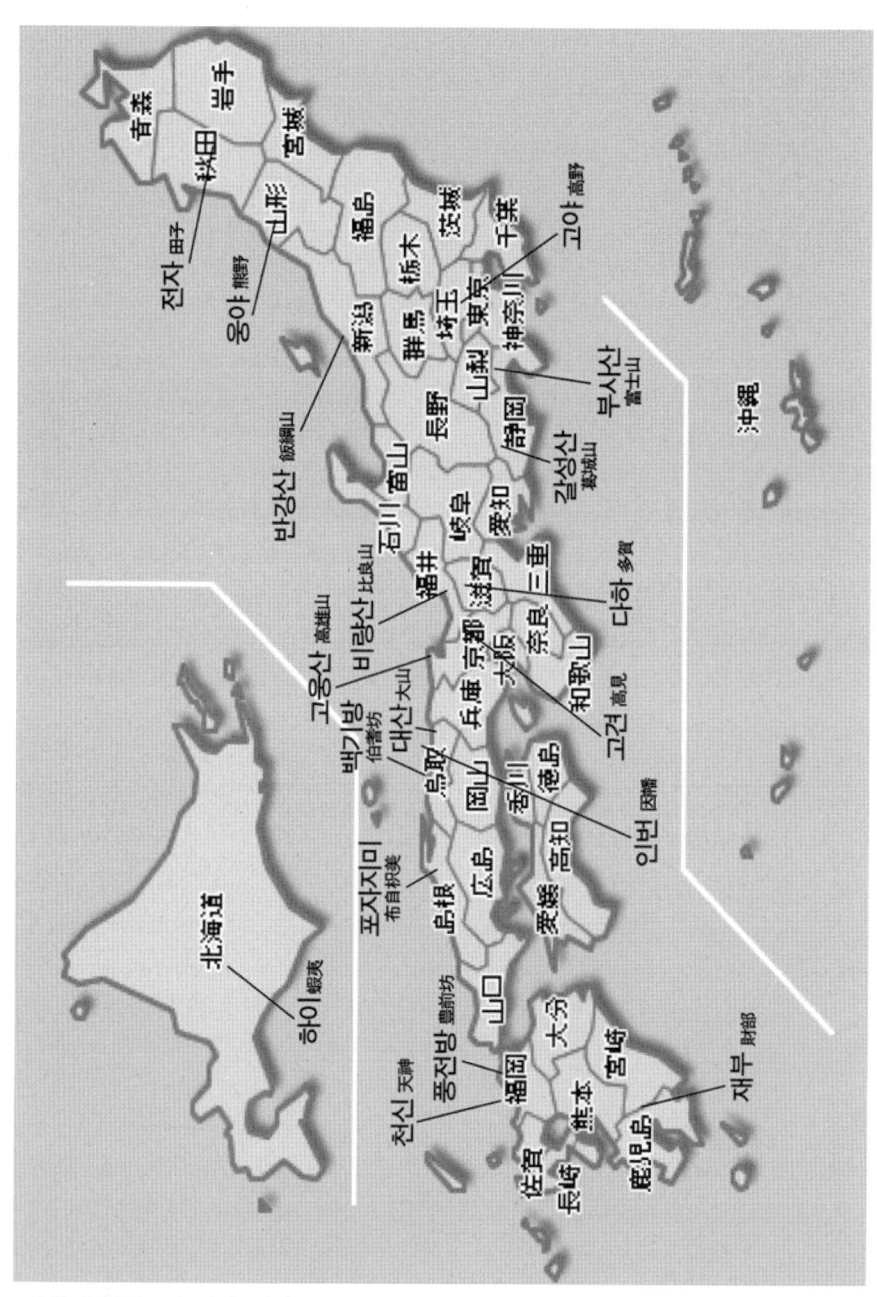

<일본의 불함문화 관련 지명도 2>

불함문화론 不咸文化論

제9장 • 히코ㅌㄱ와 다카夕ヵ

 산명山名에 붉Park을 붙임은 산을 신성시神聖視한 것이요 그것을 인격화한 호칭인데, 본래로 말하면 신神 또는 신으로서의 인간에 대한 호칭이었다. 조선에 있어서나 일본에 있어서나, 후세에는 단순한 미칭美稱으로 인명에도 붉Park을 붙이게 되었지만 고대에는 물론 신 내지 신격자神格者에 한정된 칭호였다.

 저 부여夫餘*의 왕이라는 해부루解夫婁**의 부루夫婁나, 일본의 신화에 나오는 히루코ヒルコ: 질아蛭兒***, 히코ヒコ : 일자日子, 언彦 내지 호

---

* 부여(扶餘)라고도 씀. B.C. 1세기경 동이족의 일파인 부여족이 북만주 일대 (현재의 하얼빈 등 흑룡강성 지역)에 세운 나라. 일찍부터 진보된 문명을 갖고 있었으나, A.D. 3세기 말 역시 동이족으로 내몽골 훌룬부이르 초원지대에서 같이 성장한 선비족의 침략을 받아 크게 쇠퇴했고, 그 영토 대부분은 고구려에 편입되었음. 부여국(夫余國).

** 두만강 유역, 북부여의 동쪽에 있던 나라(A.D. 59~294년)로 동부여(東夫餘)의 시조. 후일 광개토대왕에 정복되어 멸망.

*** ≪고사기(古事記)≫에 의하면 천상계인 고천원(高天原)의 천신(天神)들이 지상에 땅을 만들라고 명을 내린다. 이후 이자나키노미코토(伊耶那岐命)와 이자나미노코토(伊耶那美命)란 이주(二株 : 두 기둥)의 신(神)들이 만나 처음 낳은 자식(섬)의 이름이다. 섬을 낳을 때 섬이라 할 수 없는 흐늘흐늘한 것을 낳았으므로 거미리(蛭)에 비유한 것이다. 질아(蛭兒)는 불구아란 뜻이다. 수질자

코ホコ : 모곡, 히카미ヒカミ : 일신日神, 히코나ヒコナ : 언명彦名 등이 모두 그것으로서, 고대는 이와 같이 〔붉Park〕들의 세계였다. 신라사新羅史의 소위 불구내弗矩內 : Pǎrkuni 밝은이, 혁거세赫居世, 일본에서 말하는 신대神代란 것이 즉 그것이다. 신라의 시조라는 혁거세*는 본래 개인의 이름이 아니라, 단군설화에서 말하는 '광명이세光明理世 : 광명으로 세상을 다스림', 일본신화**에서의 광화명채光華明彩 : 빛나는 밝은 색채가 육합六合 : 상하사방上下四方에 조철照徹 : 환하게 두루 비춤하는, 즉 밝은 빛이 온 사방과 위아래에 관통하듯 비추이는 내용과 같은 것이다.

신대神代란 신이 다스리는 시대란 의미일 뿐만 아니라, 신사神事 : 신의 일, 사업를 중심으로 하는 시대란 의미이기도 하였다. 이와 같이 국가, 문물 등 모든 인문적 출발을 신에게 의거하였고, 그 신이 곧 추상적으로 천天, 구상적으로는 태양으로서 고천원高天原 : 다카마노하라을 그 본국本國으로 삼는다는 뜻을 전하려 한 것이다. 이는 조선과 일본 및 동일한 문화권 내에 속하는 여러 나라에 상통하는 건국신화의 일치하는 모습이었다. 그리하여 씨족의 기원, 산업의 분화 등에 관한 약간의 특수한 면을 제외하면 이 문화권내에 속하는 제민방諸民邦 : 여러 민족과 나라들의 고대사란 것은 그 소지素地 : 본디의 바탕에 있어서 상이한 별물別物 : 다른 물건이라고 말할 수 없을 것 같다. 여기에 언급해 두고자 하는 것은 일본어 히코ヒコ에 대한 지금까지

(水蛭子 : 히루코)라고도 한다.

* 박혁거세(朴赫居世). 왕호(王號)는 거서간(居西干). 13세에 왕위에 올라 재위 17년에 6부를 순무(巡撫)하여 농상(農桑 : 농사와 누에치기)을 장려하였음. 21년에는 수도를 금성(金城)이라 하고 성을 쌓아 국가의 기초를 세움. 재위 B.C. 57년~A.D. 3년.

** ≪일본서기(日本書紀)≫ 제1권 신대(神代) 상(上) 제5단에 보임.

의 견해에 대해서이다. 일본의 고전에 보이는 신격神格에 남성에게는 흔히 히코ヒコ가 붙고 이에 대해 여성에게는 히메ヒメ가 붙는다고 해서 히코와 히메는 대어對語 : 서로 대응하는 말로 봄이 보통이나, 우리의 보는 바로는 두 말이 그 성립의 경로를 달리하는 것으로서 하나의 말에서 나온 양기兩岐 : 둘로 나누어진 갈래가 아닌 것이다.

첫째로 일본어에서 코コ와 메メ와를 대립시켜서 남녀의 성性을 구분하는 것 같이 보이는 경우는 무스코ムスコ : 아들, 무스메ムスメ : 딸의 하나가 있는데, 그러나 이 경우의 코コ에도 특히 남성의 의미를 포함시킨 것이 아님은 물론이다. 아스튼* 씨와 같은 이는 그의 ≪일본신도론日本神道論≫에서 또한 오토코オトコ**, 오토메オトメ***를 예로 들고 있으나 이것은 오토코オトコ가 널리 남성을 표현함에 대하여 오토메オトメ는 단순히 젊은 여성을 의미함을 잊어버린 대비로서 오토코オトコ는 오히려 오나코オナコ와 대對를 이루는 말일 것이다.

메스メス : 암컷, 오스オス : 수컷와 메노코メノコ : 여자, 오노코オノコ : 남자 내지 메오토メオト : 부부 등의 말에 증거 하더라도 메メ의 대對를 이루는 것은 오オ요, 코コ라고는 말할 수 없을 것이다.

또한, 코コ에는 남녀를 통해 유년자幼年者 : 어린 아이를 의미하는 것이 있고, 접미어로서 그것에는 사람을 표현하는 경우와 함께 도리어 부인의 이름을 표시하는 역할을 하는 정도이다. 우리의 생각으로는 히루코ヒルコ와 히코ヒコ가 붉Pǎrk의 일본어 형태임은 위에서 고

---

* Aston, W. G., 영국의 일본학 연구가. 저서 ≪Nihongi : Chronicles of Japan from the earliest times to A.D. 697≫, London, Kegan Paul, 1924.

** 사나이, 남자, 남성.

*** 소년, 소녀.

설고說考 : 고찰을 시도한 바와 같거니와 히루메ヒルメ와 히메ヒメ는 단독으로 어떤 이유에 의하여 여신女神을 표현하게 된 것으로 생각한다. 대개 히루메ヒルメ, 히메ヒメ는 시방의 조선어 할미harmi와 할머이 harmöi, 즉 조모祖母 : 할머니와 노온老媼 : 늙은 할미, 노파老婆과 어원을 한 가지로 하는 것 같으니, 조선에서 정견모주正見母主*, 동신성모東神聖 母**, 선도성모仙桃聖母***, 지리성모智異聖母****, 송악왕대부인松岳王大夫 人***** 등 국가의 산신産神 : 사람의 출생에 관여하는 신으로 기전記傳 : 전통

---

* 생몰년 미상. 가야연맹의 건국설화에 나오는 여자신(神). 대가야 및 금관가야 시조의 어머니라 함. 원래 가야산의 산신이었는데 천신(天神) 이비가지(夷毗訶之)에 감응한바 되어 대가야의 왕 뇌질주일(惱窒朱日)과 금관가야의 왕 뇌질청예(惱窒靑裔)를 낳았다. 참고문헌 ≪신증동국여지승람(新增東國輿地勝覽)≫.

** 고구려 시조 주몽(朱蒙)의 어머니인 유화부인(柳花夫人)을 성모신(聖母神)으로 받들던 이름. ≪삼국사기≫에 646년(보장왕 5년) 동명왕 어머니의 소상(塑像)이 3일간 피눈물을 흘렸다는 기록이 있고, ≪북주서(北周書)≫에도 고구려 왕도에 부여신(扶餘神)을 모신 사당이 있고, 그 안에 나무로 만든 유화부인상이 안치되어 있다 하였다. ≪고려도경(高麗圖經)≫에는 개성 선인문(宣仁門) 밖에 나무로 된 동신성모상(東神聖母像)을 모셔둔 '동신사(東神祠)'라는 사당이 있어 외국 사신이 오면 이곳에서 제사를 지냈으며, 동신성모는 주몽의 어머니라고 기록되어 있어 이 신에 대한 신앙이 고려 때까지도 지속되고 있었음을 알 수 있다.

*** 신라의 국토신(國土神) 같은 존재로 ≪삼국유사(三國遺事)≫ 권5 <감통편(感通篇)>에 '선도성모수희불사(仙桃聖母隨喜佛事)'란 제목으로 나온다. 경주의 서산(西山) 선도산(仙桃山)의 성모가 진평왕 때 안흥사(安興寺)의 여승을 도와준 얘기인데, 성모는 일찍이 신선술을 배웠으며 오랫동안 선도산에 살며 나라를 지켰고, 신라 시조 혁거세를 낳았다는 전설을 담고 있다.

**** 지리산의 산신. ≪여지승람≫ 진주목(晉州牧) 사묘조(四廟條)에는 지리산 천왕봉(天王峯) 마루턱에 성모사(聖母祠)가 있고, 그 안에 성모상이 있다고 했다.

***** 생몰년 미상. 고려 태조 왕건의 어머니. 왕건의 아버지 왕륭(王隆)이 꿈에 한(韓)씨 여인을 만나 부인을 삼기로 언약했는데, 뒤에 송악(松嶽)으로부

기록물에 실려 있는 대여신大女神을 지금 그 지방에서는 보통 할머이 harmöi로써 호칭하고 무축巫祝 : 무당의 별칭에서도 흔히 대신大神을 일컬을 때 이 말 '할머이' 또는 그 유어類語 '마누라manura'를 쓰는 것은 모두 대일령大日孁*의 고의古意를 전승한 것임에 틀림없을 것이다. 본거本居 : 모토오리 씨도 그 ≪고사기전古事記傳≫**에서 히코ヒコ와 히메ヒメ와를 대시對視 : 서로 대응하여 봄하고 히ヒ란 만물의 영이靈異한 것을 말한다 하였는데, 히ヒ를 영이의 뜻으로 취급함은 그렇다 하더라도 코コ와 메メ를 남녀로 본 것은 동감할 수 없으며 만약 굳이 양자의 관계를 찾아본다면 히루메ヒルメ와 히메ヒメ가 원래 히루코메ヒルコメ나 히코메ヒコメ에서 코コ 음이 탈락된 것이리라고 쯤은 말할 수 있으나, 역시 할머이harmöi의 유어類語로 봄이 보다 진실에 가까울 것이다.

붉Părk과 한 가지 대갈Taigăr도 역시 일본에서 신격神格의 칭호로 쓰인 듯하다. 우선 조화삼신造化三神***의 유일唯一이요, 고천원高天原에서

터 영안성으로 가다가 길에서 한(韓) 여인을 만나 드디어 혼인하였다는 설화가 있어 '몽부인(夢夫人)'이라고도 한다. 뒤에 삼한(三韓)의 어머니 신(神)으로 추존(追尊)된다.
* 일본 신화 창세기의 대신(大神) 이자나키노미코토(伊奘諾尊)와 이자나미노미코토(伊奘冉尊)가 국토와 산천초목을 낳은 후 천하의 주인 될 자로서 낳은 일신(日神 : 태양신)으로 대일령귀(大日孁貴)라 하였다. 이때의 귀(貴)는 존(尊)과 같이 신(神)을 뜻한다. 이 신을 아마테라스오미카미(天照大神)라고도 하며 광채가 찬란하여 육합(六合 : 우주)의 안을 밝게 비추었다(光華明彩, 照徹於六合之內)고 하였다. ― ≪일본서기(日本書紀)≫ 제1권 신대(神代) 상(上) 제5단.
** 고지키덴. ≪고사기(古事記)≫의 주석서(注釋書). 총 44권.
*** 천지가 처음 나뉠 때 천상계 고천원(高天原)에 같이 생겨나 만물의 시초가 된 세 신(神)으로 ≪고사기(古事記)≫에는 천지어중주신(天之御中主神 : 아메

팔백만신八百萬神*의 지휘자 역할을 한 고어산소일신高御産巢日神 : 별칭 고천언신高天彦神**을 위시하여 이장락신伊奘諾神***의 별칭인 다하대신多賀大神****, 대기귀신大己貴神*****의 비妃였던 고진희명高津姬命 : 다카쓰히

노미나카누시노카미), 고어산소일신(高御産巢日神 : 다카미무스히노카미), 신산소일신(神産巢日神 : 가무무스히노카미)으로 나오고, ≪일본서기(日本書紀)≫에는 천어중주존(天御中主尊), 고황산령존(高皇産靈尊), 신황산령존(神皇産靈尊)으로 쓰여 있다. 이때의 존(尊)은 지귀(至貴 : 지극히 귀함)한 것에 대한 호칭으로 신령(神靈)의 뜻이고, 명(命) 또한 같은 의미로 쓰되 둘 다 '미코토'로 읽는다.

* ≪고사기≫ 상(上)권에 보인다. 천조대신(天照大神)의 동생 속수좌지남명【速須佐之男命 또는 建速須佐之男命 : 하야스사노오노미코토, ≪일본서기≫에는 소잔명존(素戔嗚尊)으로 나옴】이 천상계에서 나쁜 짓을 계속 저지르자 밤이 계속되고 온갖 재앙이 발생하여, 천계(天界)의 팔백만신(八百萬神)이 아메노야스노카하라(天安之河原 : 천안의 강둑)에 모였다는 설화. ≪일본서기≫에서는 팔십만신(八十萬神)으로 쓰여 있고, 팔십만이나 팔백만은 수많은 상태를 뜻하는 관용어라 하나 만신(萬神) 또한 무당 내지 샤먼을 뜻하므로 복합적 의도로 쓰인 말 같다.

** 일본 신화 태초의 조화삼신(造化三神) 중 하나. 고어(高御 : 다카미)는 미칭(美稱), 산소(産巢 : 무스)는 생산, 일(日 : 히)은 신비한 영험을 뜻하며, 이 무스히(産巢日)가 접두어인 신(神) 이름이 많다.

*** 일본 신대(神代 : 신이 다스리던 신화시대)는 7대(七代)라고 기기(記紀 : 고사기와 일본서기)에 기록되어 있으며 — ≪고사기≫는 '신대칠대(神代七代)', ≪일본서기≫는 '신세칠대(神世七代)'라 함 — 이 칠대 신들 중의 하나. 이자나키노카미(伊耶那岐神) 또는 이자나키노미코토(伊奘諾尊)라 부름. 아마테라스오미카미(天照大神), 쯔쿠요미노미코토(月讀命), 스사노오노미코토(須佐之男命, 素戔嗚尊)의 세 자식을 둔다.

**** 다하(多賀 : 다가)는 현재 일본 시가(滋賀)현 이누카미(犬上)군 다가(多賀)정(町)으로 일본 신화의 대신(大神) 이자나키노미코토(伊奘諾尊)를 모시는 다하신사(神社)가 있으며, 이자나키노미코토가 일본 국토를 처음 만들 때 최초로 낳은 섬 담로도(淡路島)를 말한다. (본서 103쪽 <다하 지도> 참조.)

***** 이자나키노미코토(伊奘諾尊)의 아들 소잔명존(素戔嗚尊 : 스사노노미코토

메노미코토タカツヒメノミコト 및 그의 아들 고조광원대신高照光媛大神 다카테루히메노오호카미タカテルヒメノオホカミ, 대국주신大國主神*의 아들 아지서고일자근신阿遲鉏高日子根神 : 아지스키타카히코네노카미アヂスキタカヒコネノカミ** 및 그의 매妹 : 누이동생인 고비매신高比賣神 : 다카히메노카미タカヒメノカミ***, 신무神武****가 동정시東征時 : 동쪽을 정벌할 때 무옹뇌신武甕雷神을 대신하여 사기邪氣 : 삿된 기운를 없앴다는 고창하명高倉下命 : 다카쿠라시노미코토タカクラシノミコト*****, 그리고 한편 천조대신天照大神*의 동생

須佐之男命)가 하늘에서 출운국(出雲國 : 시마네島根현 지방이 아니라 남규슈南九州 무도산霧島山 아래 지방이라는 설도 있음)으로 하강하여 낳은 아들이다. 대기귀명(大己貴命 : 오호아나무지)이라고도 한다.

* 위대한 나라의 주인이란 뜻으로 쿠니(國 : 지상세계)의 통치자이며, 지상세계인 위원중국(葦原中國 : 아시하라노나카츠쿠니)을 완성했다. 스사노오노미코토(須佐之男命)의 6세손이다.

** 아지스키(阿遲鉏)는 많은 농경기구라는 뜻이며, 농경의 신 또는 뇌신(雷神)이라는 뜻도 있다.

*** 오빠인 아지스키다카히코네노카미(阿遲鉏高日子根神)에 대응하는 여신이다.

**** 일본 신화집 ≪고사기(古事記)≫와 ≪일본서기(日本書紀)≫에 나오는 제1세 천황(天皇). 기기(記紀)의 편찬자들은 신대(神代)가 끝나고 지상의 인간세로 내려와 처음으로 세상을 통치한 인대(人代)의 천황이라 하지만 이는 이미 신화상의 인물로 밝혀졌다.

***** ≪일본서기≫ 제3권 신무천황 즉위 전기 무오년(戊午年) 6월 23일 기사에 나온다. ≪고사기≫ 중권 초반부에도 나온다. 웅야(熊野)의 고창하(高倉下)란 사람의 꿈에 천조대신(天照大神)이 나와 무옹뇌신(雷神)에게 나라를 평정하라며 칼을 내려주었는데, 무옹뇌신이 고창하에게 그 칼을 주며 신무천황에게 주라고 하였다. 고창하가 꿈을 깨니 그 칼이 진짜 있는지라 그대로 천황에게 진상하였고, 그 후 위기를 벗어났다는 신화의 주인공. 이름 뒤에 명(命)이 붙어 신(神)으로 격상됐음을 상징한다.

* 태양신 아마테라스오미카미.

인 건속수좌지남명建速須佐之男命 : 소잔명존素盞嗚尊, 스사노오 노미코토을 위시하여 그의 아들이며 한국과의 인연을 말한 오십맹명五十猛命 : 이소타케루노미코토イソタケルノミコト*, 뇌신雷神이라는 건어뢰지남신建御雷之男神 : 다케미카쓰치오노카미タケミカツチオノカミ**, 무옹추신武甕槌神***, 풍수

---

* 오십맹신(五十猛神) 또는 오십맹존(五十猛尊)이라고 함. 발음은 모두 '이소타케루노미코토'. ≪일본서기≫ 제1권 신대(神代) 상(上) 제8단에 나옴. 「…… 일서(一書)에 말하였다. 스사노오노미코토(素戔嗚尊)는 행동이 제멋대로였으므로, 여러 신들이 많은 공물을 과하여 벌하고 쫓아냈다. 이때에 스사노오는 아들 오십맹신(五十猛神)을 데리고 신라국(新羅國)에 내려 소시모리(曾尸茂梨)라는 곳에 있었다. …… 처음에 오십 맹신이 하늘에서 내려올 때 많은 나무종자들을 가지고 왔는데, 한지(韓地 : 조선 땅)에 심지 않고 모두 다 갖고 와 쓰쿠시(筑紫)를 비롯한 모든 대팔주국(大八州國 : 일본열도)에 심어서 …… 이 때문에 오십맹명(五十猛命)을 유공(有功)의 신(神)이라 한다.」

** 건(建 : 다케, 용맹함)+어엄(御嚴 : 미이카)+즈(의)+남(男 : 오), 이카(嚴)는 세력이 거센 것을 말하며 뇌신(雷神)을 뜻함. 이 신은 지상세계인 위원중국(葦原中國 : 아시하라노 나카쯔쿠니)을 평정할 때 큰 역할을 한다. 지상에서 생겨 고천원(高天原 : 천상계)의 신이 된 예이다. 오호쿠니누시노카미(大國主神)가 나라를 양도할 때, 신무(神武)천황이 동정(東征)할 때 나타난 도검(道劍)의 신. 뒤에 건어뇌신(建御雷神)으로 나옴.

*** ≪일본서기≫ 신대(神代) 상 5단에 의하면 일본열도를 만든 천신 이자나키노미코토(伊奘諾尊)가 십악검(十握劍)으로 가우돌지(軻遇突智 : 신성한 돌무지)를 베고 흐르는 피가 변해 탄생한 옹속일신(甕速日神 : 미카하야히노카미)의 손자. 여기서 미카(甕)는 이카(嚴)의 차자(借字)이고, 하야(速)는 민첩한 위력, 히(日)는 영험을 뜻한다. 곧 옹속일신은 엄숙하고 신속한 위력과 영험을 지닌 뇌전신(雷電神 : 우뢰와 벼락신)을 말한다. ≪일본서기≫ 신대 하(下) 제9단에 천상계의 조화삼신(造化三神) 중 주역인 고황산령존(高皇産靈尊 : 高御産巣日神 : 高木神)이 지상계 위원중국(葦原中國)을 평정하기 위해 무옹추신(武甕槌神)을 파견하는 신화가 나오는데, 이는 ≪고사기≫ 상권(上卷) 후반부 위원중국평정 3차 파견 설화와 똑같다. 다만 ≪고사기≫에서는 무옹추신의 이름이 건어뇌지남신(建御雷之男神 : 建御雷神 : 다케미카즈찌노오노카미)으로 나오며, 평정의

대신豊受大神：도요우케노오미카미トヨウケノオミカミ*이 강림降臨할 때 타他의 십신十神과 함께 시종侍從의 소임을 다하였다는 건어창명建御倉命：다케미쿠라노미코토タケミクラノミコト, 대국주신大國主神의 아들이요, 건어뇌신建御雷神과 양국讓國：나라를 건네줌의 씨름을 하였다는 건어명방신建御名方神：다케미나카타노카미タケミナカタノカミ**, 풍후豊後의 건남상응일자신建男霜凝日子神：다케오시모코리히코노카미タケヲシモコリヒコノカミ, 이두伊豆：이즈의 다사이지두기명多祁伊志豆伎命：다케이시쓰키노미코토タケイシツキノミコト 등 그 밖에 대년신大年神***의 아들인 정고진일신庭高津日神：니하타카쓰히노카미ニハタカツヒノカミ****, 우산호신羽山戸神：하야마토노카미ハヤマトノカミ*****의 아들 하고진일신夏高津日神：나쓰타카쓰히노카미ナツタカツヒ

명령을 천조대신(天照大神：아마테라스오미카미)과 고목신(高木神：다카기노카미)으로부터 받았다는 것이 다르다.

* 일본 고대신화의 여신. 음식과 옷, 곡물, 가옥의 신(神)으로 나옴. 웅략(雄略)천황의 꿈에 나타난 아마테라스(天照大神)가 혼자 식사하기 불편하니 단바(丹波：서일본 지방)의 신(神) 도요우케노오카미(豊受大神)을 이세(伊勢：지금의 미에현三重縣 중앙부)로 불러오라 하여 이세신궁에 모셔졌다.

** 대국주신(大國主神：오호쿠니누시노카미)의 아들 중 하나. 「연희식(延喜式：엔기시키)」 신명장에 시나노노쿠니(信濃國) 스와(諏訪)군의 미나카타토미(南方刀美) 신사의 제신(祭神)으로 타케(建)는 용맹함, 미나카타(御名方)는 미(水)+나(의)+카타(方)로, 스와 호반(湖畔)을 가리키는 것으로 추정. 건어뇌신(建御雷神)과의 씨름 얘기는 ≪고사기≫ 상권 후반부 위원중국 3차 평정 부분에 나와 있고, ≪일본서기≫에는 안 나온다.

*** 농사, 역법(曆法)의 신. 오호이카즈찌(大雷), 오호토시노카미(大年神), 와카토시노카미(若年神)로도 불린다. 오호(大)는 칭사(稱詞), 토시(年)는 벼이삭을 뜻한다. 스사노오노미코토(須佐之男命：素戔鳴尊)가 가무오호이찌히메(神大市比賣)를 얻어서 낳았다.

**** 니하츠히노카미(庭津日神)라고도 함. 뜰을 비추는 신으로, 니하(庭)는 가옥 앞에 있는 농사 작업장, 즈(津)는 '~의', 히(日)는 신령(神靈)의 뜻이다.

ノカミ* 등 모두가 다카タカ, 다키タキ, 다케タケ 등의 관사가 있음은 저 아마쓰アマツ : 하늘의, 아메노アメノ : 하늘의 등과 한 가지로 천족天族 : 하늘 민족임을 표시한 것임에 틀림없을 것이며, 이들을 맹猛 : 용맹함의 뜻으로 해석하려고 한 고인古人의 설說은 타당치 않을 것이다.

저 수험자修驗者의 도장으로서 그 영이靈異 : 신령한 이적異蹟가 부사富士 : 후지와 천간淺間 : 아사마, 나가노현에 비견되는 갑비甲斐 : 카이, 고대국명의 어악御嶽 : 나라의 신성한 산을 위시하여 각지에 있는 어악御嶽 및 그것을 중심으로 하는 수행은 다 대갈Taigăr 고신앙古信仰의 전화轉化로 볼 것이요, 또 악산嶽山 : 다케야마タケヤマ의 명칭과 함께 고향高向 : 다카무쿠タカムク의 묘墓란 것이 있는 하내河內 : 고치의 그것을 위시하여, 이세伊勢의 신궁神宮 가운데 외궁外宮에 속하는 고향高向 : 우수내宇須內 신사神社와 무왕명신武王明神을 제사하였다는 인번因幡 : 이나바, 돗토리鳥取현의 동부의 다가모구신사多加牟久神社, 그 밖의 각지에 있는 다카무쿠タカムク, 다카무코タカムコ 신神이란 것도 그 권속일 것이다.

그리하여 조선의 민간신앙에서 최고의 대신大神인 대감Taigam이 이들과 같은 뿌리임도 이론異論이 없을 것이다.

***** 산을 다스리는 신으로 하야마(羽山)는 하야마(端山)로, 촌락에 가까운 산, 토(戶)는 입구를 뜻한다. 단산처(端山處)로 쓰기도 한다.
* 여름에 하늘 높이 빛나는 해를 뜻함.

<다하 지도>

불함문화론 不咸文化論

제10장 • 조선 신도神道*의 대계大系

　주로 천天을 나타내는 대갈Taigăr과 그 인격형으로서 대감Taigam과 주로 신神을 나타내는 붉Părk과 그 인격형으로 붉은, 붉은애Părkăn-ai는 원래 모두 종교적인 것이었다. 사실 그에 의거하여 예로부터 매우 선명한 종지宗旨가 성립되어 이것을 의거한 제정일치祭政一致의 세상이 출현하고 그리하여 그것이 광범위에 긍亘: 뻗침한 일대 문화권을 형성하고 있었다. 신선도神仙道는 그 중국적인 발달이요, 수신도隨神道: 신을 따르는 도는 그 일본적인 분기分岐였으나, 그 분포의 중심을 이루고 그리하여 비교적 순수한 본면목本面目을 보존하여온 것이 조선에 있어서의 그것천신도天神道: 붉도道이었던 듯하다.
　조선에서는 〔붉Părk〕을 근원으로 하여 〔붉은Părkăn〕으로도 되고 발음이 변하여 〔부군Pukun〕으로도, 또 단순히 〔불Pur〕로도 불렀다. 이것은 오랫동안 매몰되어서 세인의 주의로부터 동떨어져 있었으나, 자세히 조사해보면 그 교상敎相: 가르침의 모습이며 그 법맥이 비교적

---

* 여기서 신도(神道)의 의미는 한민족의 고대 원시종교를 총칭하는 용어로 쓴 것이다. 즉 붉 사상과 대갈, 대감, 텡그리 등의 천신(天神) 사상 등을 종합한 표현이라 할 수 있다. 단군의 선도(仙道)라 해도 무방하나, 최남선은 중국에서 도교의 대용어로 선도를 자주 거론했음을 의식하여 신도(神道)로 대체한 것 같다. 다른 곳에서는 신교(神敎)라고도 썼다.

명료하고 어떤 때는 장강長江과 같이, 어떤 때는 복천伏泉 : 땅속의 샘 과 같이 조선의 역사에 관류貫流 : 중심을 관통해 흐르여 사회에 침윤 浸潤 : 젖어 들어옴된 양상을 문헌과 사실과의 양면으로 명확하게 볼 수 있다.

　문헌상으로 그 직접표현의 징빙徵憑 : 증거로서 존재하는 것은 ≪삼국사기三國史記≫ 권제사卷第四 진흥왕眞興王 37년에 수록된 최치원崔致遠의 난랑비鸞郞碑 서문의 일절一節이니,

　　國有玄妙之道, 나라에 현묘한 도가 있으니
　　曰風流. 풍류라 한다.
　　設敎之源, 가르침을 베푼 근원은
　　備詳仙史, <선사>에 상세히 갖추어져 있으니,
　　實內包含三敎, 실로 삼교유儒불佛선仙를 포함하고
　　接化群生. 뭇 생명들을 접촉하여 교화함이라.
　　且如入則孝於家, 出則忠於國, 魯司寇之旨也,
　　또한, 들어가서는 집안에 효도하고 나가서는 나라에 충성하니 이는 공자의 가르침 가운데 본뜻과 같고
　　處無爲之事, 行不言之敎, 周柱史之宗也,
　　또한, 아무것도 하지 않음의 일로서 처세하며 아무 말도 하지 않음의 가르침을 행하니 이는 노자의 으뜸가는 근본 종지와 같으며
　　諸惡莫作, 衆善奉行, 竺乾太子之化也.
　　또한, 모든 악행을 짓지 않고 모든 선행은 높이 받들고 행하나니 이는 석가모니의 교화와 같음이라.

하여 그 교상敎相 : 가르침의 모습을 전하고 있다. 그런데 이 한 문장 외에 그 종교적 상태를 전하는 재적載籍 : 기록물이 달리 없고 이것

역시 그 도선導線 : 인도하는 줄이 된 「원화源花」*란 사실과 함께 기록된 당인唐人 : 당나라 사람 영호징令狐澄의 ≪신라국기新羅國記≫**의 문의文意가 얼른 보아 보통의 일개 사회적 교화기관敎化機關 같으며 더욱이 그 명목名目이 '풍류風流'라 되어 있음으로 보아서, 그것이 종교단체요, 또한 국가최고의 종문宗門 : 으뜸가는 단체이었으리라 하는 점은 자칫 한각閑却 : 망각되기 쉬움도 무리가 아니었다.

여하간 당초는 민족적 보편과 국가적 존숭으로서 장엄하게 큰 의식이었을 것이나, 후대에 와서는 종종의 이유에 의해 그 고의古義는 전면 상실되고 전통적으로 그 형체를 승수承授 : 이어서 전해줌 함에 그쳤기 때문에, 나중에는 일종의 연중행사처럼 되고 신성한 참뜻은 흐려지기만 하였다. 그러나 여기에 나오는 '원화源花'란 사실도 그 사회적 응용 또는 제례祭禮의 한 상태로서 그 전부가 아니요, 또 '풍류風流'란 명구名句도 그 문의文意에 아무런 관련이 없는 단순히 소리를 베낀 것이었다. 나는 훨씬 뒤에야 이에 생각이 미쳤고 또한 이로 인하여 비로소 이 연구에서의 전후 맥락이 통하게 되었다.

너무 번다하게 되므로 간단히 조사한 결과만을 말하기로 한다. 한반도에는 예로부터 〔붉도Părk道〕가 행하여 점차 국가적 색채를 띠게 되었는데 신라에서는 개국 당초부터 '박朴 : Pak'이란 제사계급

---

* 신라 때 화랑(花郞)의 전신(前身). 진흥왕 때 귀족 출신의 두 여성을 단장으로 삼아 300여 명의 젊은이들을 거느리게 했으나, 서로 시기하는 폐단 때문에 폐지하고 화랑으로 바꿨다는 얘기가 ≪삼국사기≫에 나옴.

** 중국 당나라 영호징(令狐澄)이 저술했다는 책으로 신라 때의 역사와 풍습을 적은 것이라 하나 지금은 전하지 않는다. 여기서의 문맥을 보면 최남선은 이 책을 본 것 같다. 해방되기 전까지 최남선이 수집한 책이 17만 권 — 한국전쟁 때 불타 없어짐 — 에 이르렀다 하니, 이 책 또한 그 중에 있었을 가능성도 있겠다.

에 의해 그것이 전승되고, 그 제사를 〔붉은Părkăn ; 발칸〕, 그 사제司祭 : 제사를 주관하는 사람를 박수Paksu : 남자 무당, 복사卜師를 주로 하는 거서간居西干, 차차웅次次雄*, 이사금尼師今**, 마립간麻立干*** 등으로, 그 교단을 원화源花, 화랑花郎, 붉에Părkăne로, 그 시세時世 : 시대를 불구내弗矩內 : 밝은이Părkuni라고 칭하였었다.

제사 중심의 사회이므로 처음에는 사제가 곧 군장君長이었는데, 사회의 발전과 함께 종교와 정치의 분리를 보게 되어 종교로 독립한 것이 곧 풍류風流 : 불Pur라고 호칭한 것으로서 〔나을奈乙 : 날nar, 해, 태양〕**** 신앙을 중심으로 하는 그 발전은 점차 괄목할 만한 것이 있어서, 교리상으로는 ≪신지神誌≫*****, ≪선사仙史≫*, ≪비사秘詞≫**,

---

* 신라 2대 남해왕(南解王) 때에 일컬었던 임금 호칭〔王號〕의 하나.
** 신라 때 왕의 호칭을 제3대 유리왕(儒理王) 때부터 제18대 실성왕(實聖王) 때까지 썼음. 이사금(尼斯今)이라고도 쓴다.
*** 마리(머리 : 首)+간(Khan, 어른 : 長)의 구조로 수장(首長 : 우두머리)을 뜻하는 우리말(최남선의 표현으로는 동이어東夷語). 신라 때 왕의 호칭이다. ≪삼국사기≫에는 눌지왕 때부터 지증왕까지, ≪삼국유사≫에는 내물왕 때부터 지증왕 때까지 썼다고 기록되어 있다.
**** 최남선은 또한 신라시조 박혁거세의 탄생지인 신궁(神宮)으로도 해석했다.
***** 여기서는 신채호(申采浩)의 ≪조선상고문화사(朝鮮上古文化史)≫ 제2편 제3장에 실린 글을 인용한다.
"신지(神誌)는 선배들이 단군의 사관(史官)이라 하니, 글뜻으로 보면 '신(神)의 적음'인즉 대개 뒷사람이 단군 때의 역사를 존중히 여겨 그 역사를 ≪신지(神誌)≫라 이름 하고, 이에 역사지은 '이'까지 그 이름을 신지(神誌)라 함이라. 상고(上古)시대에는 매양 그 사람의 재조(才調 : 능력)나 사업으로 곧 그 사람의 이름을 지은 일이 많으니, 신지가 그 사람 이름 되는 동시에 글 이름으로 봄도 무방하도다."

≪정감鄭鑑의 서書≫* 등 성전聖典도 차례로 나오고, 수행상修行上으로는 음악을 일면으로 하는 산복山伏 : 산중에 칩거함의 수행과 그 일시적인 행사인 산악순례가 행해졌으며, 신라의 국가정세에 촉구되어 원화源花 : 따로 국선國仙, 뒤에 화랑花郎의 호칭이 있다의 사회적 활약을 보게 되었다.

뒤에 불교의 유입과 함께 융섭습합融攝習合**되어 [붉은Pǎrkǎn]의 성의聖儀 : 성스러운 의식도 자음字音 : 글자 소리의 유사함에서 팔관회八關會 : 조선음朝鮮音 Parkwanhoi***라는 명목 하에 집행하게까지 되었고 불교

원래 출전(出典)은 권람(權擥 : 1416~1465년)의 ≪응제시주(應制詩註)≫이다. 자기 할아버지 권근(權近 : 1352~1409년)이 지은 시에 신지(神誌)가 나온 것을 보고 단군 때 사관(史官)이라 주를 단 것이다.
* ≪삼국사기≫ 제4권. 진흥왕 37년 조에 수록된 최치원의 난랑비(鸞郎碑) 서문에 신라의 현묘지도(玄妙之道)인 풍류(風流)의 근원을 상세히 해설한 책으로 나온다. 현재는 전하지 않는다. 신채호는 무명씨(無名氏)의 종교사(宗敎史)로 보았다.
** 단군조선 때의 사관(史官) 신지(神誌)가 지었다고 전하는 역사책. ≪고려사≫ 권122, <열전(列傳)> 35편에 있는 김위제(金謂磾) 전기에 ≪신지비사(神誌秘詞)≫란 제목으로 몇 구절 내용이 소개되어 전한다.
최남선은 우리나라 고대의 종교적 성전(聖典)으로 ≪신지≫와 ≪비사≫가 따로 존재하듯 구별했으나 신채호는 둘 다 같은 내용의 책으로 동일시했다.
* ≪정감록(鄭鑑錄)≫을 말한다. 조선 중기 이후 백성 속에 유포된 국가의 운명과 앞날에 대한 예언서. 이심(李心)과 정감(鄭鑑)의 문답을 기록한 책이라 하나 이본(異本)이 많아 확실한 것은 알 수 없다.
** 융화되고 절충하여 하나가 됨.
*** 고려시대에 중경(中京 : 개성)과 서경(西京 : 평양)에서 토속신에게 제사를 지내던 의식. 중경에서는 추수 이후 음력 11월에, 서경에서는 10월에 술과 다과를 베풀고 나라와 왕실의 태평을 빌었음. 정월 보름에 등불을 켜고 부

의 융성에 따라 점차 압도되어서 〔붉Părk〕의 영장靈場 : 신령스런 장소 이던 명산과 승지勝地는 모조리 가람伽藍 : 절과 난야蘭若: 절의 땅으로 되고 국신國神 : 국가의 수호신과 그 사사祠祠 : 국가의 신령을 모시고 제사 드리던 건물는 불우佛宇 : 불교사원의 그늘에 간신히 그 여천餘喘 : 남은 목숨을 보지保持하게 되어버렸다.

그러나 국권적國權的으로 방호防護 : 수호된 방면과 민속적으로 침투된 풍습은 외래 사상에 의해 전연 소멸될 수는 없어서 신라를 계승한 태봉泰封*, 태봉을 대신한 고려조에서 '팔관八關'의 제례祭禮는 시종일관 그 성대盛大를 극極하였고, 불교 때문에 신사神事가 차차 소홀하게 되자 국가는 누차屢次 : 여러 차례 조명詔命 : 임금의 명령을 발동하여 이것을 계칙誡飭 : 타이르고 훈계함할 정도였다.**

처에게 복을 빌며 노는 연등회(燃燈會)와 아울러 고려시대의 주요한 국가적 행사였다.
* 신라 말기 궁예(弓裔)가 송악(松嶽 : 현 개성)에서 세운 나라(A.D. 901~918년). 효공왕 8년(A.D. 904년)에 국호를 마진(摩震), 연호를 무태(武泰)라 했다가 이듬해 연호를 성책(聖冊)이라 바꾸고, 강원도 철원으로 도읍을 옮김. 그 뒤 국호를 태봉(泰封), 연호를 수덕만세(水德萬歲)로 바꿨는데, 경명왕 2년(918년)에 부하 왕건(王建)에게 망함.
** ≪고려사(高麗史)≫, 예종(睿宗 : 1079~1122년, 제16대 왕) 11년 4월의 조서(詔書 : 임금의 명령을 적은 문서)에 "신라의 화랑인 사선(四仙 : 남랑南郎, 술랑術郎, 영랑永郎, 안상安詳)의 유적을 가영(加榮 : 영화를 더함. 빛나게 함)하라"는 내용이 보인다.
≪동국여지승람(東國輿地勝覽)≫ <강원도> 편에 의하면 강릉의 한송정(寒松亭), 경포(鏡浦)의 총석정(叢石亭), 고성(高城)의 삼일포(三日浦) 등이 사선이 놀던 유적으로 전해진다.
또한, ≪고려사≫ 의종(毅宗 : 1127~1173년) 세가(世家)에 선풍(仙風)을 진작시킬 것을 강조한 조서(詔書)가 보인다. 의종 22년 3월 무자조(戊子條)에 6개조의 화신(華新 : 새롭게 빛냄) 정책을 내세웠는데, 그 중 제5조는 "선풍(仙風)을 준

고려 말에 이르러 유교가 대두하고 이조李朝의 혁명이 성취되자 그 정치적 안정을 도모함에서 신교神敎 : 선교仙敎와 불교를 다 억압하는 정책을 취한 결과, 불교는 차치하고 신도神道는 강노强弩*의 마지막 형세, 보기에도 소조蕭條 : 고요하고 쓸쓸함한 양상을 드러내게 되었다.

더욱이 태종조太宗朝에서의 신서神書 : 신교神敎 계통의 서적 분훼焚燬 : 불태움의 액厄**은 이 방면의 문헌들에 대한 거의 절멸絶滅 : 모두 없어짐)됨을 초래하였고 가장 세력이 있던 ≪정감鄭鑑의 서書≫ 같은 이조의 운명을 말한 예언서 일부분이 후세의 찬입攙入 : 던져 넣음을 가한 채로 비밀히 승수承受 : 전해 받음됨이 고작이었다.

그러나 고려조에서 팔관이란 불전어佛典語 : 불교전례용어로 전화轉化한 것을 그대로, 이조에서는 부군府君 : Pukun이란 유학어儒學語 : 유교용어로 면영面影 : 얼굴 모습을 바꾸어서, 그 신사神祀는 관부官府 : 관청,

상(遵尙 : 따르고 숭상함)하라. 옛날 신라는 선풍이 크게 행해져서 이로 말미암아 용천(龍天)이 환열(歡悅 : 크게 기뻐함)하고 민물(民物)이 안녕(安寧 : 편안함)하였다. 고로 조종(祖宗) 이래로 그 풍조를 숭상한 지 오래인데, 근래 양경(兩京 : 중경과 서경)의 팔관회에 날로 옛 격식(格式)이 없어지고 그 유풍(遺風)이 점차 쇠퇴하여 간다. 지금부터 팔관회는 미리 양반(兩班)으로 가산이 넉넉한 자를 택하여 선가(仙家)로 정하고 고풍(古風)에 따라 행하여 인천(人天 : 사람과 하늘)으로 하여금 모두 환열(歡悅)토록 하라"라고 하여 고대 선풍(仙風)의 중개(重開 : 다시 열림)를 촉구하였다.

* 강한 쇠뇌, 즉 한 번에 화살 여러 개를 쏠 수 있는 위력이 센 활.

** 신채호의 ≪조선상고사≫에 태종이 고조선부터 내려오는 비서秘書인 ≪신지(神誌)≫를 불태웠다는 대목이 나옴. <조선왕조실록> 태종 17년 12월 15일 기록에 "…… 서운관(書雲觀)에 간직하고 있던 참서(讖書) 두 상자를 불살랐다 …… 임금이 박은, 조말생에게 명하여 서운관에 앉아서 음양서(陰陽書)를 모조리 찾아내어 요망하고 허탄하여 정상에서 어그러진 것을 골라 불태웠다"라는 내용이 나온다.

역원驛院* 어디서나 구태舊態 : 옛 모습를 보존하여, 부군Pukun, 할머이 harmöi란 것은 깊은 면파面帕 : 얼굴 보자기에 엄폐된 채로 용케 공적公的 신앙을 이어갔으며, 국가적인 팔관회는 혹은 호기呼旗 : 불기Purki 혹은 부군굿府君 : Pukun-kut이란 형식 하에 민중적 존숭을 지금까지 유지해 오고 있다. 그리하여 국가적 불안과 사회적 불평을 조연助緣 : 도움의 인연으로 하여 종종의 신앙현상종교적 행위이 《정감鄭鑑의 서書》 등에 결부되어 일어나고 「남조선南朝鮮」**이란 이상세계를 그 가운데 그려서 대소大小 각양各樣의 파문을 역 사상에 전달하게 되었다. 이런 의미에서 사실로는 망실忘失 : 잊어버림된 붉도Pǎrk道가 근대에 이를수록 점점 정신적으로 부흥되어 공전空前 : 전에 없던의 세력으로 그 민족생활의 중축中軸을 이루었다고 볼 수 있다.

예를 들어 동학***東學 : 뒤의 천도교天道教****, 시천교侍天教, 흠치교*****吽

---

* 조선시대 역로(驛路), 즉 말 다니는 길에 세운 국가가 경영하던 여관.

** 남조선 신앙. 《정감록》 등을 통해 조선 후기에 널리 퍼졌던 지복(至福)의 낙원경(樂園境)을 대망하는 민간신앙의 관념 형태. 최남선은 서구의 사상가들, 즉 영국의 모어(More, T.)와 이탈리아의 캄파넬라(Campanella, T.)가 생각해낸 '유토피아'나 '태양의 도시'와 남조선 신앙을 비교한 바 있다. 《정감록》의 '십승지지(十勝之地)'가 모두 우리나라 남쪽에 위치한 점은 남조선 신앙과 깊은 관련이 있으며, 이후 최제우의 동학농민운동에 나타난 후천개벽 사상이라는 한국적 유토피아 사상으로 전개된다. 구한말 태동한 민족종교 대종교(大倧教)와 김일부(金一夫)의 정역(正易) 사상에도 일정 부분 영향을 주었다.

*** 조선 철종 11년(1860년)에 최제우(崔濟愚 : 1824~1864년)가 제세구민(濟世救民 : 세상과 백성을 구제함)의 뜻을 가지고 창건한 민족종교. 성리학과 불교를 배척하고 천주학(天主學)인 서학(西學)을 반대함. 유교, 불교, 도교는 물론 천주교의 교리까지 흡수하여 인내천(人乃天) 사상을 전개했음. 당시 민중으로부터 크게 환영을 받아 교세가 확대되었으나 정부의 탄압을 받음. 뒤에 천도교와 시천교로 분열됨.

**** 최제우가 창건한 동학을 제3대 교주인 손병희(孫秉熙)가 개칭한 종교.

哆敎 : 뒤의 태을교太乙敎, 보천교普天敎* 그 밖에 종종의 명목으로 나타난 유사종교단체들은 어느 하나도 이에붊도 근거를 두지 않은 것이 없다. 이와 같은 것이 용이하게 성립되고 어느 것이나 상당한 발전을 하게 된 소이所以 : 까닭는 교조敎祖 : 종교의 시조의 인격이나 교지敎旨 : 종교의 종지宗旨의 오묘함에 의한 것이 아니라 단지 하나 예부터 민중의 마음 깊숙한 곳에 내려와 침채浸潛 : 스며듦한 조선 민족의 전통적 정신에 반응을 일으킨 데 있다. 실로 붊도Părk道는 조선에 있어서 죽어 없어진 형해形骸 : 사람의 몸과 뼈가 아니라 현재 살아 있고 또한 활동하고 있는 일대 현실인 것이다. 민중 그들 자신에게는 그렇게 의식되지 않은 채로.

인격적이며 초월적인 유일신 한울님[天主]을 신앙 대상으로 함. 인내천(人乃天) 사상과 사인여천(事人如天 : 사람을 섬김에 하늘처럼 하라) 사상을 바탕으로 한 현세주의적 종교. 친일파 이용구(李容九)가 만든 시천교(侍天敎)와 대립하다가 해방 후 동학의 정통성을 이어받음.

***** 조선 고종 때 동학교도였던 증산(甑山) 강일순(姜一淳 : 1871~1909년)이 1900년에 세운 종교. 유불선(儒彿仙)을 종합하여 신화일심(神化一心), 인의상생(人義相生), 거병해원(去病解怨), 수천선경(修天仙境)의 네 강령을 창도(唱導)함.

* 흠치교의 교조(敎祖) 강일순의 제자 차경석이 1916년 전라북도 정읍에서 창시한 교. 그가 사망한 후 사교로 규정되어 해체됨.

불 함 문 화 론　不　咸　文　化　論

제11장 • 건국설화상建國說話上의 천天과 단군壇君

신라로부터 현재까지의 계통은 전술前述한 바와 같거니와, 그러면 그 이전과 이외에 있어서는 어떠하였던가? 백제는 국명부터가 '붉 Părk의 도시都'를 의미하고 있으며, 고구려와 부여는 다 부루夫婁의 계통을 이은 것으로 되어 있고, 삼한三韓*은 다 천강天降 : 하늘에서 내려옴과 일생日生 : 해로 인해 탄생과의 건국설화를 가지고 있으며, 한韓에는 천신天神을 봉재奉齋 : 제사를 받들음하는 별읍別邑 : 별도의 마을을 설치하였고 예濊**에는 두드러진 산악숭배가 행해졌으며, 고조선에는 태백산太白山을 무대로 하는 단군의 건국신화가 지금까지 전승되

---

* 상고시대 우리나라 남쪽에 있던 세 나라. 마한[馬韓 : 마(남쪽)+한(크다, 우두머리)]과 변한(弁韓), 진한(辰韓). 마한은 B.C. 3~4세기에 지금의 경기, 충청, 전라도 지방에서 발전했고, 54개의 소국으로 이루어졌는데 목지국, 백제국이 대표적 나라였고, 뒤에 백제로 발전함. 변한은 낙동강 하류에 형성된 부족국가로 '가라한'이라고도 하여 뒤에 신라에 병합됨. 진한은 A.D. 1~3세기 말경까지 한반도 남부에 살던 한족(韓族) 78개 부족국가 중 동북부 12개국의 총칭으로서 대구와 경주 지역을 중심으로 발전했고, 4세기 중엽 사로국(斯盧國)에게 패망하여 신라가 됨.

** 여기서는 동예(東濊)를 말함. A.D. 1세기 초 함경남도 남부와 강원도 북부 지역에 있던 부족국가. 명주, 삼베 등의 방직기술이 발달하고 '무천(舞天)'이라는 추수감사제를 매년 10월에 거행함. 광개토대왕 때 고구려에 병합됨.

어옴 등, 어느 하나도 〔붉Părk〕 내지 〔대갈Taigăr : 텡그리Tengri〕로써 국조國祖 또는 인문人文의 남상濫觴 : 어떤 일의 처음, 효시으로 삼지 않은 것이 없다. 그리하여 그 국조의 신화에는 모두 태양과 그 추상화한 천天과 인격화한 〔붉은Părkăn〕과 〔할머이harmöi〕가 은현隱現 : 숨거나 나타남하면서 근간根幹 : 뿌리와 줄기을 이루고 있음을 본다.

비교적 작은 부족이라도 그 부족의 기원은 붉은Părkăn에 관련시켜서 말한다. 예를 들면 석탈해昔脫解*의 본국인 정명正明 : Părkăn이 그것이다. 훨씬 후세에 와서도 건국설화에는 붉은Părkăn을 결부시킨다. 예를 들면 고려의 왕씨王氏의 조선祖先 : 조상은 호경虎景**이라 함이 그것이다. 이들 중 단壇 또는 천天이라 나오는 것은 〔텡그리Tengri〕에 해당하고, 백白 또는 일日은 〔붉Părk〕에 해당되는 사음寫音 혹은 역자譯字이다.

지금까지 전승된 조선의 고대사란 것은 요컨대 이와 같은 종교적 신화, 신화적 성전聖典 : 성경聖經이 역사의 형식으로 전해진 것으로서, 부족과 시대에 따라 그 명구名句의 자면字面 : 글자 모양이 어떻게 변할지라도, 그 본체는 어느 한 근본 화형話型 : 설화 형태에 요약될 성질의 것이다. 그리하여 그 근본정신, 의거 원리로 되어 있는 것은 태양을 사실 방면으로 하는 텡그리Tengri 또는 붉Părk이다.

텡그리의 대표를 이루는 것이 고조선의 고조高祖라 일컫는 단군壇君이요, 〔붉〕의 원형을 이루는 것이 단군의 아들로서 부여의 조왕

---

* 신라의 제4대왕(?~A.D. 80년). 성은 석(昔). 국호를 계림(鷄林)이라 하였음. 왜(倭)와 화친을 맺고 백제, 가야와 자주 싸웠음.
** 이도(吏道), 이두법으로 읽으면 범경(Pomkyöng).

肇王 : 개국왕이라 일컫는 [부루夫婁]인데, 동명東明설화의 계자鷄子*나 주몽朱蒙설화의 천제天帝**나 혁거세赫居世설화의 백마白馬와 자란紫卵***이나, 알지閼智설화의 금성金城 백계白鷄****나, 가락加洛설화의 주일朱日과 청예靑裔*****나, 수로首露설화의 자수紫綬 : 붉은색 줄와 금란金卵 : 황금 알*이나, 고려 국조國祖설화의 호경虎景**이나 모두가 단군 또는

* 고구려 시조 동명성제(東明聖帝)의 탄생설화에서 하백(河伯)의 딸 유화(柳花)가 천제(天帝 : 하느님)의 아들 해모수(解慕漱)와 정을 통한 후 잉태하여 햇빛을 받아 낳은 닷 되들이 큰 달걀[鷄子]을 말함. 이 달걀을 깨고 주몽, 즉 동명왕이 나왔다.

** 주몽이 성장하여 부여를 탈출할 때 엄수(淹水)에 이르러 가로막히자, 강물의 신에게 '나는 천제(天帝 : 하느님)의 아들이며, 하백(河伯 : 강물의 신)의 손자'라며 자신을 도와달라고 호소한다.

*** 진한(辰韓) 육부(六部)의 조상들이 모여 임금을 찾으러 높은 곳에 올라보니 양산(楊山) 나정(蘿井) 곁에 백마(白馬) 한 마리와 붉은 알 한 개가 있었는데, 백마는 하늘로 올라가고 알을 깨보니 용모 단정한 동자가 나왔는데 그가 후일 혁거세왕이 되었다는 설화의 주인공들.

**** 신라 김씨(金氏)의 시조 김알지(金閼智)설화에 큰 광명이 비치는 계림 속 나뭇가지에 황금색 궤가 걸려 있고 흰 닭이 그 밑에서 울기에 그 궤를 열어보니 한 아이가 누워 있어 혁거세 설화와 비슷하므로 '알지'라 이름 지었다고 나옴.

***** 가야산 산신 정견모주(正見母主)의 두 아들. 대가야의 왕이 된 뇌질주일(惱窒朱日)과 금관가야의 왕이 된 뇌질청예(惱窒靑裔)로 이들 또한 천신(天神)과 감응하여 낳은 소위 '천제(天帝)의 아들=천자(天子)'인 것으로, 고구려 시조 주몽이 천제(天帝)와 지상신의 상징인 하백(河伯 : 수신水神)이 결합하여 낳은 아들인 천자인 것과 똑같은 신화 구조임을 알 수 있다.

* ≪삼국유사(三國遺事)≫의 <가락국기(駕洛國記)>에 대가야국의 시조 김수로왕(金首露王)이 하늘에서 내려온 붉은색 줄과 그 줄로 싸여 있는 황금색 상자 안의 금색 알이 사람으로 변하여 탄생했다는 신화가 적혀 있다.

** 고려왕실 세계(世系)설화에 나오는 고려 태조 왕건(王建)의 5대조라는 인물.

부루의 변형*일 따름이다.

　이제는 단군의 정체를 명백하게 드러내어도 좋으리라 생각하는데, 우리들이 보는 바로는 단군이란 텡그리Tengri 또는 그 유어類語의 사음寫音 : 음사音寫, 소리를 베낌으로서 원래 천天을 대표한다는 군사君師 : 우두머리요 스승의 호칭이 된 말에 지나지 않는다. 군君은 정치적, 사師는 종교적 장長 : 우두머리을 말하는 것인데, 원시적 의미에 있어서는 양자가 일체임이 물론이다.

　언어학적으로 동일한 문화권에 속한다고 생각되는 몽골어의 텡그리Tengri가 천天과 한 가지로, 무巫 : 배천자拜天者, 하늘을 숭배하는 사람를 의미함은 인류학적으로 군주와 무축巫祝 : 무당, 무격巫覡이 대체로 일원일체一源一體 : 동일한 근원이며 한 몸이며, 오래된 전승에도 군주와 무

≪고려사(高麗史)≫ 첫머리에 김관의(金寬毅)가 지은 ≪편년통록(編年通錄)≫의 내용으로 고려세계(世系)에 전재되어 있음. 호경(好景)은 성골(聖骨) 장군이라 자칭하며 백두산으로부터 각처를 유랑하다가 개성 부소산(扶蘇山) 왼쪽 골짜기에 정착한 후 이곳 여인과 혼인하여 가정을 이뤘다. 어느 날 9명의 동네 사람과 평나산에 사냥을 갔다가 굴에서 호랑이를 만났는데 다 죽고 혼자만 살았다. 죽은 이들을 장사지내려 산신에게 제를 올렸는데 산신이 나타나 자신은 과부인데 같이 살면 그대를 대왕으로 삼아 함께 신정(神政)을 베풀겠다며 호경을 데리고 사라졌다. 이후 주민들은 그를 대왕으로 모시고 사당을 세워 제사를 지냈다 한다.

* 우리나라 고대 천손(天孫)신화의 특징인 난생설(卵生說)은 또한 세계 신화들에서 보이는 우주란(宇宙卵)과 같다. 우주란(Cosmic Egg)은 왕이 알(Al)에서 탄생되는 신화에서 유래된 말로서 그 왕을 일자(日子 : 태양의 아들)라고 하였으며 이 알을 하늘에서 가져온 말은 천마(天馬)라고 하는데, 천마의 그림은 캄보디아 앙코르와트(Ankor Wat)와 북유럽에서 출토된 조각들에서 흔히 볼 수 있다. 둥근 일륜(日輪 : Sun Carriage)을 수레에 싣고 달리는 말의 그림이다. 한국어 알(Al)이 일본어의 아마(Ama)가 되어 천(天)을 뜻하며, 일구(日球 : 해알)는 세상을 밝게 다스릴 왕이 출생하는 수단으로 널리 활용되어 동명왕, 김수로, 박혁거세 등이 이 알에서 탄생되었다고 전해진다.

축이 역시 동일어同一語로 호칭되었다는 것을 아울러 생각하면 설사 전설이라 하더라도 단군이란 것이 얼마나 확고한 근거위에 입각하였는가를 알 수 있을 것이다.*

하물며 중국의 기록물**에도 삼한三韓의 고속古俗 : 옛 풍속을 기록하여 「國邑各立一人국읍에 각기 한 사람을 세워, 主祭天神천신의 제사를 주재하게 했는바, 名之天君이름 하여 천군이라 하였다」이라 하였고, 조선의 현대어에도 아직 무巫를 텡굴Tengur, 당굴Tangur-ai : 당굴레***라 호칭하는 지방이 있으며, 전술한 바와 같이 그 변형인 대감Taigam이 오늘날까지도 조선의 민간신앙에서 최상신격最上神格을 이루고 있음에랴.

또, 종교적인 이유에서 유래한 것으로 생각되는데 군장君長의 호칭에 천天을 관冠 : 머리에 씌움하여 부르는 것은 이 문화권 내에서의 특색 중 하나로서 《한서漢書》****에 보이는 흉노凶奴의 탱려고도撑犁

---

* 여기서 최남선은 한국사상 최초로 '단군 샤먼론'을 제기한다. 즉 단군 → 당굴 → 텡그리 → 천신(天神) → 군주(君主) → 대감(Taigam) → 무축(巫祝 : 샤먼)의 도식이다.

** 《삼국지(三國志)》 위지(魏志) 동이전(東夷傳)의 마한(馬韓)에 관한 기록에 나옴.

*** 주로 호남 지역에서 단골판을 매개로 하여 맺어진 세습무(世襲巫)와 산도집단. 단골, 당골네, 단골에미라고도 한다. 최남선은 천신 용어 텡그리(tengri)가 단군, 당굴 등으로 변하면서 그 와음(訛音)으로 정착된 것이라는 견해를 밝히고 있다. 당골은 자기가 맡은 지역 내에서면 굿을 할 수 있으며, 이 단골판의 권리는 사고팔거나 세를 놓을 수도 있다. 이들은 신도집단의 상담자 역할을 하며 길흉과 관련, 점을 치거나 굿을 하는 지역의 사제 기능을 담당했다. 특히 호남 지역에서 각종 민족예술을 창조하고 전승시키는 중역이기도 했다.

**** 중국 정사(正史) 중의 하나로 후한(後漢) 반고(班固 : A.D. 32~92년)가 편

孤屠 : 천자天子, 하늘의 아들로부터 동명설화의 탁리槖離*, 주몽설화의 천제天帝, 북연北燕의 천왕天王**, 일본의 천진일계天津日繼*** 등의 관념 및 사실에 비추어 단군신화에 역사적 반영이 있음은 움직일 수 없

찬하였다. 120권. 한(漢)나라 건국부터 왕망(王莽) 정권 멸망까지의 약 230년 간의 역사가 기전체(紀傳體)로 서술되었다. 중국의 전한사(前漢史) 연구에 중요한 사료이고 우리의 고대사 연구에도 소중한 정보를 많이 담고 있다.

* 중국 동한(東漢)의 사상가 왕충(王充 : A.D. 27~97년)의 저술인 ≪논형(論衡)≫ <길험편(吉驗篇)>에 나온다. 고대의 성군(聖君)인 요(堯)와 순(舜), 후직(后稷)의 상서로운 기적들을 예거한 후 바로 동명성왕의 신화를 자세히 기록하고 있어 흥미롭다. 특히 당시의 정치적 편견이나 선입견 없이 보고들은 대로 서술하여 후대에 기록된 ≪삼국유사(三國遺事)≫의 내용과 비교되는 점이 많다. 특히, 동명신화의 배경이 북이(北夷 : 북방의 이족夷族)의 탁리국(槖離國)이라 되어 있어 최남선은 탁리를 '텡그리'의 변형된 용어로 보았으며 더 나아가 고대 단군조선국의 이름 또한 '텡그리 나라'로 추정한 것 같다. ≪논형≫에서는 동명이 송화강 중류 평원 지대인 부여(夫餘)에 도읍하여 부여국왕이 되는 것으로 묘사되어 있다.

** 고구려계 출신 북연(北燕)의 황제 고운(高雲 : ?~409년)을 지칭함. 342년(고국원왕 12년)에 전연(前燕) 군에게 끌려간 고구려 귀족 고화(高和)의 손자로서 선비족 모용보의 양자가 되어 출세하였다가 407년 후연(後燕)의 4대왕 모용희를 죽이고 새로이 북연(北燕)을 건국, 천왕(天王)에 즉위한 후 고씨(高氏)로 성을 바꿨으며 408년 광개토대왕이 사신을 보내 종족의 예를 베풀자, 그도 시어사(侍御史) 이발을 보내 답례했으며, 늘 고구려계로서의 자부심을 가졌다 한다.

*** 아마쓰히쓰기. 하늘(천상계天上界)에서 내려온 '천손(天孫)의 자손'이란 뜻으로 ≪고지키(古事記)≫ 서문에는 '스메라미코토노히쓰기(帝皇日繼)'로, 인교키(允恭記)에서 '아마쓰히쓰기(天津日繼)'라 불린다. ≪니혼쇼키(日本書紀)≫ 교코쿠키(皇極紀)와 지토키(持統紀)에서는 '히쓰기(日嗣)'라 불리며, 천황을 태양신의 자손(日繼. 일사日嗣)으로 관념화하고 있다. 또한 '천하에 빛을 내려주시는' — ≪일본서기≫ 신대하(神代下) — 이라는 표현에서처럼 왕권을 '태양빛'에 비유하며 기술하고 있다. (김후련, ≪고대일본의 종교 사상≫, 제이앤씨, 2006, 127쪽에서 인용.)

는 사실이다.

  이들의 증적證迹을 무시하고 단군을 후세의 날조에 돌리거나, 또는 수목樹木 숭배의 한낱 오래된 전설이라 하며, 그리하여 말살의 이유를 중국의 문헌에 그 전함이 없음에 두려고 하는 등은 실로 학문적 불성실이라 하지 않을 수 없다. 비록 단군이 역사적으로 일몽롱체—朦朧體 : 하나의 몽롱한 존재라고 하더라도 그 종교적 방면에서의 오랜 근거는 도저히 움직일 수 없을 것이다.

  그리하여 이 〔붉Părk〕을 법인法印 : 법의 표지標識으로 하는 텡그리 Tengri의 관념은 꽤 오랜 옛날부터 종교적 형체를 갖추고 널리 분포하여, 마침내 이 교리를 중심으로 하는 특수한 일대一大 문화권이 생겼다. 이 문화에는 단지 명상적名相的 : 이름과 형상이 있는 산물과 기록과 조형미술이 존중되지 아니하고 또 그 길도 열리지 않았기 때문에 진작부터 그것들을 가진 타문화의 그늘에 숨게 되고 더욱이 현혹적인* 기록이 있는 중국의 그것에 엄폐되어, 그 빛이 짓밟히지 않을 수 없었다 하더라도, 그 연원淵源의 오램, 영향의 큼, 특색의 선명함, 파지把持 : 꽉 움켜쥐고 있음의 굳음, 범위의 넓음, 세력의 성대함은 당연히 동방문화에서의 가장 중요한 측면이라 아니할 수 없다. 이 잊혀진 일대 문화의 계통과 성질 등을 명백히 함으로써, 동양사 내지 인류문화사의 중대한 개정이 촉구될 것으로 생각한다.

  그리하여 그 토구討究 : 토론과 연구의 현관玄關**과 연찬硏鑽***의 핵심이 될 조선사朝鮮史는 그에 준하여 의의意義와 가치를 증가시켜가지 않으면 아니 될 것이다.

---

* 사실을 은폐하거나 헷갈리게 하는.
** 출입문 또는 깊고 묘한 이치를 깨우치는 관문.
*** 학문을 깊이 갈고 닦아 그 이치를 꿰뚫음.

불 함 문 화 론　不 咸 文 化 論

제12장 • 불함문화의 계통

나는 가정으로 이 일대―大 문화 계통에 〔불함문화〕의 이름을 붙여서 종종의 고찰을 시도하고 있는데, 이 문화의 중심임과 동시에 거의 전부를 이루는 것이 〔붉Pǎrk〕, 〔붉은Pǎrkǎn〕이요, 〔불함不咸〕*은 그 가장 오랜 자형字形임에서 취한 것이다. 이 문화의 전내용을 이루는 종교가 조선에서 붉은Pǎrkǎn, 붉Pǎrk, 〔불Pur〕의 이름으로 호칭되었음이 명백하므로, 이것은 이 문화권의 명칭으로 오히려 본구적本具的 : 본래부터 갖춰진인 것이라 생각된다.

불함문화는 첫째는 그 성질에 의하여, 둘째는 그 향용자享用者 : 향

---

* 중국의 가장 오래된 신화집 ≪산해경(山海經)≫에 처음 나오는 용어. 동이족(東夷族)의 강역으로 추정되는 대인국(大人國)의 불함산(不咸山) 지명이다. 최남선은 이 논문의 2/3에 해당하는 제11장까지 '붉'에 대해 서술하고, 제12장에서 처음으로 '불함'이란 용어를 사용하고 있다. 이 '불함'이란 단어에서 고대 우리 겨레의 문화적 정체성을 암시받은 듯, '불함'을 '밝음'과 관련된 '붉은(Pǎrkǎn)'의 뜻으로 보고 ≪불함문화론≫을 전개해나갔다.
최근에 이루어진 북방 시베리아 샤머니즘 연구 성과들에 의하면 '불함'은 동북아시아 시베리아 천신(天神) 문화권의 '불한' 또는 '부르한'과 밀접한 연관이 있는 것으로 보인다. 이때의 '부르한'의 뜻은 하늘의 신인 텡그리(Tengri)들 가운데 지상의 거대 자연물과 관련된 신들을 가리킨다. 백두산을 불함산(不咸山)이라 했을 때, 여기에 딱 적용되는 의미다.

유하고 사용하는 사람인 많은 민족이 역사적 박행자薄倖者 : 운이 없는 사람, 피해자요, 흥폐興廢 : 흥하고 망함가 무상無常하고 이동이 많았기 때문에 시방까지 그 계통적 면목이 거의 매몰되어 있었다. 산산이 흩어져서 전하여오는 그 단편은 소위 샤머니즘Shamanism*의 이름 아래 원시신앙의 한 재료로서 학자의 고면顧眄 : 잊을 수 없어 돌이켜 봄을 얻는 데 불과하였다. 그러나 샤먼Shaman이건 붉이건 그것이 인도와 중국 두 계통 이외의 제민족의 문화적 공통 원천으로서 예로부터 동방역사 전개의 근본 동기를 이루고 있다는 측면에서 볼 때, 또한 동방문화의 정점으로 삼는 중국의 고대 문화가 실은 불함문화로서 대부분의 내용을 이루고 있는 점으로 볼 때, 불함문화에 대한 학자의 태도와 관념은 앞으로 많이 개정되어야 할 줄로 생각한다. 다시 말

---

* 최남선은 조선 전래의 무속을 북방 시베리아와 만주에 퍼져 있던 거대한 정신문화인 샤머니즘과 같은 뿌리로 보고 연구에 착수하여 당시 학계의 최신 결과물인 차플리카(Czaplica)의 ≪원주민의 시베리아Aboriginal Siberia≫(Oxford Press, 1914) 가운데 샤머니즘 부분과 일본의 인류학자 조거용장(鳥居龍藏)의 연구들을 참조, 초록하여 ≪살만교차기(薩滿敎箚記)≫(1927)를 발표했다. 차기(箚記)란 책을 읽어 얻는 것을 수시로 적어 모은 것, 또는 수필을 말한다.
여기서, '살만교(薩滿敎)'란 '샤머니즘'을 뜻하는데, '살만'은 샤먼(Shaman)으로서 원래 만주어(퉁구스어)로 1778년 황제의 명에 의해 간행된 풍속지리서 ≪만주원류교(滿洲源流敎)≫에 처음으로 나온다. 서구에서는 16세기에 러시아 황제의 부탁으로 시베리아와 극동 지역을 탐사하던 네덜란드의 한 상인이 우연히 무당이 굿을 하면서 입신(入神 : 망아忘我, 엑스타시) 상태에 든 것을 목격하고 현지인에게 굿을 하는 사람을 뭐라 하는가 물어보니 '샤만'이라 하여 그 광경을 여행기에 기록하고 책으로 출판한 뒤 샤만이란 용어가 널리 알려졌다고 한다.
이후 시베리아와 극동, 중앙아시아 지역의 원주민이 행하는 샤먼의 모든 의식과 문화적 요소들을 총칭하여 샤머니즘이라 부른다. 이 바탕에는 텡그리주의, 즉 천신주의(天神主義)가 깔려 있다.

해서, 조선인이건 일본인이건 자기들의 문화 내지 역사의 동기와 본질을 고찰할 경우에, 무턱대고 중국본위로 모색함을 지양하고 자기 본래의 면목을 자주적으로 관찰해야 할 것이며, 한 발 나아가 중국문화의 성립에 대한 각자의 공동 활동의 자취를 찾아서, 동방문화의 올바른 유래를 밝히는 것이 앞으로 노력해야 할 방향이어야 할 것이다.

새롭고도 오랜 불함문화는 그 특질로서 신산神山, 신읍神邑을 가지고 있고, 거기에는 대개 붉은Pärkăn, 텡그리Tengri의 명칭을 붙였으며, 그리하여 이 명칭은 민족적 흥망을 초월하여 그 전해진 호칭을 승계하였기 때문에 이들의 형적形迹을 더듬음으로써 그 분포 상태 및 범위를 명백히 할 수 있음은 우리들이 커다란 다행으로 여기는 바이다.

불함신앙의 전형적 전통지역인 조선과 그 자매관계에 있는 일본 및 동부중국은 물론이요, 면악冕嶽을 위시하여 구바, 고보우, 구보우 등의 신악神嶽이 있는 유구琉球를 남극南極으로 하여 황군幌郡 : ホロクン 호로군악嶽, 변화편辨花片 : 벤케나バンケナ산山, 신위神威 : 카무이カムイ악嶽이 있는 하이蝦夷*, 장백산長白山의 만주滿洲, 불아한산不兒罕山 : 보르항산, 부르한산, 바이칼호 남부의 몽골, 등격리산騰格哩山 : 텡그리산 내몽골, 포류해蒲類海**의 중앙아시아에로, 서西쪽으로 서쪽으로 그 연결선을

---

* 에미시, 홋카이도(北海道)의 옛 이름.
** 현재 중국 신강성 위구르족 자치구 합밀(合密 : 하미) 지역의 파리곤(巴里坤)호수를 말한다. 포류해(蒲類海)는 옛 지명이다. 아름다운 초원 풍광과 염수호 풍광으로 인해 신강성 동부의 제일가는 호수로 불린다. 주변은 카자흐족들의 목장이다. 하미(合密)시에서 서북쪽으로 150킬로미터 떨어진 파리곤 카자흐 자치현에 위치.

명백히 찾을 수 있어서 적어도 발칸산山의 발칸반도까지는 그 분포 범위로 상정할 수 있다.

그리하여 이 일련一連의 지역에서 태행太行, 발이긍拔爾肯 : 발칸, 비르글 등의 산과 패이가이貝爾加爾, 발하슈Balkhash*, 바르글, 부르글, 등격리騰格哩 : 텡그리 등의 호수, 페르가나Ferghana**, 부르코布魯克포로극, 바르그, 부칸, 박트리아***, 부하라捕噶포갈**** 등의 도읍都邑은 어느 것이나 옛 붉Părk의 잔형殘形 : 남은 형태로서, 이 형적形迹은 흑해黑海를 중심으로 하여 동쪽은 이해裏海 : 카스피해, 서쪽은 다도해多島海 : 에게해, 남쪽은 파사波斯 : 페르시아만灣까지의 사이에 갑자기 농도를 더하고 있다.

---

* 카자흐스탄의 호수와 도시 이름.

** 우즈베키스탄 페르가나주의 주도(州都). 오래전부터 대완국(다유안) 등 아리아계 국가가 성립되어 있었으며, 페르가나 분지는 명마의 산지(한혈마汗血馬)로 실크로드에서 풍요의 땅으로 유명했다.

*** 현재 아프가니스탄의 북쪽. 힌투쿠시 산맥과 아무다리야강(옥서스) 사이에 위치한 고대 국가로 고대 그리스어로 지어진 이름. 수도는 박트라(오늘날 발크)였다. 동쪽으로 고대 간다라 지방과 마주함. 박트리아 언어는 박트리아어(고대 이란어 계열)로 인도이란어 파와 인도유럽어족 계통이었다. 박트리아인들은 오늘날의 아프가니스탄 북부와 타지키스탄, 우즈베키스탄 남부에 거주하는 타지크족 선조들의 일파이다.

**** Buchara, Bokhara라고도 씀. 우즈베키스탄 부하라주의 수도. 제라프샨강 삼각주 샤흐루트 운하 연변의 부하라 오아시스 한가운데 위치. 1세기 이전에 세워진 도시로 교역과 수공업 중심지로 발달. 709년 아랍인들에게 점령당함. 9~10세기 사만왕조의 수도. 카라한 왕조와 카라키타이인(거란족)이 점령함.
1220년 칭기즈칸 점령. 1370년 티무르 점령. 1506년 우즈베크의 샤이반 왕족 점령. 이후 그들의 부하라칸국 수도가 됨.

카스피해의 주변에서는 대소 양兩 발칸산과 볼가강, 다게스탄*과 바쿠항港**, 발하슈 시市 등을, 메소포타미아 지방에서는 바그다드와 비루 등을, 시리아 지방에서는 부카, 소아시아에서는 바리케스리, 발칸 반도에서는 흑해연안의 발틱, 봐르나, 불가스를 위시하여 발칸, 불가리아, 부카레스트***, 벨그라드**** 등을, 북쪽은 푸라그*****에서 남쪽은 피레우스*를 거쳐 트리폴리**의 봐르카에 이르기까지, 이루

---

* Dagestan. 현재 러시아 연방 남부의 공화국으로 카스피해의 서쪽 연안, 카프카스 산맥 북쪽 기슭의 동쪽 끝에 있고, 수도는 마하치칼라이다.

** Baku. 아제르바이잔의 수도. 카스피해 서쪽에 뻗어 있는 야프셰론 반도에 위치하고, 시가지는 반도 남쪽의 바쿠만에 접한 항구도시로 남카프카스 지역의 대도시. 대규모 유전지대가 있고 제정러시아 때부터 석유의 생산지로 발전함.

*** 루마니아의 수도. 영어로 부카레스트(Bucharest), 루마니아어로 부쿠레슈티(Buccuresti). 중세 이래 왈라키아 공국의 수도였다가 1861년 왈라키아와 몰다비아의 합방으로 루마니아가 성립되자 그 수도가 됨. 이후 급속도로 성장, 동쪽의 파리라는 별칭을 얻음.

**** 현재 세르비아의 수도인 베오그라드(Beograd). '하얀 성'이란 뜻. 영어로는 벨그레이드(Belgrade). 1918~2003년까지 유고슬라비아의 수도, 2003~2006년까지 세르비아 몬테네그로 연방의 수도였다. 도나우강과 사바강의 합류점에 위치. 역사적으로 서방과 동방 세계 사이의 교차점 역할을 해왔다.

***** 체코공화국의 수도 프라하(Praha), 영어로 프라그(Prague). 인구 200만명. 9세기에 창건된 보헤미아왕국의 수도를 거쳐 오스트리아와 헝가리제국의 도시였다가 1918년 체코슬로바키아의 수도였고, 1993년 체코공화국 성립 후 그 수도가 됨.

* 그리스 아테네시의 외항(外港 : 바깥 항구). 플라톤의 철학과 정치학에 관한 명저 ≪국가≫가 쓰인 배경이 이곳이다.

** 레바논 북서부 지역의 항구도시. 베이루트 북북동쪽으로 65킬로미터 떨어진 아부알리강 어귀 지중해 연안에 자리잡고 있다. B.C. 700년 이후 세워짐. 주민 대부분이 이슬람교도. 레바논 제2의 도시. 상공업 중심지이며 해변

헤아릴 수 없는 증적을 찾아볼 수 있다.

　흑해의 주변은 또 다른 많은 이유와 합하여 붉Părk 문화의 기원지로 추측*되는 곳인데, 그 기원이 이들의 지방에 있는 듯한 점이 붉문화 대 인류문화의 여러 가지 문제를 설상設想케 하는 소이所以이기도 하다.

　이상은 겨우 직접적 표현으로 주요한 것만을 열거한 것인데, 우리들이 이 천고千古의 비밀을 드러내기 위해서는 이들의 지명에 부수되어 있는 후대의 이름 뜻과 설명에 현혹되지 말아야 할 것이다. 그 한 둘의 적례適例를 들기로 하자. 예컨대 「파미르」**의 명의名義 : 이름 뜻에 관해 지금까지의 고설考說 : 설명로는 키르키즈어語로 적요寂寥 : 고요함의 뜻이라 하나, 이것은 고의古義를 잊어버린 후 마침 말의 발음이 비슷한데서 부합된 것뿐으로서 그 고형古形이 「붉몰Părkmor」 - 여기서 mor은 불함문화권 내에서 산山을 일컫는 고어古語 - 일 것임은 그 동방의 땅에 페르가나Fergana, 서방의 땅에 보카라Bokhara의 이름이 있고 그 대분기大分岐 : 크게 나뉜 산맥인 아라이, 곤륜

휴양지, 이라크 송유관의 종착지로 석유 저장지이며 정유 중심지.

* 최남선은 '또 다른 많은 이유와 합하여……', 흑해 주변을 붉문화의 진원지로 추측하고 있으나 끝내 추측에 그치고만 것 같다. 12장과 13장에 허다한 관련 지명과 신화상의 용어들을 제시하며 불함문화와의 연관성을 여전히 의욕적으로 설파했지만 중국이나 일본과의 유사성을 드러낸 앞선 글들보다 설득력이 훨씬 떨어짐을 확연히 알 수 있다.

** 파미르(Pamir)고원. 중앙아시아 남동쪽의 고원으로 타지크(Tadzhik)를 비롯 중국, 인도 아프가니스탄에 걸쳐 있다. 티베트고원과 히말라야, 카라코람, 곤륜, 천산 산맥 등이 모여 이룬 것으로 '세계의 지붕'이라 한다. 평균 높이 6,100미터 이상, 고원 밑바닥에서 잰 상대 높이는 대개 1,000~1,800미터, 면적은 8,400㎢.

崑崙, 천산天山 등 모두 천天의 뜻이 있으며 또한 그 내부에 성산聖山을 의미한다고 생각되는 사리콜산맥이 있음 등으로 추찰할 수 있는 바이다.

그리하여 그 일지맥一支脈 : 한 줄기 산맥인 천산산맥에는 백산白山의 옛 이름과 함께 그 최고봉에 한등격리汗騰格里 : khan-tengeri*, 투르키스탄의 동방에 박격달산博格達山 : Bogdo-ola**, 합밀哈密 : 하미***의 남경南境 : 남쪽 경계에 백산白山, 동단東端 : 동쪽 끝에 파리곤巴里坤 : 옛날의 포류蒲類, 발Bar, 굴kul 등의 부분명部分名이 있으며, 또 그 일권속一眷屬 : 하나의 가족을 이루는 것에 예부터 내려오는 총령葱嶺****으로 일컬어지는 볼로르ー타그Bolor-tagh 또는 벨루르ー타그Belur-tagh가 있고 산맥 중의 최고점에 타갈마Tagharma : 무스타그ー아타Mustagh-Ata의 명칭을 전하며, 그 부근은 예로부터 발로라鉢露羅 : Bolor볼로르, 발률渤律 : Malaur말라우르이라 호칭되어 이 일산一山에 불함계不咸系 신산神山의 표준적 명례名例가 갖추어졌음과 같이 모두 파미르 본래의 상태를 면상緬想 : 멀리 상상함케 하는 것으로 보이므로, 파미르가 적요寂寥의 뜻이라는 설 등은 후대에 만들어진 것이 분명하다.

* 한텡그리(Khan-Tengri)산. 현재 중국 신강성 유오이(維吾爾) 자치구 서쪽 끝에 있는 산으로 천산(天山)산맥에서 두 번째로 높은 산. 높이 6,995미터.
** 박격달(博格達)산맥. 중국 신강성 유오이(維吾爾) 자치구 중부의 산맥. 우루무치 시 동쪽에 있으며, 천산산맥의 지맥으로 동서로 뻗어 있다. 최고 지점에 3개의 거대한 봉우리가 솟아 있고, 고도는 해발 5,445미터. 1,900미터 지점에 호수 천지(天池)가 있음.
*** 중국 신강성 유오이(維吾爾) 자치구 동부에 있는 오아시스 도시. 감숙성에서 중앙아시아와 서역으로 가는 도로상의 중요한 기지.
**** 중국에서 중앙아시아의 파미르(Pamir)고원을 부르는 말. 중국에서 서역으로 통하는 길이 있어 전한(前漢) 때부터 역사상 유명한 곳임. 이 이름은 산 속에서 나는 파의 일종에서 유래했다 한다.

또 '발칸'의 어원에 관해서는 토이기土耳其∶터키어의 산맥으로 희랍그리스에 전해져서 하에모스haemos가 된 말임은 알려져 있으나 터키어의 발칸이 실은 신산神山을 의미하는 고어 붉은Părkăn에서 유래하였음은 알려져 있지 않고 혹은 로마신화에 나오는 화산의 신神 불카노Vulcano에서 나왔다고 하나, 이것은 오히려 그 반대로서 동방사상에서의 붉은Părkăn이 로마에 들어가서 화산의 신으로 전화轉化한 것으로 봐야할 것이다.* 그리하여 발칸Balkan도 불카노Vulcano도 한가지로 한격상용扞格相容∶충돌했으나 서로 허용함이라 생각되는 것이 붉은 Părkăn에 의해 융합되고 일치하는 곳에 붉Părk의 묘체妙諦∶오묘한 진리가 있는 것이다.

여기에 부기附記하여 두고자 하는 것은 ≪사기史記≫ <흉노전凶奴傳>의 색은索隱**에 나오는

「⋯⋯ 祁連一名天山, 亦曰白山也.」
(기련祁連***은 일명 천산이라 하고, 또한 백산이라고도 한다.)

에 대해 종종 시끄러운 논쟁이 있는데, 기련천산祁連天山 가부론可否論은 차치하고, 육조六朝****의 고적古籍∶옛 문헌 ≪서하구사西河舊事≫

---

* 여기서는 오히려 동방의 붉문화가 로마로 들어갔다며 동방기원설을 지지하고 있다.
** 중국 당나라 사람 사마정이 사기(史記)를 주석한 책, 30권.
*** 중국 한(漢), 위(魏)나라 때의 서역(西域) 이름. 현재의 감숙성(甘肅省) 서쪽 기련산(祁連山) 부근을 말하며 흉노족의 기지였음. 기련산은 한대(漢代) 역사에서 유명한 유목민족 흉노와 대월지(大月氏∶진한秦漢시대 중국 서북 변경에 출현, 몽골고원을 근거지로 하는 흉노와 세력을 다툰 중앙아시아 유목민족. '월지'라 읽음) 등과 연관이 깊은 산으로 감숙성과 청해성(青海省)의 경계에 있으며 기련산맥의 주봉으로 주천의 남쪽 50킬로미터 지점에 위치함. 높이는 5,547미터.

이래 일반에게 신인信認 : 신빙성을 인정함되는 듯한

「白山冬夏有雪, 故曰白山. 凶奴謂之天山, 過之皆下馬拜焉.
去蒲類海百里之內.」
(백산은 겨울이나 여름 항시 눈이 있으므로 고로 백산이라 한다.
흉노족은 백산을 일러 천산이라 하는데 백산을 지날 때엔 모두
말에서 내려 산을 향해 경배를 드렸다. 포류바다로 가는 길 백리
안쪽에 있다.)

— ≪후한서後漢書≫* 권이卷二 명제기明帝紀에서 소인所引 : 인용함
— 라는 구절은 역시 원래의 뜻이 망실된 후에 망문부의望文付意**한
것일 따름이요, 실은 천산天山이 텡그리Tengri의 번역문자인 것처럼,
백산白山은 붉산Părk山의 대자對字로 해석함으로써 비로소 석연해질
것이다. 마치 동방의 천산天山인 백두산白頭山 : 장백산長白山의 백白이
고의古義는 잊혀지고 만년설을 머리에 이고 있는 의미로 해석되었던
것과 좋은 대비를 이루는 것이다. 텡그리Tengri와 붉Părk이 필연적으
로 부수되는 실례를 여기서도 인정할 것이다.

**** 중국 후한 멸망 후 수나라 통일 전까지 양자강 남쪽에 있었던 여섯
왕조. 오(吳), 동진(東晉), 송(宋), 제(齊), 양(梁), 진(陳). 대략 A.D. 220~589년까
지의 시기.

* 중국 후한(後漢)의 정사(正史). 후한은 중국 왕조의 하나(A.D. 25~220년)로 왕
망(王莽)에게 빼앗긴 한(漢)왕조를 유수(劉秀)가 다시 찾아 부흥시킨 나라이며,
나중에 위(魏)나라에 멸망했다. 본기(本紀) 10권, 열전(列傳) 80권 이외에 지
(志) 30권 등 총 120권인데, 지(志)는 진(晉)나라 사마표(司馬彪)가 지었고, 나
머지는 남북조(南北朝)시대 송(宋)나라의 범엽(范曄)이 편찬함.

** 남아 있는 글을 보고 대강 의미를 추정해 갖다 붙임.

불함문화론 不咸文化論

제13장 • 불함문화의 세계적 투영

　불함문화는 그 명상名相 : 이름의 형태과 설상說相 : 이야기 형태이 다 인류의 영아기嬰兒期 : 갓난 아기 시절*의 면영面影 : 얼굴 모습을 보유함으로써 그 묘막渺邈 : 멀고 아득함한 기원을 짐작케 한다.

　원시 인류가 아직 극히 협소한 지역 내에 거주하고 습속과 칭위稱謂 : 부르는 명칭 등의 분화가 왕성하지 않았을 때의 중요한 유물로 보이는 것을 불함문화 안에서 찾아볼 수 있다.

　단지 습속뿐이라면 심리적 공통에 의한 우연의 일치로 볼 수도

---

* 인류사의 초기를 아무것도 모르는 갓난 아기 시절로 표현하는 이런 사고의 틀은 소위 상고시대의 인류는 원시적이고 무지하며 단순 소박했을 것이란 가정 하에 나온 것이다. 초기 인류의 삶이 물질문명 측면에서는 현대의 인류보다 낙후된 것이었으나, 정신문명의 수준 또한 저열했다는 그 어떠한 증거도 나온 바 없다. 오히려 물질문명의 수준에 비해 지나치리만큼 풍요롭고 심오한 정신세계와 자연 철학을 지니고 있었음이 허다한 고대(古代) 문명 유적들에서 발견되고 확인되었다. 정신적으로는 현대 인류가 원시인들보다 훨씬 저열한 수준에 있음을 문명과 과학이 발달했다는 근현대사의 세기말적인 대살육 전쟁의 지옥도에서 쉽사리 확인할 수 있다. 최남선이 이 글을 썼던 1920년대는 인류의 지적 자만과 우월감, 물신숭배가 한참 팽배해 있던 시대라 거의 모든 지식인들이 이런 사고의 굴레에서 벗어날 수 없었던 비극적 운명에 처해 있었다고 봐야 할 것이다.

있겠으나, 사실과 칭위와 그 음운 변전의 현상과 거기에 얽힌 설명이 모두 부합될 때는 그 원두源頭 : 물머리에서의 필연적 이유를 찾아봄이 당연하다.

붉părk 사상의 초산지初産地 : 처음 나온 곳 혹은 원시 중심지는 전술한 바와 같이 이해裏海 : 카스피해와 흑해黑海의 부근으로 추측되는데, 서아시아의 남부가 전 인류의 기원지인지 아닌지는 차치하고 적어도 구아歐亞 : 유럽과 아시아를 연락하는 인문적 일호수一湖水가 고대에 이 부근에 괴어 있었던 것은 붉 계통의 명상名相 : 명칭들의 분포를 통해서 췌마揣摩 : 자기 마음으로 남의 마음을 헤아림할 수 있다.*

그리하여 불함문화의 핵심인 붉părk과 그 고형古形 발păr 또는 불pur은 북부 및 동부 아시아 이외에도 널리 연지連枝 : 연결된 가지와 유엽遺葉 : 떨어뜨린 이파리들을 찾아볼 수 있다. 저 인도의 주재신主宰神 : 모든 신을 관장하는 우두머리 브라흐마Brahma, 셈Sem 민족**의 대신大神의 호칭으로 주主 : 하느님를 의미하고, 일신日神 : 태양신을 본체로 하며, 입석立石 : 선돌, 마세바Massebah을 신체神體 : 신의 몸로 하고 아셰라Asherah

---

* 이런 발상의 논리가 그대로 시베리아 바이칼호수 지역에도 투사될 수 있음을 최남선은 알지 못했던 것일까? 바이칼호수는 카스피해나 흑해와는 비교도 안 될 정도로 자연과학과 인문학적 측면에서 그 기원과 생명력이 세계 어느 다른 지역보다도 풍요로운 곳임이 현재 수많은 학자들에 의해 밝혀져 있다. 특히 우리 민족문화의 정체성을 단군에 두고 우리의 단군신화와 게세르 신화(바이칼호 주변에 사는 몽골족 부리야트인의 고대제국신화)를 비교하여 그 공통분모를 적시해낼 만큼 뛰어난 상상력과 해박한 지식을 지녔던 최남선이 정작 불함문화의 기원을 논하며 이런 앞뒤가 안 맞는 좌충우돌의 난맥상을 보이는 것은 좀 이해가 안 되는 대목이다.

** 셈족. 성서에 나오는 노아의 맏아들인 셈의 자손이라 전해지는 민족. 중키에 머리털과 눈동자는 검고, 좁은 코를 특징으로 함. 역사상 고대 앗시리아인, 아라비아인, 페니키아인, 유대인 등.

여신*을 수반隨伴 : 따르는 반려자으로 한 바알Baal**, 바빌로니아에서 바알Baal인 벨Bel, 단순히 벨Bel은 에아Ea***와 아누Anu****와 한가지로 바빌로니아 최고最古 : 가장 오래됨 삼신三神의 하나인 대지大地의 주재신 벨—메로다치Bel-Merodach, 즉 미리—둑가Miri-Dugga와 이집트의 오시리스Osiris*****와 동일시된 태양신으로서 그 목의 피로 흙에 섞어서 인간을 만들었다고 한다.

그리스에서 천天의 광명을 표시하는 태양신으로서 수호신, 징벌신, 심신心身 의료신, 제마除魔 : 퇴마, 악마를 제거함의 신, 목축과 수렵의 신, 도조신道祖神 : 신도神道의 할애비가 되는 신 내지 음악의 신, 예언의 신, 사회적 건설의 신인 아폴로Appollo*, 로마의 주재신 주피터Jupiter**의 아들이요, 불과 야장冶匠 : 대장장이, 연금술사鍊金術士의 신인

---

* 성경에서 비난하는 가나안의 다산(多産)의 여신. 아스타르테와 관련이 있다.

** '주인'이라는 뜻으로 가나안 지방의 고대 셈족을 비롯한 동방 여러 나라의 으뜸가는 신(神). 사람들은 그의 죽음과 재생을 해마다 경축했다.

*** 바빌로니아의 지혜의 신. 수메르에서는 엔키로 알려져 있다. 압수의 아들이다. 압수는 에아에게 살해당했다.

**** 바빌로니아의 태양과 하늘의 신. 에아의 아버지.

***** 이집트 지하세계의 신. 게브와 누트의 아들이며 이시스의 오빠이자 남편이다. 그는 이집트 전역에 문명을 퍼뜨린 지혜로운 통치자다. 종종 녹색 피부로 나타나는 포용의 신이며 부활한 신이다.

* 일명 포에보스(phoebos)로 pha는 '빛나다'에서 옴. 그리스어로 '아폴론(Apollon)'이다. 올림피아의 의술, 음악, 예언, 빛의 신. 포에보스(Phoebos : 빛나는) 아폴론으로도 알려져 있다. 그리스 신화에서 포에베(Phoebe)는 '밝은 달'의 뜻인데, 티탄족으로 델포이 신전의 여신이다. 아폴론은 신탁(神託)을 통해 그녀의 이름을 받았다. 그리하여 그는 포에보스 아폴론이 되었다. 그리스 종교에서 다양한 기능과 의미를 지닌 신으로 그리스의 모든 신들 중 가장 널리 숭상되고 영향력 있는 신. 제우스의 아들.

불칸Vulcan*, 부카누스Vucanus**, 불카니Vulcani, 북유럽의 주재신 워단 Wodan***을 남편으로 하고 화신火神, 태양신으로 선신善神이며, 상신上 神: 상등급신인 발두르Bardur****을 아들로 하는, 지식과 생식의 사신司神 : 신들을 관장하는 존재인 프리그Frigga***** 등은 그 신화적 의의 및 신격神 格의 명칭에 있어서 전인류적 공통 원천을 통해 우리의 발pär이나 불pur과 깊은 인연이 있는 것으로 보인다.

고일이만古日耳曼 : 게르만족*의 천선天仙 : 천상의 신선, 선녀, 요정이라는 페어리Fairy란 말도 대개 그러할 것이나, 훨씬 멀리 떨어져서 중앙아메리카의 과테말라의 신화에서 빛과 토지의 창조주인 후라칸Hurakan **과 대지의 신 부쿱Vukub—카킥스Cakix*** 따위도 그 여류餘流 : 나머지

** 로마 신화의 하늘신이자 주신(主神)인 '유피테르'의 영어명. 유피테르 옵티무스 막시무스(모든 주피터 가운데 가장 훌륭하고 가장 위대한 주피터)로 알려져 있다. 그리스 신화의 제우스와 동격의 신이지만 힘은 더 약했다.

* 로마 신화에 나오는 불과 대장장이의 신이며, 그리스 신화의 헤파이스토스에 해당. 영어 발음은 '벌컨'.

** 로마 신화의 대장장이신 불카누스(Vulcanus)의 오기(誤記)인 듯.

*** 북유럽 신화의 최고신 '오딘(Odin)', 8~9세기에 가장 대중화됨. 고대 튜턴인. 원래는 폭풍의 신인데 후에 군신(軍神), 농경신, 사자(死者)의 신이 됨. 보탄 또는 보덴으로도 알려져 있다.

**** 혹은 발테르. 고대 스칸디나비아의 빛의 신. 오딘과 프리그의 아들. 형 호테르에 의해 겨우살이 잔가지로 죽임을 당했다.

***** 오딘의 아내, 발데르의 어머니. 에시르(하늘의 신들) 중 한 명. 그녀와 프레이야는 동일한 신의 두 가지 형태인 듯하다.

* 게르만어파에 속하는 민족. 백색인종으로 장신에 벽안(碧眼 : 푸른 눈), 금발을 특징으로 함. 발트해 연안을 원주지로 하고, 북유럽 일대에 부족국가를 세우고 농경, 목축에 종사했음. 흉노족의 서진(西進)으로 대이동을 일으켜 유럽 각지에 왕국을 건설, 중세 유럽의 기초가 됨.

흐름가 아닌가 생각한다.

상기上記와 같은 각 대표적 신격 외에도 그 주상적主上的 신격 중에 허다한 명실名實 : 이름과 내용이 겸통兼通 : 아울러 통합하는 것을 발견할 수 있다. 예를 들면 인도에서 우주 생성의 본체라고 하는 – 그 머리가 천공天空 : 창공이 되고 배꼽이 공기가 되고 두 다리가 대지가 되고, 마음에서 달, 눈에서 태양, 입에서 뇌신雷神 : 천둥의 신과 화신火神을 낳고 기식氣息 : 호흡에서 바람이 생기고, 또한 인도의 사종성四種姓*을 그 몸 안에서 발생시켰다는 천두千頭 : 천개의 머리와 천안千眼 : 천개의 눈과 천각千脚 : 천개의 다리의 거인 푸루샤Purusha**, 뇌우雷雨 : 비와 천둥의 인격화로서 천주天主 : 하느님라 하여 공중의 최고신으로 가장 존숭을 받게 된 인타라因陀羅 : 제석천帝釋天***의 일명인 파르자냐Parjanya, 최고의 천신天神이자 광명신光明神으로서 천지를 만들

** 우라칸이라고 발음. 마야의 창조신으로 '하늘의 심장'이며, 세 가지 번개의 형태로 나타난다. 구쿠마츠와 논의해 세상을 창조했다.

*** 마야신화에 나옴. Vucub-Caquix로도 씀. 일곱 마코앵무새 또는 금강앵무새란 뜻으로 나무인간을 소멸시키기 위해 창조신들이 일으킨 마야의 대홍수가 지난 후 살아남은 악마들이 지상에 거주하게 되면서 그들 가운데 가장 힘센 존재로 군림한 괴물 새. 스스로 해와 달과 같은 존재라고 선언해 신들의 노여움을 사게 되고, 결국 우나푸와 스발란케에게 패배해 죽는다.

* 네 가지 사람의 등급, 바이샤, 수드라, 크샤트리아, 브라만.

** 힌두 신화에서 태초의 인간으로, 그의 신체는 우주가 되었다. 중국 신화의 반고(盤古)와 비슷하다.

*** 인도 힌두교의 비와 천둥의 신이며, 리그베다(Rig-Veda) 신화의 최고신으로 '인드라'라고 한다. 불교에서는 제석천 또는 12천(天)의 하나로 동방(東方)의 수호신임. 그는 지상의 모든 물을 삼켜버린 용 '브리트라'를 죽임으로써 질서를 되찾게 했다.

고 이것을 붙들어 지탱하며 태양과 별을 그 안목眼目 : 눈으로 하고 우주의 지배자로서 폐타교吠陀敎 : 베다교* 중에 거의 일신교一神敎의 형태를 취하게까지 된 바르나**Varna : 희랍에서의 우라누스Uranus***, 사비트리Savitri****, 푸샨Pushan*****, 비슈누Vishnu* 등과 한가지로 일신日神과 수리야Surya**의 일명인 바가Bhaga*** 등은 주의할 가치가 있다.

---

* '베다(Veda)'란 '지식'이라는 뜻으로, 고대 인도의 브라만교의 근본 경전이다. 인도 최고(最高)의 문헌으로 신의 계시를 시적으로 저술한 것인데, 제사 의식과 밀접한 관련을 지니고 성립된 '리그베다' '사마베다' '야주르베다' '아타르바베다'의 네 종류가 있다.

** '바루나(Varuna)'의 오기(誤記). 인도의 초기 베다문학에 등장하는 최고의 신. 인드라가 그의 지위를 대신하기 전에 바루나는 인간의 운명을 관장하고 새들에게 나는 법을 가르쳤으며, 별과 혹성의 올바른 위치를 정해주었다. 천공(天空)의 신이라 하나 자연현상과의 인연은 적고 사법신(司法神)으로서 인격화됨. 하늘 법칙의 옹호자이고 인류의 유지자임.

*** '우라노스'라 함. 그리스 신화의 하늘의 신. 가이아의 아들이자 남편. 키클롭스, 헤카톤케이르, 티탄족의 아버지다. 그의 아들 크로노스는 가이아의 요청을 받고 그를 거세시켰다. 잘려나간 그의 남근에서 아프로디테가 탄생했다.

**** '사비트르(Savitr).' 고대 인도 신화에 나오는 태양신. 온몸이 금빛으로 빛나며, 만물의 활동과 휴식을 다스림.

***** 인도의 리그베다(Rig-Veda) 신화에 나오는 태양신의 하나. 목축의 신으로 찬송을 받음.

* 힌두교에서 세계의 질서를 유지하는 신으로 뒤에 크리슈나로 화신함. 애초에 태양신이었으나 뒷날 최고신이 되었다. 창조주 브라마와 파괴자 시바와 함께 힌두교의 3대 신(神)인 비슈누는 필요할 때마다 화신(化身)이 되어 지상을 방문한다. 검은색 피부의 비슈누는 네 손에 소라, 바퀴, 곤봉, 연꽃을 들고 있으며, 태양새 가루다를 타고 다닌다. 비슈누교(敎)는 비슈누를 최고신으로 섬기는 종파로 바가바드기타(Bhagavadgita : 신의 노래)를 기본 경전으로 삼으며 지금도 시바(Siva)파와 함께 힌두교의 2대 조류를 형성하고 있다.

또 북유럽의 신화에서 폭풍우를 인격화한 북유럽의 최고신으로 신인神人의 아버지로 숭앙되고, 만물의 지배자라 하는 워단Wodan : 오딘Odin은 태양을 그 눈으로 삼았다는 것으로 천공신天空神 : 하늘신임을 알 수 있는데, 그 뷔레Büre*의 아들인 보레Bore**가 아버지라는 인물을 조출造出 : 만들어냄할 때에 일신삼면一身三面 : 한 몸에 세 얼굴의 관觀 : 모습을 이룬 것이 빌리Vili와 베Ve***의 두 신神이었다고 하며, 악惡의 거인 이밀Ymir****을 죽였더니 그 살이 대지가 되고 피가 눈물이 되고, 뼈는 산, 이는 암석, 두발은 수목이 되고, 뇌수는 천공에 던져져서 구름이 되고, 미모尾毛 : 꼬리털는 아름다운 인간세계중원中園, midgard를 이루었다고 하며, 그의 아내의 이름은 프리그Frigga, 아들의 이름은 발두르Bardur, 그를 따른 여성의 전사戰士는 발키르Valkyr***** 그의 궁전인 천상의 낙원은 발할라Valhalla* 또는 발헐Valhöll, 그의 옥좌玉座

** 인도 베다(Veda)신화에 나오는 태양신으로 암흑을 물리치고 사람들을 잠에서 깨워 활동하게 한다고 함.
*** 신(神)이란 뜻. 유명한 힌두교 경전 ≪바가바드기타(Bhagavadgita)≫는 신의 노래라는 말이다.
* '하나로 태어난 자'로서 부리(Buri)라고도 함. 보르(Bor)의 아버지.
** 서리 거인의 딸인 베슬라(Bestla)의 남편. 오딘과 빌리(Vili)와 베(Ve)의 어머니. 보르(Bor)라고도 함.
*** 빌리와 오딘의 형제. 이 삼 형제가 이미르(Ymir)의 몸으로 세상을 창조했으며, 두 그루의 나무로부터 최초의 남자와 여자를 만들었다. 오딘은 그들에게 생명의 숨결을 주었고, 빌리는 생각과 감정을 주었으며, 베는 보고 들을 수 있는 능력을 주었다.
**** 최초의 서리 거인. 오딘과 빌리와 베는 그를 죽여 그 시체로 세계를 창조했다.
***** 운명의 여신. 전쟁터에서 오딘의 시중을 들었다. 발키리에(Valkyrie)라고도 불린다.

는 흘리드스크잘프Hlidskjalf, 그 우주목宇宙木 이그드라실Yggdrasil*을 윤택하게 하는 영천靈泉 : 신령스런 샘이 흐베르겔머Hvergelmer**, 그 우주 종국終局 : 마지막의 대전장이 비그리드Vigrid라 하여, 그 관계의 명구名句 : 이름 자구가 대개 발Par 유연類緣 : 같은 종류의 인연의 음音을 표시함도, 저 동북아시아의 우주 삼계관三界觀과 야장冶匠 : 대장장이의 신神을 볼란드Voland라 일컬음과 한 가지로 붉pärk적으로 고찰해야 할 것이라고 생각된다.

저 희랍의 제신諸神에 있어서는 점토와 물로 인간을 만들고 태양에서 빛을 취하여 토우土偶 : 흙인형에 불어넣어서 생명을 주었다든지, 제우스Zeus***에게 반항하여 천상에서 신의 불을 훔쳐다가 인류에게 주어서 인간에게 화식火食을 가르쳐주었다든지, 그 딸 필라Pyrrla****의 남편인 인류의 시조 데우칼리온Deucalion*****에게 대홍수가 있을 것을

---

* 고대 노르웨이어로는 발헐(ValhÖl). 북유럽 신화에서 살해된 전사들의 저택, 궁전.
* 북유럽 신화에 나오는 세계수로서 우주를 지탱하는 거대한 물푸레나무. 이 나무의 뿌리는 거인들의 땅 요툰헤임, 안개의 땅 니플헤임, 에시르 신들의 주거지 아스가르드로 뻗어 있다. 이 나무의 가지들은 불의 거인, 바니르, 엘프, 정의로운 자, 인간, 죽은 자들이 거주하는 6개의 다른 세계로 뻗어 있다.
** 세계수이자 우주목인 '이그드라실'의 거대한 뿌리 아래에 있는 지옥 입구 '니플헤임'의 샘물 이름. '흐베르겔미르(Hvergelmir)'라고도 함.
*** 그리스 신전의 주신(主神). 레아와 크로노스의 아들. 올림피아 신들의 지도자. 포세이돈, 데메테르, 헤스티아, 헤라와 형제자매 사이이다.
**** 그리스 신화에 나오는 판도라의 딸 '피라(Pyrrha)'를 잘못 쓴 듯. 데우칼리온의 아내로 대홍수에서 살아남은 유일한 여자였으며 이후 인류의 어머니가 되었다.
***** 프로메테우스의 아들, 피라의 남편. 그리스의 노아 격이다.

예고하여 그로 하여금 식량과 배를 마련해서 9일간 표류한 끝에 포키스Phocis*의 파르나수스Parnassus산**에 이르게 하여 인종을 번식시켰다든지, 설혹 제우스 신神의 사물賜物 : 하사한 물건이라 하더라도 재해와 융사가 충만한 판도라Pandora***의 상자를 받지 말라고 한 이야기와 같은, 인문현상의 개발에 위대한 공열功烈 : 공을 세운 열렬함이 있다는 신인神人 프로메테우스Prometheus****를 위시하여, 경작의 신, 포도와 술의 보호신, 극장의 신으로서 생식신生殖神의 뜻을 띠고 가장 화려한 제전祭典을 받는 박코스Bacchos 또는 박커스Bacchus*****, 해신海神이요 예언신인 프로테우스Proteus, 태양신 헬리오스Hellios*, 무역신, 사절신使節神, 음악과 웅변신이요, 희랍의 국경에 건립한 석표石標 : 돌표지인 헤르메스**Hermes : 로마 이름 메르쿠리우스Mercurius, 머큐리Mercury, 제우

---

* 현대 그리스어로는 포키스(Fokis). 고대 그리스의 중부 지역. 코린트 만으로부터 북쪽을 향해 파르나소스 산을 넘어 북쪽 경계인 로크리스 산맥까지 펼쳐져 있다.

** 그리스어로는 파르나소스(Parnasos)산, 오로스(Oros)산이라 함. 그리스 중부 핀도스산맥에 솟은 불모의 석회암산. 최고 높이 2,457미터, 이곳에서 델피가 내려다보인다.

*** '온갖 재주를 갖추다'라는 뜻. 헤파이토스가 빚고 아테나가 생명을 불어넣은 최초의 여자. 제우스는 프로메테우스가 훔친 불을 받은 인류를 벌하기 위해 그녀를 지상으로 보냈다.

**** 티탄족. 이아페토스와 클리메네의 아들. 에피메테우스 아틀라스 모노에티우스의 형제. 인간의 옹호자. 그는 진흙으로 인간을 창조했으며 신들에게서 불을 훔쳤다. 그 벌로 그는 산에 사슬로 묶여 매일 밤 독수리에게 간을 쪼였으며, 그러면 그 간은 매일 낮 다시 자라났다.

***** 바쿠스(Baccus). 로마의 포도주 신. 그리스 신화에서는 디오니소스로 알려져 있다.

* 만물을 볼 수 있는 능력으로 유명함. 호메로스는 그를 '히페리온'으로 불렀다.

스신의 서자로 최대의 용사, 12공업功業 : 공적의 주인공, 올림피아 경기의 개조開祖 : 시조, 여행과 목축과 농업의 보호신인 헤라클레스Heracles : 로마신화에서는 헤르쿨레스Hercules, 제우스 대신大神과 지혜신과의 아들인 지식의 신, 평화와 전쟁을 관장하는 국가의 신, 학문과 미술, 기예技藝와 농경 등의 신, 아테네 수호의 대여신大女神이요, 순결과 광명의 표현인 팔라스Pallas* ― 아테나Athena, 예언의 신 헤카테Hecate**, 수명 및 운명의 신 파르카에Parcae*** 등을 들 수 있다. 이상에서 특히 주의할 것은 발Par적 명칭을 가진 것이 대개 창조신, 지상신至上神 : 지극히 높은 신, 천신天神 : 하느님 같은 신, 광명신光明神, 태양신, 화신火神과 같은 인문적, 예언적, 종교적인 신격神格인 점이다.

눈을 돌려 고지명古地名을 살펴보건대 서아시아에 있어서는 파르스Pars : Fars, 지금의 페르시아Persia****, 포에니키아Phoenicia*****, 파르티아Parthia*,

---

** 올림피아의 길, 경계, 여행, 행운, 웅변, 잠, 꿈의 신. 그는 신들의 전령이며, 죽은 자들을 새로운 거처로 인도하는 저승사자이다.

* 트리톤의 딸. 어린 시절 아테나의 친구였다. 아테나는 실수로 그녀를 죽인 후 팔라스의 이름을 자신의 이름으로 삼았다.

** 세 얼굴을 한 달의 여신. 마술, 마법, 밤, 지하 세계와 관련 있으며 페르세포네의 시종이다. 그녀의 모습은 메두사 머리처럼 무시무시하며 피와 배설물을 먹는다.

*** '파르카(Parca)'로도 쓰며 로마 신화에서 인간의 운명을 결정하는 3명의 여신을 말한다. 그리스 신화에서는 '모이라(Moira)'로 표현.

**** 현재 이란 중북부 지역으로 고대에 키루스 대왕이 세운 아케메네스 제국(B.C. 559~330년)의 심장부였다.

***** 그리스어는 페니키아(Phoinikē), 라틴어는 포에니키아(Phoenicia). 고대 가나안의 북쪽에 근거지를 둔 고대 문명. 중심 지역은 오늘날의 레바논과 시리아, 이스라엘 북부로 이어지는 해안에 있었다. 페니키아 문명은 B.C.

베르세바Beerseba : 지금의 비레세바Bir-es-Seba, 필리스티아Philistia*, 페르가
몬**Pergamon : 페르가무스Pergamus, 페르가뭄Pergamum, 프리기아Phrygia***, 바알
베크Baalbek**** 등은 역시 발Par적 고찰의 범위에 들어갈 것으로 희랍
으로 건너가서는 아폴로 묘우廟宇 : 사당의 소재지, 델포이***** 신탁神託
의 선출지宣出地 : 베풀어 나온 곳이며, '지구의 배꼽'이라 일컫는 포키
스Phocis 지방의 파르나소스Parnassos : 파르나수스Parnasus 성산聖山, 아폴로
와 뮤즈*의 존사지尊祀地 : 제사 올리는 곳인 보이오티아Boeotia의 헬리

1200~900년경까지 지중해를 가로질러 진취적인 해상문화를 이룩했다. 최초로 알파벳을 사용했고, 이로부터 그리스의 알파벳이 만들어졌다. 로마자 형성에도 기여함.

* 현재 이란의 호라산 지역과 대략 일치하는 고대 지명. 때때로 파르티아제국(B.C. 247년~A.D. 224년)을 지칭할 때도 사용됨.

* '블레셋'이라고도 하며, 고대 팔레스타인 지방의 이스라엘 사람을 압박했던 민족의 이름.

** 에게해에서 25.6킬로미터 떨어진 미시아 지방에 있었던 고대 그리스 도시. 현대 터키의 이즈미르 주 베르가마 지역. 기원전 3세기에 페르가몬 왕국의 수도로 헬레니즘 문화의 중심지였다.

*** 소아시아 지역의 지명. 아시아의 서쪽 끝에 있는 흑해, 에게해, 지중해에 둘러싸인 반도. 앙카라가 중심 도시였고, 현재 터키의 대부분을 차지하여 예로부터 아시아와 유럽을 잇는 중요한 통로였다.

**** 영어로 바알베크(Baalbek), 그리스어로 헬리오폴리스(Heliopolis), 즉 태양의 도시란 뜻이다. 레바논 알비카주의 농업 중심지이자 주요 도시로 로마 시대의 도시 유적지. 헬리오폴리스는 이집트의 같은 지명을 본뜬 것으로 추정.

***** 그리스어 델포이(Delphoe), 영어 델피(Delphi). B.C. 6세기 초 고대 그리스의 아폴론신전과 신탁(神託 : 신에게 문제의 해결을 부탁함) 장소가 있던 곳. 그리스 중부 포키스 지방의 파르나소스산의 험준한 절벽 중턱에 있다. 고대 그리스인들은 델포이가 세계의 중심이라 생각했다.

* 그리스어로 무사(Mousa). 그리스 신화에서 보이오티아의 피에리아와 헬리

콘Helicon산* 등을 헤아릴 수 있다.

또한, 기독교에서 대양의 극동 고산高山에 있는 에녹Enock**, 엘리아Elijah*** 등 성자聖者의 주거지라는 지상의 선경仙境 파라다이스Paradise****, 페르시아에서 낙토樂土 : 낙원의 땅를 의미하게 된 바루나Varuna*****, 인도의 범세梵世* 등, 고대의 사상적 국민에 의해 생각되었

콘 산에 관련된 자매 여신들. 뮤즈의 기원은 아주 오래되고 확실치 않다. 헬리콘 근처 테스피아이에서 4년마다 뮤즈 축제가 열렸다. 처음에는 시인들의 후원자, 뒤에는 모든 예술과 과학을 관장하는 신으로 숭배했다.

* 현대 그리스어로는 오로스(Oros), 엘리콘(Elikon). 그리스의 보이오티아(Boeotia)에 있는 헬리콘 산맥에 속한 산. 높이 2,400미터인 파르나소스 산맥이 연장된 헬리콘 산맥은 1,500미터에 불과하나, 뮤즈의 아홉 여신이 즐겨 나타나는 곳으로 서양 고전문학에서 자주 인용되었고, 동쪽인 보이오티아 쪽은 특히 신성한 곳이었다.

** 구약 <창세기>에서 제7대 족장으로 등장하는 인물로 헬레니즘시대의 유대교(B.C. 3세기~A.D. 3세기) 묵시문학의 주인공. 처음엔 오직 경건함으로 존경을 받았으나 나중엔 하느님으로부터 비밀 지식을 받았다고 믿어졌다. 에녹은 태양신과 관련을 맺고 계시를 받은 제7대 왕 엔멘두라나에 관한 바빌로니아 전승 설화에 영향을 받아 환상가로 묘사되었다. 에녹 이야기에는 바빌로니아 신화의 특징이 많이 담겨 있다.

*** B.C. 9세기에 활동한 모세와 같은 서열의 히브리 예언자. 유대교의 야훼 신앙이 자연신인 바알(Baal) 숭배로 부패하는 것을 막았으며, 이스라엘 백성에게 유일신 사상을 전례 없이 강조했고, 이스라엘의 하느님 외에는 다른 실재가 없다고 선언했다. 하느님의 초월성을 가르치고 이스라엘의 정결한 '남은 자들'에게 구원이 베풀어진다는 사상을 가르친 선구자였다. 그리스도교에서는 매년 7월 20일에 그를 성자로 기념하여, 이슬람교는 그를 예언자로 인정한다.

**** 옛 페르시아어로 원유(園囿), 즉 동산의 뜻.

***** 베다시대의 힌두교 신화에 나오는 최고신으로 신적 권위의 상징. 우주의 법칙과 도덕률(리타)을 관장하며 천상계(天上界)를 다스림. 조로아스터교

던 낙원이 뜻밖에도 발Par적인 명칭을 취한 것도 우연이 아닌 어떤 계기에 의한 것인지 알 수 없다.

　이집트의 헬리오폴리스Heliopolis*인 피라Pira**가 이집트어로 태양의 집이란 뜻임은 예부터 전해오는 통설인데 피라Pira 그대로가 원래 성도聖都 : 성스러운 도시를 의미한 것인지도 알 수 없는 일이다.
　대저 원시시대의 문화적 교통은 일반적으로 상상하는 것보다 훨씬 활발하고 왕성하기도 하였고, 인종 상호간의 동근同根 : 같은 뿌리 관계도 의외로 확실하고 심밀深密 : 깊고 치밀함 함은 종종의 증적에 의해 명백하다. 이상에서의 우리의 모색은 극히 소루疏漏 : 허술하여 밝으로 샘하고 또 생경生硬하기는 하되, 그 중에 다소나마 새로운 문제 제시로 인정할 것이 있다면 저 아리아Arya*** 일어一語 : 일개 언어의 분

의 주재신 '아후라 마즈다'에 해당한다.

* 브라흐마로카(Brahma-loka), 우주의 근본인 브라만의 세상.

* 희랍어로 태양의 도시란 뜻. 기독교 성경에는 온(On : 기둥의 도시란 뜻)으로 나옴. 태양신 '레'를 숭배한 가장 오래된 고대 하(下) 이집트의 15번째 수도로 종교적 중심지였다. 오늘날 도시의 흔적은 모두 소멸됐고, 투트모스 3세가 세운 한 쌍의 오벨리스크(기념비)가 남아 있는데, 현재 남아 있는 이집트의 오벨리스크 중 가장 오래된 것이다. '클레오파트라의 바늘'로 불리는 이것은, 하나가 런던 템스 강변에, 다른 하나는 뉴욕 센트럴 파크에 '강탈되어' 세워져 있다.

** 이집트의 피라미드(Pyramid)를 뜻하는 것으로 추정된다.

*** 아리안(Aryan), 아리아 사람을 말한다. 인도유럽어족에 속하는 인종을 통틀어 이르는 말. 본디 B.C. 1500년 무렵 중앙아시아로부터 인도 대륙이나 이란 지역에 이주한 고대 민족. 언어를 포함한 문화상의 공통성으로 보아 이들이 서진(西進)하여 그리스인, 로마인, 게르만인, 슬라브인, 켈트인이 된 것으로 추정된다.

포 및 변화에 의해 인도 일이만日耳曼 : 게르만의 민족 및 문화적 연쇄를 증거할 수 있음과 같이 밝Par과 비슷한 종류의 언어적, 민속적 소구遡究 : 사물의 근원을 연구해 밝힘가 일면一面에 있어서나 인류사에 있어서 붉은Pärkän문화가 그 얼마나 고원古遠 : 오래되고 멀음한 유산인가를 명확히 알려주고 있다. 한편으로는 붉은Pärkän을 통해 이루어진 동서문화의 교감이 인류생활의 원시적 세계성이라는 사상에 도달케 하는 일조연一助緣 : 하나의 도움을 주는 연줄이 될 것이다. 이렇게 본다면 밝Par에 대한 고구考究 : 연구는 이미 동아시아 문화에 국한된 것도 아니다.

불함문화론 不咸文化論

제14장 •
지나支那문화의 동이소東夷素 또는 불함소不咸素

중국이란 나라는 민족으로나 문화적으로나 하나의 커다란 침전지 沈澱池 : 가라앉아 쌓이는 연못요, 합금合金의 용광로이다.

중국문화가 소위 사이팔만四夷八蠻*의 제물소諸物素 : 여러 문명 요소들를 섭취하고 있음은 정正히 그 민족 내에 모든 관계 민족의 혈액을 혼합하고 있음과 마찬가지다.

그리하여 소위 동이東夷란 가장 일찍부터 잡처雜處 : 여러 지역에 거처함 또는 인주隣住 : 이웃으로 거주함하고 어떤 지역에서는 선주민先主民 :

---

* 중국 주변의 네 오랑캐들과 여덟 야만족들을 멸시하여 부르던 중화제국주의적 관점의 용어. 하지만 중국민족이라는 한족(漢族) 자체가 오랑캐 출신이고 보면 이 말은 순전히 당대 지배권력을 합리화하기 위해 현실을 호도하고 기만하는 용어일 뿐이다. 사이(四夷)는 동이(東夷), 서융(西戎), 남만(南蠻), 북적(北狄)으로 우리 민족은 전통적으로 동이에 속하고, 중국 한족은 서융에 속한다. 서융은 서쪽에 사는 융족인데 이 융(戎)이 '되'의 뜻으로 '되 융'이라 부른다. 중국 민족의 서방기원설 또한 유래가 깊은 것으로 근대 1910~30년대까지도 손문을 포함한 당대 지식인들 모두가 한족은 서방 혹은 서아시아에서 왔음을 믿어 의심치 않았다. 팔만(八蠻)은 남방의 여덟 야만족으로 구지(拘軹), 담이(儋耳), 방척(旁脊), 천축(天竺), 천흉(穿胸), 초요(僬僥), 파종(跛踵), 해수(咳首)이다.

원주민의 관계를 가지고 있으며, 가장 오래 계속적으로 밀접한 교섭을 가지고 있는 만큼, 중국문화에 있어서 동이의 유물遺物 : 후세에 남긴 문명적 요소은 요외料外 : 다룰 수 없음로 다량이며 또한 그 중요한 부분을 점유하고 있음을 본다.

중국의 문물에서 가장 일찍 정형整形 : 정돈된 모습을 보인 것은 국가윤리요, 그 중심을 이루는 것은 천명天命 : 하늘의 명령을 받았다는 주권자로서, 후세 중국의 문화재는 모두 이것을 초점으로 하는 것처럼 되어버렸는데, 그 소위 천명이란 것의 원시적 형태는 천天의 아들로서 인간을 다스리도록 보내졌다고 하는 것이다. 천자天子 또는 천왕天王이란 이것을 말하는 것이다. 그런데 이 천자나 천왕은 일반적으로

[林烝天帝皇王后辟公侯君也]
◆ 풀이 : 임林과 증烝, 천天, 제帝, 황皇, 왕王, 후后, 벽辟, 공公, 후侯는 모두 임금을 나타내는 글자이다.
— ≪이아爾雅≫ 석고釋詁 제일第一에 나옴 —

라 하는 것과는 달라서 다분히 설화적 배경 아래 생기고 또한 행해졌음은 ≪설문說文≫* 제12 하下 성자姓字 주注의

---

* ≪설문해자(說文解字)≫의 속칭. 후한(後漢) 사람 허신(許愼 : A.D. 58~148년)의 찬(撰 : 지음). 22년간에 걸쳐 완성한 중국 문자학 사상 가장 오래된 저작으로 한자의 형체와 구조를 분석하여 원래의 뜻을 탐구하려는 취지 하에, 진시황의 문자 통일 이후 정식화된 한자체인 소전(少篆)을 기본으로 하여 만든 중국 최초의 자전(字典). 해설에 오류가 있다는 지적도 있으나 지금까지도 고대 한어(漢語)와 금문(金文), 갑골문(甲骨文) 연구에 중요한 도구로 쓰이고 있다. 여기 실린 내용은 이 책의 가장 뛰어난 주석서로 알려진 청(淸)나라 단옥재(段玉裁 : 1735~1815년)의 ≪설문해자주(說文解字注)≫ — 1776~1807년까

〔古之神聖人, 母感天而生子, 故曰天子 ……〕
◆ 풀이 : 예부터 신성한 사람은 어머니가 하늘을 느껴서 아들을 낳았는데, 그러므로 천자天子, 즉 하늘의 아들이라 하는 것이다……

라는 대목으로 추찰할 수 있는 것이다. 저 ≪서경書經≫*에 보이는

① 皇天眷命, 奄有四海, 爲天下君.
◆ 풀이 : 황천皇天 : 하늘의 높임말이 돌보사 명을 내리시어 온 세상을 차지하게 하시고, 천하의 임금으로 삼으셨다.
◆ 출전 : ≪서경書經≫의 <우서禹書> 대우모大禹謨**

② 天之曆數, 在汝躬, 汝終陟元后.
◆ 풀이 : 하늘의 돌아가는 운수가 그대 몸에 있으니 그대는 마침내 원후元后 : 대군大君 곧 천자天子에 오르리라.
◆ 출전 : ≪서경書經≫ <대우모大禹謨>***

지 40년에 걸쳐 완성 — 에서 인용한 것이다.

* 중국의 가장 오래된 역사서로 원래의 제목은 ≪서(書)≫이다. ≪상서(尙書)≫라고도 하며, 전국(戰國)시대 이래 유가(儒家) 학자들이 ≪서경(書經)≫이라고도 존칭함. 은(殷), 주(周), 전국시대까지 장기간에 걸쳐 이뤄졌다. 모두 59편으로 당우(唐虞)시대, 즉 요(堯), 순(舜), 하(夏), 은(殷), 주(周)나라부터 춘추시대 진목공(秦穆公)까지 여러 왕조들과 제후들의 조칙(詔勅), 훈계, 서명(誓命)과 가모(嘉謀) 등을 모은 경전. 상서서(尙書序) 1편을 제외한 58편 중 33편을 ≪금문(今文) 상서≫, 나머지 25편을 ≪고문(古文) 상서≫라 하는데, B.C. 4세기 이전에 작성된 ≪금문상서≫를 진본으로, A.D. 4세기경 나타난 ≪고문상서≫는 위작(僞作)으로 추정하고 있다.
** 순(舜)임금의 사관(史官) 익(益)이 선대의 성군(聖君) 요(堯)임금의 덕(德)을 찬양하는 말이다.
*** 이는 순임금이 우(禹)를 불러 제위(帝位)를 물려주며 했던 말이다. 이 글

③ 惟天, 生民有欲, 無主乃亂, 惟天, 生聰明, 時乂, 有夏昏德, 民墮塗炭, 天乃錫王勇智, 表正萬邦.
◆ 풀이 : 하늘이 백성을 내실 때 하시고자 함이 있나니, 임금이 없으면 곧 어지러워질 것이라, 하늘은 총명한 이를 내셔서 이들을 다스리시는 것입니다. 하夏나라 임금은 덕에 어두워 백성을 도탄에 빠트렸으니, 하늘이 곧 임금상商나라 탕왕湯王께 용기와 지혜를 내리시어 온 나라의 의표가 되어 바로 다스리게 하셨습니다.
◆ 출전 : ≪서경書經≫ <상서商書>의 중훼지고仲虺之誥 : 중훼가 왕에게 올린 말*

④ 天子惟君萬邦, 百官承式, 王言惟作命
◆ 풀이 : 천자께서 온 나라에 임금 하여 계시므로 모든 관리들이 법을 받들어 임금의 말씀을 명령으로 삼는 것입니다.
◆ 출전 : ≪서경書經≫ <상서商書> 열명說命 상上

⑤ 明王奉若天道, 建邦設都, 樹后王君公……
◆ 풀이 : 밝으신 임금이 하늘의 도를 받들어 순히 하시어 나라를 세우며 도읍을 베푸시어 천자天子 : 후왕后王와 제후諸侯 : 군공君公를 세우시고……
◆ 출전 : ≪서경書經≫ <상서商書> 열명說命 중中

바로 다음에 「인심(人心)은 유위(惟危 : 위태함)하고 도심(道心)은 유미(惟微 : 적음)하니, 유정유일(惟精惟一 : 정신 차리고 오직 하나로 모음) 하야사 윤집궐중(允執厥中 : 진실로 그 가운데를 잡으라) 하리라」는 유명한 구절이 나오는데, 이는 순임금이 우에게 전하는 유가(儒家) 심법(心法)으로 후세에 알려졌다.

* 하나라의 폭군 걸(桀)왕을 무력으로 전복시키고 상(商)을 건국한 성탕(成湯)에게 역성혁명(易姓革命)의 정당성을 좌상(左相)의 중책을 맡고 있던 중훼가 설파한 글이다.

⑥ 惟天地萬物父母, 惟人萬物之靈, 亶聰明作元后, 元后作民父母. …… 天佑下民, 作之君, 作之師.

◆ 풀이 : 하늘과 땅은 만물의 부모요, 사람은 만물의 신령함이니, 진실로 성실한 총명이 천자가 되고, 천자는 백성의 부모가 되나니라. ……
하늘이 아래 백성을 도우시어 임금을 마련해주시고, 스승을 마련해주심이라.

◆ 출전 : ≪서경書經≫ <주서周書> 태서泰誓 상上*

⑦ 惟天惠民, 惟辟奉天,

◆ 풀이 : 하늘이 백성을 은혜롭게 하시려면, 임금이 하늘을 받드나니,

◆ 출전 : ≪서경書經≫ <주서周書> 태서泰誓 중中

⑧ 曰皇極之敷言, 是彝是訓, 于帝其訓, 凡厥庶民, 極之敷言, 是訓是行, 以近天子之光, 曰天子作民父母, 以爲天下王.

◆ 풀이 : 임금의 법칙을 펴는 말은 떳떳하고도 교훈이 되며, 하느님帝께서도 교훈하신 것이니, 무릇 그 백성이 법도를 펴는 말을 교훈삼고 실행한다면 천자의 광명함에 가까워져서 "천자께서는 백성들의 부모가 되시어 천하를 다스리는 임금이 되시다"라고 말하게 되리라.

◆ 출전 : ≪서경書經≫ <주서周書> 홍범洪範**

---

* 태서는 지금부터 약 3,000년 전 은(殷)의 폭군 주(紂)왕을 역시 무력으로 정복했던 주무왕(周武王)의 거병(擧兵 : 군사를 일으킴) 취지 글이다.

** 동이족(東夷族) 은(殷)나라의 현인(賢人) 기자(箕子)가 치국(治國)의 도(道)를 물으러 온 주무왕(周武王)에게 세상의 큰 규범인 <홍범(洪範)> 아홉 조목(구주九疇)을 설명한 글이 ≪서경(書經)≫의 <홍범> 장이다. 인용한 대목은 다섯째 조목인 황극(皇極 : 임금의 법칙)에 들어 있다. 당시 서쪽 변방 오랑캐에 지나

제14장 · 지나문화의 동이소 또는 불함소 **147**

이상 ≪서경書經≫의 대목들과 또한 ≪백호통白虎通≫* 권일卷一 작편爵篇에

天子者爵稱也, 爵所以稱, 天子者何, 王子父天母地,
爲天之子也.
◆ 풀이 : 천자天子란 말은 벼슬의 칭호이다. 천자라 불린 까닭은 천자가 무슨 뜻인가에 있다. 천자란 왕이 하늘을 아버지로, 땅을 어머니로 하며 하늘의 자식이 되는 것을 뜻한다.

≪독단獨斷≫**에는
天子夷狄之所稱 父天母地故稱天子.
◆ 풀이 : 천자란 이적夷狄 : 동쪽과 북쪽의 오랑캐들이 부르는 호칭인데 하늘을 아버지, 땅을 어머니 삼는다 하여 천자, 하늘의 아들이라 부른다.

지 않았던 주(周)나라 건국세력들이 저열한 자신들의 문화 수준으로는 은나라 백성을 다스리기에 한계를 느껴 집권 초기에 바로 당대 석학이자 정신적 원로인 기자를 무왕이 직접 찾아가 치세(治世)의 가르침을 구했다는 사실은 동이(東夷)의 적통후예를 자처하며 한반도에 몰려 사는 우리로 하여금 3,000년 전 동아시아 문화 판도를 다시금 생각하게 한다.

* 경학논문(經學論文)인 ≪백호통의(白虎通義)≫의 약칭. 후한(後漢)의 장제(章帝)가 건초(建初) 4년(A.D. 79년) 여러 학자들을 백호관(白虎觀)이란 궁전에 모아, 오경(五經 : 시詩, 서書, 역易, 춘추春秋, 예기禮記)의 이동(異同 : 다르고 같음)을 강론·토의한 것을 엮은 책. 반고(班固 : A.D. 32~92년)가 정리하여 지음.

** 중국 후한(後漢)의 문인(文人) 채옹(蔡邕 : A.D. 133~192년)이 지은 책. 전한(前漢) 고조(高祖) 원년(元年 : B.C. 206년)부터 후한 영제(靈帝) 희평(熹平) 원년(A.D. 172년)까지 370년간의 예(禮), 악(樂), 역대 황제의 세계(世系), 제사, 묘제(廟制), 제시(帝諡) 등 제도와 문물을 해설하였다.

라는 표현이 있음을 참조.

 이런 자료들도 후대의 상식적 설명보다 설화적으로 해석하여 좀 더 진의眞意를 파악해야 할 것이다. 그러나 중국만큼 오랜 문자국이면서 중국만큼 원시설화의 재적載籍 : 기록물이 빈곤한 곳은 없어서, 천자天子의 고의古義 같은 것도 중국의 고전古傳 위에서는 명백히 파악할 수 없다.

 도리어 불함문화권의 고대 신화에 의할 때에 비로소 단란斷爛 : 끊어지고 문드러짐과 변전變轉을 초월하여 옛 뜻의 전면목이 회통會通 : 모두 알게 됨되며 또한 노현露現 : 겉으로 드러남한다.

 현재 부리야트의 종교*에서도 천상계天上界의 최상最上 선신善神**

---

* 부리야트(Buryat)는 현재 러시아의 동부시베리아 바이칼호수 주변에 사는 민족의 이름이다. 부리야트족은 지구상에서 가장 북쪽 지방에 사는 몽골족의 하나로 몽골공화국의 할하몽골족, 중국의 내몽골과 만주 동북 지구의 몽골족, 칼미크(오이라트)족 등과 언어, 역사, 거주 지역, 경제적 측면에서 서로 연관되어 있는데, 이 중 부리야트족은 소수에 속하며 1990년대 기준으로 약 50만 명 정도가 살고 있다. 바이칼호 동부에는 러시아의 부리야트 자치 공화국으로 독립된 공동체를 이루어 30만 명 이상이 살고 있으며 종교는 전통 샤머니즘과 불교가 대부분으로 불교적 요소가 많이 섞여 있고, 바이칼호 서부 지역과 남부 지역은 비교적 부리야트족의 토착 문화적 원형이 잘 보존된 부리야트 샤머니즘이 종교의 대세를 이루고 있다. 부리야트족의 기원은 잘 알려져 있지 않으나, 중세 때 칭기즈칸이 몽골족을 통일할 때 끝까지 저항했던 점으로 보아 고대부터 독자적으로 민족공동체를 형성해왔던 것 같다.
** 최남선은 천상계의 가장 높은 착한 신[善神]으로 묘사했으나, 최근 부리야트족 샤머니즘의 전승 신화집 ≪바이칼의 게세르신화≫를 국내 최초로 번역 소개한 양민종에 의하면 부리야트 천신 신화에서 아타―울란―텡게리는 지상의 인간들에게 불행을 가져다주는 사악한 존재들인 동쪽 하늘세계의 하

아타Ata―울란Ulan―텡게리Tengeri*는 부단히 가운데 나라, 즉 인간계의 상태를 시찰하여, 재액災厄 : 재난으로 고통을 받을 경우에는 신자神子 : 천신天神의 아들들을 하강下降시켜서 구제하신다는 신앙이 있는데 이것은 실은 불함문화권에 있어서의 오랜 전통적 신념으로서, 그 가장 오래된 징빙徵憑은 조선의 신전神典 : 천신에 관한 전적典籍에 보인다. ≪삼국유사三國遺事≫에 인용된 아마 '단군기壇君記'라고 생각되는 ≪고기古記≫에,

昔有桓國, 庶子桓雄, 數意天下, 貪求人世, 父知子意, 下視三危,
太伯可以弘益人間, 乃授天符印三箇, 遣王理之, 雄率徒三千,
降於太伯山頂神壇樹下, 謂之神市, 是謂桓雄天王也,
將風伯雨師雲師, 而主穀主命主病主刑主善惡,
凡主人間三百六十餘事, 在世理化. ……

◆ 풀이 : 옛날에 환국桓國**이 있으니 여러째 아드님 환웅이 항상

늘신(텡그리)들 마흔네 명의 조상이자 우두머리로 표현되고 있어 80년 전 최남선의 착오가 아닌가 추정된다. ≪바이칼의 게세르신화≫에 의하면 천상계 최상의 선신(善神)은 '한(Khan) 히르마스(Khirmas) 텡그리'로 인간세에 도움을 주는 서쪽 하늘세계 텡그리들의 대표 격이다.

* 부리야트족의 전통 종교이자 신앙인 부리야트 샤머니즘의 동쪽 하늘신들의 우두머리 이름. 아타(Ata)는 아타이(Atai)라고도 하는데, 부리야트어로 '아버지' 또는 '민첩한'의 뜻이고, 울란(ulan)은 '피처럼 붉은'의 뜻이며, 텡게리(Tengeri)는 부리야트 고어(古語)로 '하늘신[天神]'의 뜻으로, '아타―울란―텡게리'는 '붉은색을 지닌 동쪽 하늘신들의 아버지'로 해석된다. ― ≪바이칼의 게세르신화≫, 일리야 N. 마다손 채록, 양민종 옮김, 422쪽 참조.

** 종래의 ≪삼국유사≫ 판본에는 '환인(桓因)'으로 되어 있었다. 환인은 제석(帝釋)을 말하는데, 제석은 불교용어로 하늘의 수호신이며 이는 삼국유사의 저자가 고려 승려 일연(一然)이므로 이렇게 가필한 것으로 여겨왔다. 그러나 해방 후 발견된 정덕본(正德本 : A.D. 1506~1521년간의 인쇄본) ≪삼국유사≫에

천하에 뜻을 두고 인간세상을 욕심내거늘 아버님이 아들의 뜻을 알고 내려다 보매 삼위태백이 인간을 널리 이롭게 하기에 좋은지라. 이에 천부인 세 개를 주어 내려보내서 인간세상을 다스리게 하셨다. 웅雄이 무리 삼천을 데리고 태백산 꼭대기의 신단수 아래에 내려가서 여기를 신시神市라고 이르니 이 이가 환웅천왕이라는 어른이시다. 환웅천왕은 풍백風伯, 우사雨師, 운사雲師를 거느리고 곡식과 생명과 질병과 법률, 선악 등 무릇 인간의 360여 가지 일들을 맡아서 인간 세상에 계시며 다스리고 교화하였다. ……

가 그것으로서 이것도 많이 요약된 것이지만 여기에 ≪동명왕편東明王篇≫*과 ≪혁거세전赫居世傳≫**을 합해서 보면, 천天이 그 아들을 이 세상에 보낸 이유, 뒤집어서 말하면 천자天子 강탄降誕 : 하늘에서 내려와 탄생의 동기와 경로가 엿보인다. 또한 이 모체母體 설화의 갈래인 부리야트 소전所傳 : 전해오는 바의 어버이 에세게 말란Esege malan***

는 석유환인(昔有桓因)이 아니라 석유환국(昔有桓國)으로 되어 있어 논란을 일으킴. 환인은 일제의 조작이라 하여 육당도 정덕본 발견 이후에는 환국(桓國)을 채택, 단군조선을 환나라로 해석하였다. 최근 연구[성삼제, ≪고조선, 사라진 역사≫, 2005, 동아일보사, 158~196쪽 참조] 에 의하면 일제는 1920년대부터 ≪삼국유사≫ 변조에 들어가 환국(桓國)을 환인(桓因)으로 바꾼 판본들을 대량으로 국내에 유포시킨 것으로 드러났다. 1904년 일본 동경제대(帝大)에서 간행된 ≪삼국유사≫와 1903년 서울 명문당 간행본, 고려대 소장 만송본 등에는 모두 '환국(桓國)'으로 표기되어 있다.

* 고려 때 문장가 이규보(李奎報 : 1168~1241년)가 지은 고구려 시조 동명성왕 일대기. 민족영웅의 탄생과 성장에 관한 당대의 전승 신화 내용들을 풍부히 담고 있다. 여기서 동명왕은 천제(天帝)의 아들로 나온다.

** 신라의 시조인 박혁거세의 전기를 말하는데 ≪삼국유사≫에 '신라시조(新羅始祖) 혁거세왕(赫居世王)'이란 제목으로 나오고, ≪삼국사기≫ 제1권 신라본기 맨 처음에 '시조 혁거세거서간(赫居世居西干)'으로도 나온다.
여기서는 이 두 자료를 모두 의미하는 것 같다.

의 명을 받은 아홉 형제 중의 한가운데 아들 게실 보그도Gesil Bogdo*가 혼란과 재액災厄의 만가트시스Mangathsis**에 강림하는 설화와 일

*** '에세게(Esege) 말라안(Malaan) 텡그리'로도 불린다. 부리야트 천신(天神 : 텡그리) 계보에 의하면 최고신인 '후헤(Khukhe) 문헤(Munkhe) 텡그리(Tengri)' ― 영원한 푸른 하늘 : 그는 신들이나 인간들에게 드러나지 않으며 영원 전부터 영원 후까지 존재하는 푸른 하늘의 이미지이다. 캄차트카 반도부터 시베리아 바이칼호수를 거쳐 중앙아시아 키르기스와 카자흐스탄에 이르는 동북아시아 샤머니즘세계의 주신(主神)이다. ― 의 아들로서 '에세게'는 아버지를 뜻하고 '말라안'은 현명하다는 의미이다. 바이칼 지역에서는 긴 수염을 드리운 산신령 모습의 인자한 할아버지로 조각된 장승으로 형상화되어 있다. 인간과 신의 세계에 직접 관여하지 않는 '후해 문헤 텡그리'의 속마음을 전달하는 중개자 역할을 수행하며, '한 히르마스'를 포함한 서쪽 하늘신들의 아버지이다.

* 게실(Gesil)은 아바이 게세르(Abai Geser)를 뜻하고, 보그도(Bogdo)는 부다(Buddha : 부처)를 표현한 것으로, 게세르 신화의 주인공 '아바이 게세르'를 중세 이후 티베트 라마교의 세례를 받은 부리야트족과 할하몽골족들이 불교의 주인공 불타(佛陀 : Buddha)에 비견하여 지은 이름이다. 부리야트어 '아바이'는 함경도 방언 '아바이'처럼 선조(先祖) 또는 아저씨, 아버지의 뜻이고, '게세르'는 정확한 뜻과 유래가 자세히 밝혀진 바 없으나 대체로 '지상에 강림한 하늘신'의 뜻으로 알려져 있다. ≪바이칼의 게세르신화≫에 의하면 아바이 게세르의 하늘세계의 원래 이름은 '벨리그테(Belligte)'였다. '한 히르마스'의 세 아들 중 둘째인 벨리그테는 아버지의 명령을 받고 도탄에 빠진 인류를 구원하기 위해 인간의 몸으로 지상에 태어나는데, 소년기의 이름은 '뉴르가이(Nurgai)'였으며 인류 구원의 전쟁에 출정하면서 하늘로부터 받은 이름이 '아바이 게세르'이다. 이 점 또한 최남선이 '에세게 말란'의 아홉 아들 중 가운데 아들인 게세르에게 지상으로 내려갈 것을 명령했다는 서술과 차이가 난다. 아무튼 최남선이 당시 1920년대 초의 최신 시베리아 민속종교자료로서 바이칼 지역의 부리야트 샤머니즘 전승 신화인 ≪게세르 이야기≫를 깊이 분석하고 한민족 고유 전승 신화의 대명사인 ≪단군 이야기≫와 비교 연구하여 그 모티프의 동질성을 찾아내어 제시한 점이 그저 놀라울 뿐이다.

** 만가타이(Mangatai) 혹은 만카트하이(Mangadkhai)로 불림. 시베리아 부리야

본에 전해오는 바, 어버이 천진국옥신天津國玉神 : 아마쓰쿠니타마노카미 アマツクニタマノカミ*의 명을 받은 천약일자天若日子 : 아마와카히코アマワカヒコ**가 "낮에는 오월의 파리 떼처럼 들끓고 밤에는 화옹火瓮 : 불항아리처럼 빛나는 신神이 있어, 돌부리, 나무들, 물거품까지도 말을 하는 소란한 나라니라" — 출운국조出雲國造***의 신하사神賀詞****에 나

트 몽골족의 ≪게세르 신화≫에 나오는 괴물. 언제나 인간들에게 적대적이며 사악한 일을 벌이는 괴물의 모습으로 나옴. 헤아릴 수 없을 정도로 많은 머리를 가졌고 인간과는 숙명적으로 대결을 벌이는 신화 속의 사악한 거인. 만가트하이(Mangadkhai)는 부리야트를 비롯한 바이칼호수 인근 지역에 거주해 온 종족의 이름에서는 발견되지 않는 특이한 이름으로서, 발다예프(Baldaev)를 비롯한 부리야트인 신화연구자들은 몽골어로 괴물을 뜻하는 망구스(Mangus)에서 유래한 것으로 추정함.
만카트하이는 이민종족 혹은 이방인으로 이해되며 몽골족을 지칭하기도 한다. — 일리야 N. 마다손 채록, 양민종 옮김, ≪바이칼의 게세르신화≫, 솔, 2008, 427쪽 — 손진태가 1909년에 나온 J. Curtin의 ≪남부시베리아 여행A Journey in Southern Siveria≫에서 발췌해 일본어로 옮긴 부리야트 신화에도 '만가타이(Mangatai)'의 이름으로 나온다. — 손진태, ≪조선민담집≫, 동경 : 향토문화사, 1930, 부록 43~47쪽.

* 다카마노하라(高天原)라는 천상계의 국혼(國魂)의 신으로 지상계의 신과 대칭된다. ≪고사기(古事記)≫ 상권(上卷)에 나오는 이름.

** '아메노와카히코'로도 읽음. 천상계의 젊은 남자라는 뜻. ≪고사기≫ 상권에 나온다.

*** 이즈모노쿠니노미야쓰코. 이즈모(出雲)의 국조(國造 : 쿠니노미야쓰코). 쿠니노미야쓰코(國造)란 지방의 수장(首長)에게 세습적으로 주어지는 카바네(姓)로 호족(豪族)이 임명되었다. 독립되어 있던 지방 군주가 조정에 나라를 바치고 받는 지위. 여기서는 오호쿠니누시노카미(大國主神)를 뜻한다.

**** '간요고토(神賀詞)'라 하며 신화(神話)의 뜻. ≪일본서기(日本書紀)≫ 제1권 신대(神代) 제9단 1서(書)에 나옴. 천상계의 주재자격 천신(天神)인 고황산영존(高皇産靈尊)이 여러 신(八十諸神)에게 말한 것으로 되어 있다.

옴 ─ 라고 언급한 위원중국葦原中國*에 강림하는 설화와 대조하면 한층 명료하게 신화의 의미소재가 간취看取 : 보고 얻어짐될 것이다.

천명天命 : 하늘의 명령, 천명天明 : 하늘의 밝음, 천도天道 : 하늘의 도, 천위天威 : 하늘의 위엄 등이라 하여, 수천 년간 학자들의 분의紛議 : 분분한 토의의 대상이 된 중국에서의 왕권원론王權原論도 불함계不咸系 고대전설의 한 편린片鱗으로 보여 흥미롭다.

학술과 정치, 종교 일체에 긍亘 : 널리 뻗침하여 일관한 핵심을 이루는 바의 천天이 중국 사상 및 중국인의 생활에 있어서 얼마나 중요한 것인가는 새삼스레 말할 필요가 없으나, 이 천天이란 것의 의식意識 및 호칭은 대개 불함문화 계통으로부터 물려받은 것으로 생각된다.

천天은 전顚, 정頂, 등登, 단壇과 통하여 고高의 뜻에서 인도된 꼴形과 뜻義인데, 티엔Tien 또는 탄Tan이란 그 소리音는 흉노어匈奴語의 탱려撐犁 : 텡그리의 음사音寫, 몽골어 및 터키어 탕그리Tangri, 텡게리Tengeri와도 관련 있을 것으로서, 아마도 배천자拜天者 : 하느님을 숭배하는 자 ; Heaven-Worshiper인 불함계 원주민 혹은 잡거민雜居民 : 여러 종족의 거주민에게서 계승하여 외국어가 중국화 되는 경우에 흔히 보이는 예와 같이 두음頭音만으로 단철화單綴化 : 단일 철자가 됨한 어형語形일 것이며, 천天과 뜻이 통하는 대大, 태泰, 태台, 내지 제帝 등은 그것이 또다시 간략화된 것이리라. 중국에서 천天을 신격적神格的으로 호칭할 경우에,

---

* 천상계 고천원(高天原)에 대응하는 지상의 중심국. 오호쿠니누시노카미(大國主神)이 만들었다.

154 불함문화론

① 태일太一
- ◆ 출전出典 : ≪회남자淮南子≫* 천문훈天文訓
- ◆ 원문 : 太微者太一之庭也, 紫宮者太一之居也.
- ◆ 풀이 : 태미太微는 태일太一 : 하느님의 뜰이요, 자궁紫宮 : 자미궁紫微宮 또는 자미원紫薇垣이라 함은 태일太一의 거처하는 곳이다.

② 천극天極
- ◆ 출전 : ≪한서漢書≫ 천문지天文志
- ◆ 원문 : 中宮天極星其一明者, 泰一之常居也.
- ◆ 풀이 : 중궁中宮 : 중천中天 또는 자미궁紫微宮, 자미원의 천극성天極星 : 북극성北極星 그 하나의 밝은 곳이 태일太一 : 하느님, 텡그리이 늘 거처하는 곳이다.

③ 태일泰一
- ◆ 출전 : ≪한서漢書≫ 교사지郊祀志
- ◆ 원문 : 亳人謬忌, 奏祠泰一方, 曰天神貴者泰一, 泰一佐曰五帝.
- ◆ 풀이 : 박인亳人 : 은나라 서울 사람은 잘못됨을 꺼려하여 태일泰一 : 하느님이 계시는 쪽에 제사를 지내며 아뢰기를, 천신天神 : 하느님의 존귀함은 태일泰一이요, 태일을 보좌하는 것은 오제五帝라 하였다.

④ 천황天皇
- ◆ 출전 : 장형張衡 ≪사현부思玄賦≫
- ◆ 원문 : 覯天皇於瓊宮.

---

* B.C. 2세기에 회남왕(淮南王 : 한고조 유방의 손자) 유안(劉安)이 그의 빈객(賓客)들과 함께 지은 책으로 도가(道家), 유가(儒家), 법가(法家), 음양가(陰陽家), 병가(兵家) 등 제반 학설을 다루고 도가를 중심으로 한 우주론과 현실 생활, 기술, 각지의 풍속, 지리 및 고금의 신화, 전설까지 다룬 백과전서식 고전이다.

◆풀이 : 옥으로 장식한 아름다운 궁전에서 천황하느님을 뵙다.

등이 있고 그 권화權化 : 천신天神의 화신라 하는 천자天子에 대군[大君 : ≪역易≫에 나옴], 대가大家, 천가[天家 : ≪독단獨斷≫에 나옴]의 별칭이 있으며 후세 도가道家에서 천天을 기계화器界化 : 형태가 있는 지역으로 부름)여 일컬을 때에 대라大羅, 단구丹丘, 청구靑丘, 혁현赫縣이라 일컬어졌고, 중국의 민간신앙에서 천天을 대표함에 북두北斗로서 함이 통례인데, 두斗에 태일太一, 태을太乙, 천극天極, 천황天皇과 한가지로 천강天罡, 두군斗君의 명칭이 있으므로 우리가 천天의 본생本生 : 원형으로서 탕그리Tangri나 텡게리Tengeri 또는 그 류어類語 : 같은 종류의 말을 상상함이 그다지 무리가 아님을 알 수 있다.

그리하여 태산泰山을 천시天視 : 하늘처럼 봄하여 망질望秩*, 봉선封禪 : 황제가 하늘에 제사지내는 것 등의 성대한 의식으로서 태산을 통하여 천天에 고사告謝 : 감사를 고함의 정성을 베푸는 것이 동이東夷 배천拜天 : 하느님을 경배함의 유풍遺風일 것임을 생각하면 중국인의 「천天」에 관한 이론 및 실제가 불함문화로부터 영향을 받았음을 알 것이다.

천제天祭 : 하늘제사를 체禘**라 하고 그 제단을 태泰라 일컫는 것도 아울러 생각해봐야 할 것이다.

---

* 섶을 태우며 멀리 산천의 신에게 제사지냄.
** 황제가 시조를 하늘에 배향(配享)하는 큰 제사.

| 불 함 문 화 론　不 咸 文 化 論 |

제15장 • 복희씨伏羲氏와 제帝 요순堯舜

천天과 탕그리Tangri와의 원류 관계를 가장 구체적으로 표상해주는 것으로서 복희伏羲: 포희包犧, 포희炮犧, 복희宓犧신화를 들 수 있다. 복희는 천상신天上神인 삼황三皇* 다음으로 인계신人界神의 시조가 되어 일체 인문人文의 창시자가 된 두출頭出: 맨 앞에 나옴의 「제帝」— 천자天子, 천天의 대표자 — 로서 단군壇君이나 게실Gesil Bogdo 같은 지위의 존재인데,

≪한서漢書≫ 율력지律曆志 하下에

「太昊帝易曰, 炮犧氏之王天下也言 炮犧繼天而王爲百王先 ……」
◆ 풀이: 태호제역에 써 있기를, 포희씨가 천하의 왕 노릇을 하였으니 포희는 하늘을 계승한 왕이며 모든 왕들의 선조가 되었다……

라는 구절이 나온다.

---

* 여기서는 천황(天皇), 지황(地皇), 인황(人皇)을 말하며 인격신(人格神)은 아니다.

그 설화소說話素를 보면 진震: 동방에서 유래했었다고 하며, 거처가 동방에 있다고 하며, 봄을 관장하여 태양의 광명을 형상하였다고 하며, 희생犧牲: 하늘제사에 바치는 소의 시조, 복서卜筮: 점占의 시초라고 하여 어느 것이나 붉părk적인 연원을 연상케 하는 것뿐으로서, 더욱이 그 제호帝號는 태호太皥: 太昊라 하여 탕그리Tangri: 대갈Taigăr와의 일치를 보이고 있다.

그뿐 아니라, 그 성姓을 풍風이라 하고 씨호氏號: 씨족의 호칭는 복희라 하여 명백히 붉părk 신모神母: 신령스런 어머니가 광명에 감응하여 잉태해서 낳았다는 붉계系 감생담感生談도 전하고 있다. 일설에는 신모가 대인大人의 자취를 느꼈다는 내용이었는데 이 대인大人 또한 동이東夷: 이夷=大弓人에서 유래함을 암시하는 것으로도 보인다.

이와 같이 대갈Taigăr과 붉părk과의 전형적 두 칭호와 그 부수적 사실들을 아울러 갖춘 태호복희씨太皥伏羲氏: 대갈밝Taigăr-părk는 배천拜天 ― 더욱이 태양을 천주天主로 한 하늘숭배자였던 동이東夷에 의해 전래한 오랜 설화 형태이니 우선 단군의 중국적 일별전一別傳: 하나의 다른 전승으로 보아 무방할 것이다.

중국 상대上代: 상고시대의 인문적 일대 영웅으로 동이인東夷人이라고 여겨온 순舜임금의 전설에 전해진 명구名句: 유명한 구절가

「名重華字都君, …… 始遷於負夏, 販於頓丘, 債於傅虛, …… 崩於鳴條, 葬於蒼梧.」

◆ 풀이 : 이름은 중화重華이고 자字는 도군都君이며…… 처음 부하負夏*에서 이사하기 시작하여, 돈구頓丘에서 장사했으며, 부허傅

---

* 산동성 곤주(袞州) 북쪽의 읍.

虛에서 빛을 졌고, …… 명조鳴條에서 돌아가셨으며, 창오蒼梧*에서 장례를 치렀다.

처럼 오로지 탕그리Tangri적인 것뿐으로서 그 덕德은 「열풍신뢰불미烈風迅雷弗迷 : 열렬한 바람이요 신속한 천둥과 같이 혼미하지 않았다」─ ≪제왕세기帝王世紀≫** 출전出典 ─ 라고 하였고 순舜이란 그 글자도 전형篆形 : 전서篆書의 모습으로 𦮙이고 고문古文으로는 𡴂, 𡴆, 𡴄로 중화重火 : 불을 거듭 내다. 즉 다시 불을 밝힌다는 뜻에 따른 글자로서 우리가 보는 바로는 자형字形이 이미 광명의 뜻에서 인도되었음이 명백하며 음音의 서윤절舒閏切 : 서와 윤의 절음으로 '슌' 또한 서曙, 성晟, 선鮮, 신新 등의 유연類緣으로서 일광日光 관계의 것인 듯하고, 시법諡法*** ─ ≪독단獨斷≫ 및 ≪사기史記≫ <오제본기五帝本紀> <주인안注駰按> ─ 에서도 인성성명왈순仁聖盛明日舜 : 어질고, 성스럽고, 융성하며, 밝은 것을 순이라 한다이라 하였음 등에 의해 대체로 텡그리Tengri 또는 붉park적인 증적을 징徵할 것이며, 아울러 이에 의해 중국에 전한 동이계東夷系 고어古語의 변화 통형通型 : 유통되는 모습을 고찰할 수 있을 것이다.

더욱 나아가서 우리들은 중국신화의 원두源頭 : 첫머리에 소급하여 명백한 붉park 전승을 지적할 수 있다. 중국의 개벽開闢설화가 이미

---

* 호남성 남부와 광서성 동북부와 광동성 서북쪽 일대.

** ≪안씨 세기(安氏世紀)≫ 또는 ≪인류역사≫라고도 함. 고대 이족(彝族 : 중국 사천성과 운남성의 경계에 잇는 귀주성과 광시성의 산악 지역에 사는 소수민족. 언어는 티베트·버마어계인 이어彝語 사용)의 문자로 쓰인 고서를 번역한 책. 귀주(貴州) 수서(水西) 안씨의 종족계보로 반고(盤古)와 이족의 시조로부터 역자까지 모두 120대를 기록함. 샤먼[巫師]의 구전(口傳)으로부터 나온 것이 많이 있어 역사적 신빙성은 별로 없음. 1935년에 출간.

*** 옛날에 시호(諡號)를 의논하여 정하던 법.

그것인 것이다.

≪오운역년기五運曆年記≫*에 의하면,

「元氣鴻濛, 萌芽滋始, 遂分天地, 肇立乾坤, 啓陰感陽,
分布元氣, 乃孕中和, 是爲人也, 首生盤古, 垂死化身,
氣成風雲, 聲爲雷霆, 左眼爲日, 右眼爲月, 四肢五體爲四極五嶽,
血液爲江河, 筋脈爲地里, 肌肉爲田土, 髮髭爲星辰, 皮毛爲草木,
齒骨爲金石, 精髓爲珠玉, 汗流爲雨澤, 身之諸蟲, 因風所感,
化爲黎氓.」

◆ 풀이 : 태초에 원기가 홍몽하니 혼돈 속에 있었을 때 생명의 싹은 이미 그곳에서 자라기 시작했으니, 이에 하늘과 땅이 나누고 비로소 하늘과 땅이 처음으로 세워졌다. 음과 양을 열어젖히고 느껴서 원기를 나누어 배치하니 곧 중화中和의 기운을 잉태한지라 이것이 바로 사람이 되었다. 맨 처음 '반고'가 태어났고, 죽은 뒤에 몸이 변해서 숨쉬던 기운은 천지의 바람과 구름이 되었고, 목소리는 격렬한 천둥소리로 바뀌었으며, 왼쪽 눈은 해가, 오른쪽 눈은 달이 되었고, 사지와 다섯 몸뚱어리는 동서남북극의 사극四極과 동서남북 중의 오악五嶽 : 다섯 산이 되었고 피는 강과 하천으로 바뀌었고, 힘줄과 혈맥은 땅위의 작은 동네들로, 살가죽과 살은 밭흙으로 변했으며 머리카락과 코밑수염은 별들로, 정액과 골수는 빛나는 구슬옥으로, 흐르던 땀은 비와 연못으로, 몸속의 모든 벌레들은 각기 느끼는 대로 바람 따라 온갖 백성들로 변해버렸다.

* 중국 삼국시대(A.D. 220~280년경) 오(吳)나라의 학자 서정(徐整)이 지은 책. 반고신화(盤古神話)의 출전(出典). 유실되어 전하지 않고 송(宋)나라 때 편찬된 백과전서 ≪태평어람(太平御覽)≫과 청(淸)나라 마숙의 ≪역사(繹史)≫에 이 책의 일부 내용이 인용됨으로써 알려졌다.

이라 하여 중국에서도 소위 거인화생巨人化生 : 거인이 변화하여 온갖 생명체들을 탄생시킴설화로써 우주의 창성創成 : 창조을 설명한다. 반고신화는 그 모티브가 이미 그러하거니와, 명칭 역시 인도의 푸르샤, 북유럽의 오딘빌리와 베를 합하여과 유사함을 보여주고 있다. 그리하여 우리의 견해로서는 이들을 통틀어서 그 총기원을 발Par 또는 붉은 Pärkăn에서 구해야 할 것이다. 반고가 한漢민족 전유專有의 것이 아님은 ≪후한서後漢書≫ 남만南蠻 서남이西南夷 열전列傳 소재所載 : 실려 있는바의 반호槃瓠전설*과 ≪술이기述異記≫** 소재의 남해중南海中 반고국盤古國전설***에 의해 알 수 있다. 반고 다음에 천황天皇, 지황地皇,

---

* ≪후한서≫ 86권 남만 서남이 열전 제76장에 실려 있다. 전설의 내용은 상고시대 고신씨(高辛氏 : 제곡帝嚳)가 임금 노릇할 적에 서쪽 오랑캐 견융(犬戎)의 침입이 많아 제곡이 나라 전체에 영을 내리기를 견융의 장수 오(吳)장군 목을 베어오는 자에게 황금 천일(千鎰)과 소녀를 배필로 주겠다 하였는데, 제곡이 궁궐에서 키우던 오색 털이 나는 '반호'라는 개가 그 오장군의 목을 가져다 바쳤다는 것이다. 임금과 신하들이 매우 기뻐했으나, 사람이 아닌 개에게 황금과 특히 소녀를 배필로 줄 방도가 없어 고심했다. 한편, 이 소식을 들은 그 소녀가 왕에게 말하기를 임금의 영(令)은 믿음이 있어야 하므로 약속대로 자신이 반호의 아내로 가겠다고 자청하여 드디어 반호개는 소녀를 아내로 얻어 등에 태우고 남산(南山)으로 들어갔다. 그 후 제곡이 이를 슬퍼하여 신하를 보내 알아보았더니, 인적 없는 깊고 험한 산속의 대형 석실(石室 : 동굴) 안에 반호와 그 소녀가 부부 인연을 맺어 이미 12명의 남녀 자식을 두고 잘 살고 있더라는 것이다. 반호가 죽은 후 이 6남 6녀의 자식들이 서로 결혼하여 자손이 엄청 불어났는데, 이들이 소위 남만(南蠻)의 서남이(西南夷)족이 되었다는 전설이다. 현재의 중국 양자강 이남 호남성의 장사(長沙), 무릉(武陵), 여강(廬江) 지역이다.
— 원문 대조 : http://cafe.daum.net/mookto에서 <사료보관실> → 중국 25사 중 <후한서> 클릭.
** 중국 남조(南朝)시대 양(梁)나라의 임방(任昉)이 편찬한 민간설화집.
*** 원문과 풀이는 다음과 같다.

인황人皇 등 삼황三皇이란 것이 잇달아 설명되고 인황에 의해 인문적 활동을 볼 수 있는데 곧 천天으로서 나와서 인세人世를 치리治理 : 이치에 맞게 다스림한다고 되어 있다.

황皇은 ≪독단獨斷≫의 문文을 빌면,

「皇者煌也, 盛德煌煌, 無所不照.」
◆ 풀이 : 임금 황자란 빛날 황의 뜻이다. 성대盛大한 덕이 번쩍번쩍 빛나서 비추지 않는 곳이 없다는 의미이다.

◆ 원문 : 昔盤古氏之死也. 頭爲四嶽, 目爲日月, 脂膏爲江河, 毛髮爲草木. 秦漢問俗說, 盤古氏頭爲東岳, 腹爲中岳, 左臂爲南岳, 右臂爲北岳, 足爲西岳, 先儒說, 盤古氏泣爲江河, 氣爲風, 聲爲雷, 目瞳爲電. 古說, 盤古氏喜爲晴, 怒爲陰, 吳楚問說, 盤古氏夫妻, 陰陽之始也. 今南海有盤古墓, 亘三百餘也. 俗云後人追葬盤古氏魂也, 桂林有盤古氏廟, 今人祝祀. 南海中盤古國, 今人皆以盤古爲姓. 昉案, 盤古氏, 天地萬物之祖也, 然則生物始于盤古.

◆ 풀이 : 옛날 반고씨가 죽어서 머리는 네 개의 산이, 눈은 해와 달이, 기름은 강이, 모발은 초목이 되었다. 진나라와 하나라 무렵의 속설에 의하면 반고씨의 머리는 태산(泰山), 배는 숭산(嵩山), 왼팔은 형산(衡山), 오른팔은 항산(恒山), 발은 화산(華山)이 되었다고 한다.

옛날의 학자가 말하기를, 반고씨의 눈물은 강, 기운은 바람, 소리는 우레, 눈동자는 번갯불이 되었다고 한다. 옛말에 이르기를 반고씨가 기뻐하면 날이 맑고, 성을 내면 흐리다고 한다.

오나라 초나라 일대에서는 반고씨 부부가 최초의 남녀라 말한다. 지금 남해군에는 반고의 묘가 있는데, 3백 리에 뻗쳐 있다. 속설에는 뒷사람이 반고의 넋을 기려 장사지낸 것이라 한다. 계림에는 반고씨의 사당이 있어 지금도 사람들이 제사를 드린다. 남해군 지역에는 반고국이 있는데 지금 그나마 사람들은 모두 반고로서 성을 삼고 있다. 내가 생각건대, 반고씨는 천지만물의 조상이다. 그런즉 생명 있는 것들은 반고에게서 기원한 것이다.

라 하였고, 한편

「帝者諦也, 能行天道, 事天審諦.」
◆ 풀이 : 임금 제자란 진리 체란 뜻이다. 즉 능히 하늘의 도를 행하고 하늘을 섬기고 우주의 진리를 살핀다는 뜻이다.

라 한데 비추어보아 제帝가 텡그리Tengri 계통을 이름과 같이 황皇은 붉părk계의 존칭을 표현하고 있음을 인정할 수 있다.
― ≪회남자淮南子≫ 본경훈本經訓의 「帝者體太一 : 임금 제란 하늘의 '태일' 성星을 본체로 한다」을 참조.
황皇은 ≪설문說文≫ ― 일一의 상上, 단주본段注本*에 의함 ― 에 의하면

「皇大也, 从自王, 自始也, 始王者三皇, 大君也, 自讀若鼻, 今俗以 作始生子爲鼻子, 是也.」
◆ 풀이 : 황皇이란 위대하다는 뜻이다.** 비왕自王, 즉 처음으로 왕 노릇함에서 글자의 뜻이 나왔는데, 비自란 맨 처음이란 시始의 뜻으로 처음 왕 노릇한 자는 삼황三皇이며 대군大君 : 큰 임금이다. 비自는 비鼻처럼 소리 내 읽는데 오늘날 세속에서 처음 얻은 아들을 '비자鼻子'라 함이 이것이다.

---

* 청(淸) 단옥재(段玉裁)의 ≪설문해자≫ 주석서.
** 황(皇)은 비(自)+왕(王)의 회의(會意) 글자에서 나왔는데 비(自)는 시초, 맨 처음을 뜻한다. 맨 처음 왕 노릇을 한 사람은 삼황(三皇)으로 ≪상서대전(尙書大傳)≫, ≪백호통(白虎通)≫에 의하면 복희(伏羲), 신농(神農), 수인(燧人)이고 정현(鄭玄), 황보밀(皇甫謐)에 의하면 복희, 신농, 여와(女媧)인데 이들은 모두 위대한 임금님들이었다.

라 하여, 비왕自王의 의미에 출처를 두고 대大와 시始의 뜻을 표현한 것이라 하나, 이것은 진대秦代 : 진나라 때 이후의 소전小篆*의 와형訛形 : 와전된 형태에 의해 그릇된 견해로서, 종정이기鐘鼎彝器**에 보인 황皇 자의 고형古形으로는 흔히 ☒으로 되어 있어 비自에도, 왕王에 도 관계가 없고 글자 윗부분의 ☒은 중실中實 : 가운데 속을 빼어버리 고 ☒으로도 만들며호숙편종虢叔編鐘*** 머리 위의 세로획을 증가하여 ☒, ☒으로 만들어서풍혜즉돈豊兮卽敦 등等**** 점점 더 비自와는 풍마우風馬牛*****임을 보이고 있으므로, 비왕自王에 종从한 것으로 하여 이루어 진 종래의 해석은 개정되어야 한다. 우리의 보는 바로는 ☒, ☒, ☒ 의 머리 획은 태양의 광망光芒 : 광선을 표현한 것으로서 모두 빛나는 태양의 표상이며, 토土 : 또는 ☒는 그것을 존귀하게 하는 기대基臺 : 기반를 표시한 것으로서 태양 그것이면 대지를, 표상물이면 제단 같 은 것을 말한다.

 모든 것이 광명체, 즉 태양 특히 종교적 대상으로서 태양을 표현 한 것인 듯 하다. 황皇이 원래 ☒, 즉 일日 자를 중심으로 하여 생

---

* 중국의 진시황 때 이사(李斯)가 대전(大篆)을 간략히 변형해 만든 글씨체.
** 종과 솥 등의 나라 제사에 쓰이는 제구(祭具).
*** 호숙【虢叔 : 호 아저씨. 여기서 호는 《산해경》 대황동경(大荒東經)에 나오는 신화적 인물로 사람 얼굴에 새의 몸을 갖고 있다. 《강희자전(康熙字典)》에는 발음을 알 수 없다 하였다】이 편종(編鐘 : 중국 고대 은나라 때 제사 악기 요연鐃演이 변화되어 주周나라 중엽 악기로 사용된 종)에 나온다는 뜻.
**** 고대 중국의 청동 그릇에 새겨진 명문(銘文)으로, 인용된 고문자의 출처를 의미한다.
***** 전혀 관계가 없음. 원래 풍마우불상급(風馬牛不相及)으로 암내나는 말이나 소가 짝을 구하나 멀리 떨어져 있어 서로 미치지 못함을 의미한다.

긴 상형象形과 회의會意를 겸한 문자임은 의심할 여지가 없다고 생각한다. 단 ≪설문說文≫ 또는 그 이전부터의 전통적 해석이었을 대지大地라든가, 대군야大君也라든가도 반드시 근거 있는 것으로서 따로 고찰할 필요가 있는 점으로 생각한다.

또, ≪독단獨斷≫에 의거하건대,

「上古天子 庖羲氏, 神農氏, 稱皇, 堯舜稱帝 ……」
◆ 풀이 : 상고시대의 천자인 포희씨와 신농씨는 황皇이라 일컬었고, 요와 순임금은 제帝라 일렀다. ……

라 하여 황皇은 특히 포희庖羲와 신농神農의 칭호요, 제帝는 특히 요순堯舜의 칭호로 되어 있는데, 중국 상고시대의 황제라 함은 이들을 신화적으로 해석하여 그러하다 한다면 황皇인 포희씨는 그 이름에서, 신농씨는 염제炎帝, 즉 태양신으로서 농업신을 겸한 그 뜻으로 볼 때 분명히 붉părk의 증적을 남기고 있으며, 제帝인 요堯는 그 자형字形이 고원高遠 : 높고 멀음을 의미하고 - ≪설문說文≫에 나옴 - 그 이름인 방훈方勳이 붉은 Părkăn과 유연類緣의 것이며 - ≪대대례大戴禮≫*, ≪사기史記≫**에 보임. -

* ≪대대례기(大戴禮記)≫를 말한다. 13권 85편의 경서(經書)로 전한(前漢)시대 대덕(戴德)이 편찬. 진한(秦漢) 이전 유가(儒家)의 예(禮) 해석과 경문(經文)을 보충하는 자료들로 이루어짐. 유가 삼경(三經) 중의 하나인 ≪예기(禮記)≫는 '소대례기'라 하는데, 지은이 대성(戴聖)이 대덕보다 손아래이므로 그리한 것이다.
** 중국 최초의 기전체(紀傳體) 통사(通史)로 전한시대 사마천이 편찬. 원래 명칭은 ≪태사공서(太史公書)≫로 총 130편. 황제(黃帝) 때부터 전한무제 천한 연간(天漢年間 : B.C. 100년~A.D. 97년)까지 약 3,000년의 역사를 서술함. 본기

그 성덕性德 : 덕성이

「其仁如天, 其知如神, 就之如日, 望之如雲, 富而不驕, 貴而不舒, 黃收純衣, 彤車乘白馬, 能明以親九族, 九族旣睦, 便章百姓, 百姓昭明, 合和萬國.」

◆ 풀이 : 그 인자함은 하늘과 같았고, 그 알음알이는 신神과 같았으며, 사람들은 마치 태양처럼 그에게 나아갔고 구름을 보듯이 그를 우러러 보았다. 그는 부유하되 교만하지 않았고 귀해져도 나대지 않았으며, 누런 모자와 비단옷을 입고 백마가 끄는 붉은 수레를 탔다. 그는 덕을 밝혀서 구족九族*을 친하게 하였고, 구족이 화목해지자 백성의 직분을 분명히 하였고, 백성의 직분이 환히 밝혀지니 온 나라가 화합하였다.

◆ 출전 : ≪사기史記≫ 오제본기五帝本紀

이라든가

「光被四表, 格于上下.」

◆ 풀이 : 광명이 사방으로 퍼져 나갔으며, 하늘과 땅이 닿았다.

◆ 출전 : ≪서경書經≫ 요전堯典

라든가, 그 업적이

「欽若昊天, 歷象日月星辰, 敬授人時.」

◆ 풀이 : 넓은 하늘을 삼가 따르게 하시고, 해와 달과 별들을 관찰하여 삼가 사람들에게 씨 뿌리고 거둬들일 때를 알려주도록 하

(本紀), 세가(世家), 열전(列傳), 서(書), 표(表)의 다섯 부분으로 이루어졌다.

* 고조(高祖), 증조(曾祖), 조(祖), 부(父), 자신, 자(子), 손(孫), 증손(曾孫), 현손(玄孫)의 9대 동족(同族)을 말한다.

셨다.
◆ 출전 : ≪서경書經≫ 요전堯典

라든가 함에서 순舜은 그 자형字形과 자음字音 및 앞서 기술한 여러 가지 명구名句에서 각기 태양신太陽神 또는 그 같은 종류, 또는 그 탈화물脫化物 : 거기서 벗어난 존재인 것으로 볼 수 있을 것이다. 그리하여 그것이 태양신, 즉 천제天帝요, 붉pårk과 텡그리Tengri 계통의 이름을 가지고 있음으로써 그 동이계東夷系, 즉 불함계不咸系의 옛 전설 및 신앙과 관련 있음을 생각할 수 있다.

제帝 자의 천天, 더욱이 동이어東夷語의 천天을 의미하는 말인 텡그리Tengri와 대갈Taigăr과 계속된 인연임은 그 형形과 음音과 의義 : 뜻의 어느 방면으로도 췌마揣摩*할 수 있다.

그 전형篆形 帝는 윗부분의 二**로서 지고무상至高無上 : 지극히 높아 위가 없음을 표현하고 아래의 朿으로 테te 또는 텍tek의 음音이 나오는 것이니, 제帝 음부音符 : 음표音標의 글자는 자刺, 칙敕 : 勅, 책責, 적適의 예로 알 수 있음과 같이 입성入聲 K를 수반하는 것이 본의本義인 듯함과, 중국에서의 해성적諧聲的*** 자의字意 : 글자의 뜻에 탁卓 : 높을, 뛰어난, 탁逴 : 요원함, 작綽 : 너그러움, 탁倬 : 클, 탁晫 : 밝을, 환한 모양 작焯 : 밝을, 빛날, 작綽 : 늘어질, 더딜, 탁濯 : 씻을, 빛날, 탁擢 : 뽑을, 뛰어날, 척倜 : 기개 있을, 높이 들거나 올릴, 덕德 : 클, 도덕, 정의, 이익, 은혜를 베품, 적嫡 : 아내, 맏아들, 적逖 : 요원함, 독督 : 살필, 독纛****, 작灼 : 태울, 밝을, 작皏 : 흰색, 깨

---

* 자기 마음으로 남의 마음을 헤아림.
** 춘추시대 이전의 고대한자인 고문(古文)에서 위 상자(上字)에 해당.
*** 형성적(形聲的). 육서(六書)의 하나로 두 글자로 새 글자를 만드는데 한쪽은 뜻을, 한쪽은 소리를 나타낸다.

끗함, 적積 : 쌓을, 적蹟 : 밝을, 디딤의 예로서 알 수 있음과 같이 탁tak, 적tiök 같은 종류의 발음에는 고대高大 : 높고 큼, 광명光明을 의미하는 일이 많은 것으로 유추類推해볼 때, 같은 고대高大, 광명의 뜻을 가진 제帝 자에 탁tak 같은 종류의 발음이 있었다고 함은 무리가 아니다.

그리하여 만약 제帝 자에 탁tak의 옛 발음이 있음이 사실이라면, 그것이 동이어東夷語에 교섭이 없을 수 없음을 알 수 있고, 조선의 고어古語에 천天을 대갈Taigăr이라 하여 지금은 머리나 위上를 의미하지만 아직도 높은 것, 뛰어난 모양을 탁tak, 툭tuk이라 함으로써 그 대갈Taigăr : 天의 고형古形과 고의古義의 출자出自를 추측할 수 있다.

복희伏羲가 이미 그렇거니와 소위 감생제感生帝 : 하느님에게 감응하여 탄생한 제왕의 창업제왕신적[創業帝王神迹 : 나라를 세우고 제왕이 된 신이神異한 유적)]설화는 그 천자天子 관념에 따라오는 필연적 설화상의 모티브로서, 난생卵生 모티브와 같이 먼저 동이계 사상으로 인식해야 할 것이다.

고대에는 현조란玄鳥卵 : 신비한 새알의 서이瑞異 : 상서로운 이적를 말하는 은殷나라의 대모신大母神*이요, 요堯임금의 서모庶母라고 하는 간적簡狄설화 – ≪사기史記≫ 오제본기五帝本紀에 나옴 – 로부터, 후대에 내려와서는 난생유기卵生遺棄 : 알에서 태어나 버려짐의 수난을 말하는

**** 천자(天子)의 수레 왼쪽에 세우는 기(旗).

* ≪사기(史記)≫ <세가(世家)> 공자(孔子)의 세계(世系 : 가계家系)를 보면 공자의 조상은 순(舜)임금 당시 우(禹)를 도와 치수(治水)에 큰 공을 세운 설(契)인데 설[契]은 간적(簡狄)이란 여인이 냇가에서 목욕을 하다 제비가 날아가며 떨어뜨린 알을 먹고 낳은 아들이라는 것이다. 순임금은 설에게 상(商) 땅을 봉하여 제후로 삼았는데, 이 설의 14대 후손이 천을(天乙)로서 뒤에 은상(殷商) 나라를 건국한 성탕(成湯)이 되므로 자신의 뿌리인 간적(簡狄)을 대모신(大母神)으로 삼은 것이다.

동이국東夷國 '서徐'의 언왕偃王설화* — ≪박물지博物志≫** — 에 이르기까지 중국 고대 전설 중에서 동이형東夷型: 동이족 문화 형태의 문화재는 생각보다 많은 숫자를 보여준다. 이것만으로도 중국 고전古傳과 동이족 불함 사상不咸思想과의 교섭이 얼마나 본질적이요, 심원深遠한 것인가를 추찰할 수 있다.

돌이켜서 이것을 언어상으로 증명하건대 중국에서 일물다명一物多名: 한 사물에 많은 이름의 이유에는 확실히 같은 사물에 대한 다른 민족의 언어를 포함하고 있었음도 그 하나로 볼 것인데, 그 중에는 동이계東夷系, 불함문화계不咸文化系의 것도 꽤 많이 있을 것으로 생각된다.

우선 이것을 제왕의 칭호에 대해 생각해보면, 천天과 제帝 등이 텡그리Tengri: 단군壇君, 황皇이 환桓, 환웅桓雄과 관련하고 왕王이 어른örn, 군君이 칸kan, 쿤kun과 통함은 차치하고 특히 천자天子, 제후諸侯의 통칭通稱인 벽辟과

예문 ① ≪서경書經≫ 태서泰誓 중中편의

---

* 한때 동방의 36국을 아우르고 서주(西周)를 위협했던 동이족의 나라 '서(徐)'의 언왕(偃王)에 대한 설화. ≪박물지(博物志)≫ 제7권 이문(異聞: 기이한 소문들)에 수록되어 있다. 내용은 서나라의 궁녀가 임신 끝에 알을 낳아 물가에 버렸는데, 한 노파의 개가 물어와 노파가 따뜻하게 덮어주니 부화하여 아이가 태어났는데 태어날 때 구부려 누운 모습이었으므로 이름을 언(偃)이라 지었다. 그 후 서나라 궁중에서 아이를 데려다 키웠고 아이가 영특하고 어질어서 군주가 되었다는 이야기이다.

** 중국 위진(魏晉) 남북조(南北朝)시대의 서진(西晉) 학자 장화(張華: A.D. 232~300년)가 편찬한 책. 이름 그대로 사물에 대한 해박한 내용을 기록한 것이나 중국문학에서는 지괴소설(志怪小說)로 분류된다. 잡다하고 다양한 내용 중에는 우리나라 고구려와 옥저(沃沮)에 대한 기록도 있다.

「惟天惠民 惟辟奉天.」
◆ 풀이 : 오직 하느님만이 백성에게 은혜를 베풀어주시고, 오로지 임금님만이 하느님을 받드신다네.

예문 ② ≪시경詩經≫ 대아大雅 탕蕩 시詩의 첫 구절에
「蕩蕩上帝下民之辟.」
◆ 풀이 : 넓고 크신 하느님은 백성들의 임금이라.

백伯은

예문 ① ≪서경書經≫ 반경盤庚 하下편에
「邦伯師長百執事之尚皆隱哉.」
◆ 풀이 : 나라의 우두머리邦伯인 제후들과 관청의 우두머리師長들과 여러 일을 맡은 사람百執事들은 바라건대 모두가 걱정하여주시오.

예문 ② ≪서경書經≫ 주관周官에서
「宗伯掌邦禮治神人和上下.」
◆ 풀이 : 종백宗伯은 나라의 예절을 관장하고 신령과 사람들을 다스리어 위아래를 화목하게 해야 하오.

바로 붉pắrk 그것이요,
「以台正于四方.」
◆ 풀이 : 나台로 하여금 온 세상을 바로 다스리도록 하셨음.
— ≪서경書經≫ 열명說命 상上편 — 의 정正과

「文王烝哉.」
◆ 풀이 : 문왕은 훌륭하시도다!

— ≪시경詩經≫ 대아大雅의 문왕지습文王之什 가운데 "문왕유성文王有聲" 제목의 시에 나옴 — 의 증烝과

「古之長民者.」
◆ 풀이 : 예부터 백성의 우두머리 되는 사람. — ≪주어周語≫*
출전 — 의 장長은

대개 탕그리Tăngri에서 유래한 것이리라. 백伯에 풍백風伯과 하백河伯 등의 용어처럼 장상長上 : 우두머리과 신명神明 : 신령의 밝은 지혜의 뜻이 함께 있음은 한층 더 명백히 붉părk과 동어同語임을 말하는 것 같다.

국國에 대하여 방邦 : 나라이 있어서 ≪서경書經≫ 요전堯典에 협화만방協和萬邦 : 모든 나라를 협동하고 화목하게 함이란 내용이 있는 것처럼 방邦이 국國보다도 오히려 더 오래된 말로 보이는데, 방邦은 아마 불함문화 계통 언어인 발Par과 불Pur — 삼한三韓 말에서는 벌伐, 불弗 — 과 동근어同根語일 것이다. 군현郡縣**에 대한 부府***의 의미도 그것일 것이요, 봉封 : 봉할 봉. 제후에게 토지를 내려줌, 방方 : 모날 방. 땅 방, 번

---

* 중국 춘추시대의 역사서인 ≪국어(國語)≫의 한 부분. <주어(周語)>는 3권으로 주나라의 역사 이야기이다.

** 고을 군. 고을현. 행정 구획의 하나로 주(周)나라 때는 군이 현 아래 있었고, 진(秦)나라 때는 천하(天下)를 36군(郡)으로 나뉘었으며 현은 군 밑에 속했다. 한문제(漢武帝) 때 13주(州)로 다시 나누고 군(郡)은 주(州) 밑에 두었다. 당(唐)나라 때 주(州)를 없애고 도(道)로 바뀌면서 군(郡)을 주(州)로 개칭한 이래 송원(宋元)대를 거쳐 군(郡)의 칭호는 없어졌다.

*** 고을 부. 행정 구획을 하나로 주(州)의 큰 것을 말한다. 당(唐)에서 시작하여 명청(明淸)시대에는 주(州)와 현(縣)을 통합하여 성(省)에 속하다가 중화민국 성립 후 폐지되었다.

藩*, 복服**, 부部 : 마을 부, 비鄙***, 부郛 : 외성外城, 보保**** 등도 이에 준하여 해석해야 할 것이다.

조선에서의 진번眞番*****과 대방帶方*의 역례譯例 : 번역 사례는 당연히 참조되어야 할 것이다.

그것이 종교적 방면에 있어서는 신神, 성聖, 선仙, 종倧 : 옛적 신인神人 등의 **신격神格**

체締 : 큰제사 체, 제祭 : 일반제사, 선禪**, 사祀 : 제사지낼 사, 주呪 : 빌 주, 남에게 재앙이 내리기를 비는 것, 축祝 : 빌 축, 신神에게 기원함, 서誓 : 맹세 서, 신神에게 삼가 약속하고 기원함, 서筮 : 점 서, 점대로 치는 점, 복卜***, 발祓****,

---

* 울타리 번. 한 지방을 안정시켜 왕실을 수호하는 제후의 나라, 지방정부.
** 구역 복. 주(周)나라 때 왕기(王畿 : 왕의 거주 지역) 밖 주위에서부터 오백 리마다 설정한 구역.
*** 마을 비. 주(周)나라의 행정 구획의 하나. 오백 호(戶)가 사는 소읍(小邑).
**** 보루 보. 보(堡)와 통용. ≪예기(禮記)≫에 사비입보(四鄙入堡), 즉 4개의 비(마을)가 보로 편입된다고 했다.
***** 고조선이 멸망한 후 중국 한나라에 의해 고조선의 옛 땅에 B.C. 108년 설치되었던 한사군(漢四郡)의 하나로 위치와 강역에 대해서는 여러 설이 있으나, 한사군 자체가 만주 요동(遼東) 지역에 있었으므로 요동(遼東) 일대에서 찾아야 한다는 견해가 점차 유력해지고 있다.
* B.C. 82년 임둔과 진번군이 낙랑군으로 병합되고 진번군에 속한 지역이 A.D. 3세기 초 대방군이 됨. 낙랑군 위치가 현재 중국 하북성 창려현(昌黎懸) 부근에 있었음이 문헌사료 고증으로 확인된 지금 대방군 역시 이 지역 내에 있었다고 본다.
** 봉선(封禪) 선. 땅을 판판하게 닦고 깨끗이 하여 산천의 신(神)에게 지내는 제사.

배拜 : 절할 배 등의 **신사神事**

복福, 수壽 : 장수, 오래 살음. 목숨 수, 화禍 : 재앙 등 나쁜 일, 해害 : 손해 등의 **신험神驗,**

시是 : 옳음, 선善 : 착함, 당當 : 마땅함, 정正 : 올바름 등의 **신덕神德**

모두가 P나 T의 두 종류 외에 S의 유어類語 : 같은 부류의 말을 가하여 불함계不咸系 신앙 어휘로 해석될 고어古語이지만 여기서는 더 이상의 논구論究를 생략하기로 한다.

다만, 한 가지 예부터 중국에서 태양을 신격화한 것을 동군東君이라고 하고 — 굴원屈原*의 ≪구가九歌≫**, ≪사기史記≫ 봉선서封禪書 등 출전出典 —

이것이 도교道敎에 들어가서 동왕공東王公***이라 하여 중요한 위치

*** 점 복, 거북 등껍데기를 불에 그슬려 그 갈라진 금으로 길흉화복을 판단하는 일, 거북점.

**** 떨 불, 신(神)에게 빌어 재액을 제거하는 일.

* 중국 전국(戰國)시대(B.C. 343년경~289년경) 초(楚)나라의 정치가, 애국시인. 이름은 평(平). 원(原)은 자(字)이다. 정적(政敵)의 모함을 받아 양자강 이남 늪지로 추방되었다. 유배지에서 많은 시부(詩賦)를 지어 남겼다. 후일 멱라수(汨羅水)강에 투신, 생을 마감했다.

** 초나라 시인 굴원(屈原)이 지은 초나라의 고유한 민간 제신(諸神)들에 대한 가사(歌詞 : 노랫말). 총 11편인데 제7편 제목이 동군(東君)이다.

*** 중국 도교의 전설적인 선인(仙人)으로 '자부(紫府) 선생'이라고도 한다. 원시천왕(元始天王)의 화신(化身)으로 팔제(八帝) 중의 한 사람이다. 태초에 혼돈에서 천지가 분화되고 만물이 생기기 전에 구천(九天)에서 하강하여 푸른

를 접하게 되었는데, 자의字意 : 글자 뜻는 자의로서 차치하고 이것이 다름 아닌 탕그리Tangri의 대역對譯으로서 단군의 한 별칭일 것임을 부기附記해둔다.

또한, 복희伏義, 신농神農이나 당요唐堯, 우순虞舜과 같은 황皇 또는 제帝가 태양의 덕德을 갖추어서 농업의 임무를 맡아온 점에서 붉părk의 대신격大神格인 단군 등과 본질적으로 일치함을 고찰하여 명상名相 : 이름과 형상의 부합함이 우연 아님을 딴 방면으로 증명함도 흥미 있는 일이나, 여기서는 다만 중국 고전에 영상影像 : 투영된 불함不咸 : Părkăn적 요소가 적지 않음을 말해둠으로써 충분하다.

바다 위와 빈 벌판에서 임금이 되어 청구(菁丘) 땅 동화제방산(東華諸方山)에서 살았다고 전해진다.

불함문화론 不咸文化論

제16장
몽골蒙古의 악박鄂博*과 만주滿洲의 신간神杆**

불함문화에서 중국은 하나의 방계傍系 : 곁가지라고 하기보다는 차라리 오랜 세월 이전에 흘러들어왔던 하나의 다른 흐름이 지금은 이미 옹색壅塞 : 비좁음하게 되고 학갈涸渴 : 물이 마름***되어버린 구하상舊河床 : 오래된 하천의 밑바닥의 여흔餘痕일 따름인데, 고금을 통해 붉은 Părkăn : 불함不咸의 맥락이 이어 있음은 실로 동북아시아 및 그 인접 지역이다. 가까이는 만주, 몽골이 그러하고 일본, 유구琉球가 그러한

---

* 몽골어로 오보를 말한다. 우리나라 성황당의 돌무더기 같은 민간신앙의 자취. 하늘신에게 기원하는 대상으로 몽골, 시베리아, 만주, 한반도까지 폭넓게 확산되어 있다. 오보(Obo)의 원래 뜻은 덩어리, 무더기이며 여기에 긴 나무대기를 꽂아놓고 여러 색깔의 천을 달기도 한다.

** 신령을 모시는 나무. 우리나라의 '솟대'. 짧은 나무 몽둥이나 긴 대나무를 사용하였다.

*** 최남선은 학갈(涸渴) 같은 현대국어대사전에 수록되지 않고 한한대자전(漢韓大字典)에나 나오는 한문용어들을 다수 사용했다. 고갈(枯渴)이란 대다수 사람들이 애용하는 단어가 있음에도 굳이 이런 희소한 단어를 쓰는 이유는 무엇일까? 문맥으로 봐서 이 논문의 옥에 티라면 티라고 생각된다. 그렇다고 전달하려는 내용에 꼭 필요한 단어도 아닌데…… 아니면 일본인 식자층을 겨냥하고 쓰인 학술논문이라 의도적으로 어렵게 쓴 것은 아닐까?

데, 만주, 몽골과 일본, 유구와를 비교해 본지本支 : 뿌리와 가지의 증적을 밝히기 어려운 것이라도 이것을 조선이란 정파리淨玻璃 : 깨끗한 유리, 수정水晶에 비추면 삼세三世의 실상實相이 역력히 나타나는 곳에 조선의 불함문화권에서의 지위를 알 수 있다. 대저 이 문화권에서 가장 장구한 기간에 한 토지 안에서 한 민족에 의하여 일관된 일통一統의 역사를 갖고 있으며, 한편 그 전후좌우에 대해 문화적으로 하나의 방사점放射点이 된 것이 조선이었기 때문이다.

몽골인은 천지와 산천의 모든 것을 신神으로 보고 그 표지標識로 악박鄂博 : 오보이란 것을 만든다. 오보란 몽골어의 「퇴堆 : 흙무더기」로서 돌 또는 흙을 첨정尖頂 : 뾰족한 꼭대기에 원형으로 쌓고 거기에 비상한 존숭의 정성을 바친다.

길가는 도중 오보를 보면 여행자는 말에서 내려 배례拜禮 : 절하는 예식을 행할 정도이며, 5월의 오보 제祭에는 왕이 그 제주祭主가 되는 것이다.

이 오보는 다른 지방에서는 유사한 습속을 찾아보기 어려우나 조선에서는 확실히 그것이 있다. 동리마다 있어서 공동의 대제사 장소인 당산堂山 : Tangsan*, 그리고 대개의 경우 두 지역의 경계를 의미하는 산고개위나 산야山野의 신사神祠 : 신을 모시는 사당 앞에 설치하여 여행자에 의해 공물供物이 헌상獻上 : 위에 바침되는 조탑Chothap**이

---

* 고대로부터 내려오는 우리 겨레 고유의 천신(天神 : 하느님) 신앙의 장소로, 각 마을마다 성스러운 장소를 택하여 소위 '당산신【堂山神 : 전지전능한 하느님을 대신하여 사람에게 풍요를 가져다주고 병마나 재액을 막아주는 존재. 시베리아 천신 신앙에서의 '에세게 말라한 텡그리'와 같은 위치】'에게 정성스레 제사를 올렸다. 1930년대 이전까지 전국 자영부락의 58퍼센트가 당산제(堂山祭)를 지내왔을 정도로 가히 민족적인 신앙의 장소였다.

그것이다. 당산Tangsan은 당산堂山이라 쓰고, 조탑Chothap은 조탑造塔을 의미하는 것으로 생각되므로 아무래도 후대에 생긴 호칭일 것이나, 한편으로 민가民家의 대지垈地 : 집안의 땅 안에 정처淨處 : 깨끗한 곳를 선택해서 흙을 모으고 짚으로 덮어서 집안의 수호신 내지 재백신財帛神 : 재물신으로 엄숙히 제사하는 것을 업öp이라 일컬음을 볼 때, 아마도 몽골의 오보Obo와 동근어同根語임에 틀림없을 것이며 당산堂山 : Tangsan의 가내적家內的 축약형 내지 권청물勸請物 : 신령의 영靈을 청하여 맞이한 것이 업öp에 지나지 않는다는 것은 추찰하기에 어렵지 않다.

지금 민속에 당산Tangsan이 동리의 어귀於口에 있을 때는 대개 석퇴石堆 : 돌무더기요, 동네 안에 있을 때는 주로 황토를 높이 쌓고 그 위에 일매석一枚石 : 한 장의 돌, 뾰족한 꼭대기인 것이 많다을 올려놓는데, 이것은 실제로 오보Obo를 나타내며 이것과 상대해서 집안의 당산인 업öp은 그 명칭에 있어 오보Obo를 나타내고 있다. 이와 같이 조선을 통해 오보Obo가 몽골에 한정된 것이 아니라 오랜 기원을 가진 보편적 습속이었음을 알 수 있는데, 오보Obo와 업öp을 연결하여 고찰할 때에 일본의 우부ウブ가 상기된다. 우부ウブ라고만 해서는 모를 것이나 일본에서 토지 개척의 조신祖神 : 시조신 또는 토지 경영의 공적신功績神을 그 토지의 수호신으로 여겨 지극히 친밀하고 융성한 숭배를 하고 이것을 우부스나노카미ウブスナノカミ : 산토신産土神라 호칭함이 그것으로서, 이것을 씨신氏神 : 씨족의 시조신으로 동일한 종족의 조상 내지 주민의 생명이 유래한 바라하여, 전 씨족 혹은 전 부락의 공동숭사崇祀 : 숭배하는 제사를 받음은 바로 오보Obo와 궤軌를 한 가지

** 당산 신앙의 한 종류로 소백산맥 주변의 마을들에 집중적으로 보이는 누석조탑(累石造塔 : 돌을 쌓아 탑처럼 만듦)이 대표적이다. 여기서 주당산(主堂山)은 산신격(山神格)의 신목(神木)이다.

로 하고 있음을 본다. 이 우부스나ウブスナ: 産土를 혹은 산사産砂 : ?의 뜻이 있다 하고, 또는 산주장産住場 : 우부스미바ウムスミバ이라고도, 위산근爲産根 : 우부스네ウブスネ이라고도 하나, 우리가 보는 바로는 이것은 모두 견강牽强 : 억지로 끌어댐 천착穿鑿 : 구멍을 뚫음의 설로서 실은 그 근어根語 : 뿌리가 되는 말 우부ウブ가 몽골의 오보Obo, 조선의 업öp과 명실名實이 한가지로 일치함을 보이는 것이요, 이 세 가지를 합해서 고찰해야 비로소 그 본뜻의 진실을 증빙할 수 있을 것으로 생각된다. 그리하여 그 추기樞機 : 중심축를 잡은 것이 조선朝鮮인 것이다.

만약 조선의 당산堂山 : Tangsan과 만주의 대제단大祭壇인 당자堂子 : 탕스와의 사이에 언어적 관계가 있다고 하면 만주의 이 습속도 조선을 통해 그 명실名實의 고의古義을 찾을 수 있을 것이다. ≪소정잡록嘯亭雜錄≫에 의하면

「國家起自遼瀋, 有設竿祭天之禮, 又總社稷諸神祇於靜室, 名曰堂子.」
◆ 풀이 : 나라淸가 요동遼東의 심양瀋陽에서 일어났으므로, 이곳에서 솟대를 만들어 하느님께 제사 드리는 예식을 행했고, 또한 모든 사직社稷 : 토지신과 농사신의 여러 신들을 고요한 방, 즉 당자堂子라 부르는 곳에서 함께 제사지냈다.

라 했으니, 당자堂子는 사직신社稷神, 즉 토지신土地神을 제사함을 그 본의本義으로 함이 오보Obo, 업öp, 우부ウブ에 있어서와 같다고 생각된다. (아래 글을 아울러 참조할 것.)

만주의 고속古俗 : 옛 풍속인 소위 「설간제천지례設竿祭天之禮」도 역

시 그 독특한 풍습으로 볼 것인데, 그 청조淸朝 : 청나라의 국가적 제사의 의의意義는 ≪천지우문天咫偶聞≫*에 의거하건대,

> 「堂子所以祀土穀而諸神祔焉, 中植神杆以爲社主,
> 諸王亦皆有陪祭之位.」
> ◆ 풀이 : 당자堂子란 것은 토지신과 곡식의 신을 제사 드리고 여러 신들을 한 곳에 함께 모셔 제사 드리는 곳이었다. 당자의 내부 가운데에는 신간神杆 : 솟대을 세워 제사의 주축으로 하였으며, 여러 왕들 또한 모두 제사에 모시는 자리가 있었다.

라 하였고, 그 설비의 상세한 설명은 ≪대청회전大淸會典≫**의

> 「…… 於堂子用松樹一株, 留樹杆枝葉十有三層, 餘皆芟去枝葉,
> 削成杆長二丈, 柵木旛頭黃絹旛一首, 五色綾各九尺, 剪爲縷,
> 三色朝鮮貢紙八十張打爲錢, 黃綿線三斤八兩.」
> ◆ 풀이 : 당자堂子에는 소나무 한그루를 사용하는데, 나무의 몸체와 가지 잎들 13층을 남기고 나머지는 모두 가지와 잎을 베어 없애 나무 몸통만 두 길약 6미터 길이 되게 깎아 만든다. 나무 울타리처럼 만든 기의 꼭대기에는 황색 명주비단 깃발 하나를 걸고, 다섯 색깔하양, 빨강, 검정, 파랑, 노랑의 능라綾羅 비단 각기 아홉 자약 2.7미터씩을 잘라 가닥실처럼 만들어 역시 신간神杆 나무 꼭대기

---

* 중국 청나라시대 북경의 정치, 문화, 풍속, 고사 등에 대해 기록한 책으로 모두 10권이며 진균(震鈞)이 1903년 집필을 마치고, 1904년에 간행됐다.
** 원명은 ≪흠정대청회전(欽定大淸會典)≫으로 ≪청회전(淸會典)≫, ≪광서회전(光緒會典)≫이라고도 함. 국가에서 편찬한 법률과 제도에 관한 문헌이다. 광서 25년(1899년)에 완성되었고 청나라의 행정조직, 정치법규, 전장(典章)제도 연구에 중요한 자료이며, 덧붙여 있는 예악, 관복, 여위(輿衛), 무비(武備), 천문(天文), 여지제도(輿地諸圖)도 참고할 가치가 많다.

기에 매단다. 또한 세 가지 색깔의 조선종이공물로 들어옴 80장을
종이돈으로 만드는데 황색 면실이 세 근 여덟 량 쓰인다.

이라 하였으며, 또한 대소령大小鈴 : 크고 작은 쇠방울 칠매七枚 : 일곱 개를 화목樺木 : 백화白樺나무, 자작나무 간초杆梢 : 곁가지 없는 몽둥이 나무 끝에 매단 것을 신간神杆이라 한다고 하였고, 그 다루는 방법은 이것을 ≪만주제천전례滿州祭天典禮≫에 「색막간索莫杆」*이라 하여 제사 때마다 요청하여 가져온다 하였으며, 또한 그 만주에서의 구양舊樣 : 옛 모습과 고의古義는 방공건方拱乾 : 호號 소암甦菴의 ≪영고탑지寧古塔志≫**에,

「尋常庭中, 必有一竿, 頭繫布片曰先祖所憑依,
動之則如掘其墓云.」
　◆ 풀이 : 일반 가정에는 반드시 한 개의 솟대가 있는데, 솟대 꼭대기에 매단 천조각들은 선조의 영이 깃들여 있는 곳이라 하며 그것을 움직이는 것은 곧 그 성조들의 묘소墓所 : 무덤를 파는 것과 같다고 한다.

---

* 신간(神杆)나무의 만주어 발음을 한자어로 표기한 것. 우리나라의 당산(堂山 : 천신天神) 신앙에서 하느님의 몸체를 상징하는 당산목(堂山木)이자 솟대와 같으며, 시베리아 바이칼 지역에서는 '세르게'라 했다.

** 만주의 영고탑 지역에 관한 책. 영고탑은 청(淸)나라의 발상지로 지금의 흑룡강성 목단강시 영안(寧安)현이다. 청나라 당시부터 1930년대 초에 걸쳐 만주 동부의 목당강(牧丹江) 중류 지역에 있었던 지명으로, 청이 만주를 통치하게 되며 중요한 역할을 한 장소였다. 멀리 발해국 때는 발해 오경(五京)의 하나인 상경(上京) 용천부(龍泉府), 즉 동경성(東京城)이 있었으며, 청나라 건국 주체인 건주여진(建州女眞)의 다섯 부족 중 우디게(또는 우디캐, 우디하, 우디거 등으로 발음)의 근거지가 영고탑 지방에 있었다.

한 것으로써 췌마揣摩할 수 있다. 그런데 이 신간神杆의 습속이 반드시 만주지역의 전유물이 아님은 고대 ≪위지魏志≫ 동이전東夷傳*
마한조馬韓條에

> 「國邑各立一人, 主祭天神, 名之天君, 又諸國各有別邑, 名之爲蘇塗, 立大木, 懸鈴鼓, 事鬼神, 諸亡逃至其中, 皆不還之」
> ◆ 풀이 : 나라의 고을마다 각기 한 사람을 세워서 천신天神 : 하느님을 제사하는 것을 임무로 맡겼는데, 이름 하여 천군天君이라 했다. 또한 모든 나라들에는 각기 별도의 고을이 있어 '소도'라 하였는데 그곳에는 쇠방울과 북을 매달고 귀신을 섬겼으며, 여러 도망자들이 그 속으로 들어가면 모두 다시 돌아오지 않았다.

라 하였고, 최근에 이르기까지 옛날의 그 여류餘流 : 남아 있는 풍속의 흐름라고 할 것이 솟대Sot-tai, 홋대Hyot-tai, 수구막이대Sukumaki-tai 등의 명칭으로 전래하여 지금도 오히려 향촌鄕村 : 시골마을에는 제액신除厄神 : 재액을 제거해주는 신령으로 조각한 신조神鳥 : 신령스런 새를 끝에 얹은 신간神杆을 상시常時에도 뜰 안에 세워두는 풍습이 있음을 알 수 있다.

신간神杆은 고대에는 불함문화계 공통의 영표靈標 : 신령스런 표지였던 것인데, 다른 곳에서는 쇠폐衰廢 : 쇠망 또는 변전變轉하는 중에 만주에서는 색막간索幕杆으로, 조선에서는 솟대Sot-tai 및 기타 등으로

---

* 원명은 ≪삼국지(三國志) 위지(魏志) 동이전(東夷傳)≫. 서진(西晉)의 진수(陳壽 : A.D. 233~297년)가 편찬한 ≪삼국지≫의 위지에 부속된 고대 동방의 여러 종족과 국가에 대한 기록. 서문, 부여(扶餘), 고구려, 동옥저(東沃沮), 읍루(挹婁), 예(濊), 한(韓), 왜인(倭人)의 순서로 중국인의 입장에서 서술했으며, 우리 겨레의 고대 종족 분포상과 생활상 및 풍속 등을 비교적 상세히 기술했다.

그 면영面影을 전해오고 있는 것으로 생각된다. 저 일본의 신사神社 앞에 세우는 조거鳥居 : 도리이トリイ도 종종으로 그 기원의 의미가 설명되고 있으나, 우리가 보는 바로는 역시 불함문화계 공통의 옛 풍속인 신간神杆의 변형된 것으로 2개의 신간을 연결시킨 것이 지금의 문門 모양 조거鳥居의 기원으로 생각된다.

≪황조문헌통고皇朝文獻通考≫* 권99 교사고郊祀考 9장에 보이는 바와 같이 만주의 신간神杆에 작위爵位의 존비尊卑에 따라 입간立杆 : 세우는 나무의 숫자에 많고 적음이 있음은 일본의 삼륜조거三輪鳥居 : 미와 도리이가 조선의 삼문三門의 의취意趣 : 취지를 갖고 있음과 아울러 신간이 원래 고단적孤單的 : 홀로 하나만의인 것만이 아니라 둘 이상의 것을 연결할 수 있음도 상상해볼 수 있을 것이다.

또한, 일본에서 신위神位를 일주一柱 : 한 기둥, 이주二柱 : 두 기둥라고 일컬음도 이 색막간索幕杆, 소도간蘇塗杆 : 솟대에 의해 설명되어야 할 것인데, 이들은 조선의 교량적 역할에 의해 능히 그 변이變移의 형적形迹을 증거할 수 있다. 그리고 신사神祠의 배소拜所 : 예배 장소와 기타 신전神前 : 신 앞에서 신神의 주의를 촉구하기 위함인 듯 흔들어 울리는 방울을 걸어 놓음도, 만주, 조선과 아울러 공통적으로 설명할 것임은 물론이다.

---

* ≪청조(淸朝) 문헌통고≫라고도 한다. 청나라 초기부터 건륭(乾隆) 50년(1785년)까지의 제도와 문물에 관한 문헌들을 사항 별로 정리한 책. 총 300권짜리 사전.

불함문화론 不咸文化論

제17장 • 조선과 일본과의 제사상祭祀上의 일치

일본은 조선 다음으로 한 국토와 한 민족을 계승하는 고국古國:
오래된 나라인 만큼, 종교문화인 불함문화不咸文化를 통해서 양국의 유
연類緣 상태는 특히 깊고 많음을 본다. 이제 일일이 나열할 여가가
없으니 제례祭禮의 일면을 들어서 그 전모를 더듬어보기로 하자.

조선의 고어古語로서 제례를 마지Mazi라 함은 일본의 마쓰리マツリ*
와 같은 어원 관계에 있음을 설상設想케 하는 것이요, 일본의 제례
에서 신여神輿**, 산차山車***, 강중講中의 습속은 신라의 용화향도龍華

---

* 일본어로 '제(祭 : 축제, 제사)'의 뜻. 일반적으로 일본의 대중적, 종교적 의
식 전반을 의미하고 좀 더 특별하게는 전통 신사(神社)의 축제를 뜻한다. 신
사에 따라 숭배하는 '가미(神)'나 의식의 목적, 시기에 따라 종류가 다양하며
보통 고대 전통 방식에 따라 치러진다. 마쯔리고토[祭リ事]라 함은 종교 축
제에 관한 일을 뜻하나 일상적으로는 '정부(政府)'의 의미로 사용된다. 이는
일본에서 신도(神道)의 의식이 국가 고유의 일이었으며, 사적인 제사와 똑같
이 공적인 모든 중요 사항들 또한 '가미[神]'에게 기도하고 보고하는 제사
(祭事) 전통에서 유래했음을 보여준다.

** 일본 마쯔리(축제) 행사 때 쓰이는 신사(神社)의 가마로, 여기에 신이 내려
와 가마가 이동하는 지역마다 축복을 내린다.

*** 마쯔리 행사에 쓰이는 수레. 산이나 절, 또는 배[船] 모양을 따서 아름
답게 꾸미며 사람이나 황소가 끌거나 사람들이 어깨에 짊어진다.

香徒 — ≪삼국사기三國史記≫ 권41, 김유신열전金庾信列傳에 보임 — , 고려의 만불향도萬佛香徒 — ≪동국통감東國通鑑≫* 권18 숙종肅宗 6년과 권22 인종仁宗 9년 참조 — 등의 향도香徒의 풍습과 부합하는 것이며, 또한 일본의 제례가 조선의 대제전大祭典: 대제사인 팔관의八關儀: 붉은Pārkān와 의례儀禮의 종목 및 제사의 흥성함에 있어서 같으며, — ≪고려사高麗史≫** 권69 중동仲冬: 음력 11월 팔관의八關儀 참조 — 일본의 신여神輿***가 고대의 신사神事: 신에 관한 행사에서 연원한 것으로 생각되는 지금 조선의 상두Santu****와 형체며 장식이 같음 등은 양 지역의 제사적 동원同源을 증빙하는 데 제외해서는 안 될 사실이다.

조선의 고신도古神道*****는 특히 이조李朝 이래로 그 종교적 통일을 상실하였으나, 그 고대 의례와 행사는 원래의 뜻을 많이 망각한 대로, 또 변화와 타락을 거듭하면서 민속적으로 별종의 생명을 보유케 되었다. 신라의 「원화源花」, 고려의 「선가仙家」인 교단敎團이 해

---

* 이조 성종 16년(1485년)에 서거정(徐居正 : 1420~1488년) 등이 삼국시대부터 고려 말까지의 역사를 편찬한 책. 단군조선부터 삼한(三韓)까지는 자료 부족으로 체계적 서술이 불가하다 하여 외기(外紀)로 다루었다. 조선 전기의 대표적 관찬사서(官撰史書) 중 하나이다.

** 이조 문종 1년(1451년)에 완성된 고려시대에 관한 국가 편찬 역사책. 김종서, 정인지, 이선제 등의 관료들이 편찬에 참여했으며 세가(世家 : 중국 사서의 본기本紀에 해당. 중국에 대한 사대주의적 명분에 따라 낮춰 부름) 46권, 표 2권, 열전 50권, 목록 2권 등 총 139권.

*** 종묘제례에 쓰는 영여(靈輿). 신령이 타고 있는 수레 위 상자.

**** 상여(喪輿)의 속어. 장례 때 여럿이 메고 시신을 운반할 수 있게 만든 기구. 영여(靈輿)라고도 한다.

***** 고대의 신교(神敎), 천신(天神), 즉 하느님을 숭상하는 종교로서 현재 일본 고신도의 원조(元祖).

체되어 그 권속眷屬 : 구성원인 「선관仙官」은 광대가 되고 「화랑」은 「화랑이」가 되고 「솟대장이」는 곡예사가 되고, 「사당」은 여사당 패女寺黨牌 : 가비구니歌比丘尼 : 노래하는 비구니가 되는 등, 모두 사회적 천민이라는 열업劣業 : 열악한 직업으로 타락하고 말았다. 그리하여 그 봉사단체인 「향도香徒」가 경제적 일면으로 「계契」, 「강講」이 되어 일종의 호조互助 : 상조相助 조합으로 또는 영세민 금융기관으로 되었음은 의당宜當 : 마땅힘하다 하겠고, 그 봉사적 일면이 명칭과 함께 상여군喪興軍에게 계승되어 「상두군香徒軍 : 香徒連中」이라 하면 거의 인비인人非人 : 사람이되 사람이 아님의 무리로 보게 이르렀음은 실로 심외心外 : 뜻밖라고 할 수도 있는 일이다. 지금의 「상두」는 향도香徒의 전화轉化 : 뜻이 바뀌고 발음만 비슷하게 남음이다.

현재는 「계契」의 기원도 「상두」의 명의名義 : 이름 뜻도 다 잃어버려졌으나, 계는 원래 종교적 행사를 중심으로 하는 일종의 부락의 회였다. ─ ≪삼국유사三國遺事≫ 권제일卷第一 신라시조新羅始祖와 권제이卷第二 가락국기駕洛國記 참조*

이것이 뒤에 국교國敎 : 나라 종교의 성립과 함께 교단의 중심이 되고 나아가 국민개교도國民皆敎徒 : 국민이 모두 국교를 믿고 따르는 무리라는 옛 뜻으로부터 종교 중심의 일종의 자치단체 형태를 이루어 동리洞

---

* 신라 시조 혁거세왕(赫居世王) 편에는 고대 진한(辰韓)의 육촌(六村) 촌장들이 각기 자제들을 거느리고 알천(閼川) 언덕 위에 모여 백성을 다스릴 군주를 얻기 위한 회의를 개최한 애기가 나오고, 그 뒤 하늘로부터 혁거세왕이 내려온다. 가락국기(駕洛國記) 역시 이 지역의 아홉 부락의 추장격인 구간(九干)이 구지봉(龜旨峯) 아래에 모여 그 유명한 구지가(龜旨歌)를 부르고 춤을 추며 새로운 대왕을 맞이하려 했고, 이후 하늘에서 6개의 황금알이 내려와 육가야(六伽耶)의 시조가 되었다는 설화가 적혀 있다.

里마다 직업마다 하나의 계를 가지고 있어서 공동체 생활상의 모든 알선斡旋 : 남의 일을 잘되도록 주선함을 하게 되었으니 이것이 소위 계의 원위源委 : 시작과 끝로서 계원契員 동지를 향도香徒라고 호칭하는 것이었다.

말하자면 향등香燈 : 향을 피운 등과 향화香火를 함께하는 무리라는 것이었으리라.

그리하여 그 안에는 성지聖地 참예參詣 : 참배의 단체도 있고 신사神事에 봉사하는 측면도 있고 따라서 그 비용의 적립과 이식利殖 : 이익을 불림의 방법도 생겨서 전전轉轉하여 오늘날 보는 것과 같은 계契 : 무진강無盡講, 뢰모자강賴母子講의 원시原始 : 시원, 시작도 되고 또 단순히 조합의 뜻으로도 쓰이게 되었다.

지금의 「향도군香徒軍」은 상여꾼喪轝軍으로 신라와 고려시대의 신여군神輿軍에서 유래하였고, 「향도도가香徒都家」는 상여喪轝 집으로 조선 중엽까지도 읍邑이나 리里의 자치단체에 속한 공청公廳 같은 것이었다.

≪지봉유설芝峯類說≫* 권이卷二 제국부諸國部 풍속風俗에,

「我國之俗, 凡中外鄕邑坊里, 皆作契, 以相糾檢, 謂之香徒, 按輿地勝覽, 金庾信年十五, 爲花郞, 時人服從, 號龍華香徒云, 今香徒之稱, 盖本於此.」

---

* 조선 중기의 학자 지봉(芝峯) 이수광(李睟光 : 1563~1628년)이 1614년에 편찬한 백과전서. 총 3,435항목으로 내용은 고서와 자신의 지식에서 나온 것이라며 일일이 출처를 밝혔음. 우리나라뿐 아니라 중국, 일본, 베트남, 타이, 인도네시아, 말레이시아 등 동남아시아와 프랑스, 영국의 천주교와 서구 문물까지 소개하는 등 세계 지형과 풍물, 문화를 알렸다.

◆ 풀이 : 우리나라 풍속에 중앙과 지방의 고을이나 동네마다 모두 계를 만들어 서로 잘못을 살피고 사실을 밝히며 단속하는데 이를 일러 '향도香徒'라 한다. ≪여지승람≫*을 고찰해보니, 김유신이 15살 때에 화랑이 되매 당시 사람들이 복종하였으며 '용화향도'라 불렀다고 한다. 지금의 향도라는 호칭은 아마 여기에서 나온 것이리라.

하였고, ≪오주연문五洲衍文≫** 권52 향도변증설香徒辨證說에

「余見三四十年間, 京師閭巷以米息利, 名曰香徒米,
有香徒稧之稱, 此以喪徒稧(貰喪葬諸具及舁喪輀擔軍廛名稱香徒稧),
稧者非王逸少蘭亭修稧祓除不祥之稱, 如古里社,
一里相會殖利者謂之契也(如漁夫契四七契四寸契隨事爲名),
大抵倣蘭亭脩稧之稧而訛作稧也, 省作契也.」

◆ 풀이 : 내가 삼사십 년간을 지켜보았는데, 서울의 민간에서 쌀로 이자를 불리는 것을 이름 하여 향도미香徒米라 하는데 또 다른 이름으로 향도계香徒稧라 부르기도 한다. 이는 상도계喪徒稧 : 상여꾼계로서 ─ 장례에 필요한 온갖 물품들을 빌려주거나 상여를 들어주는 일꾼들을 도맡아 처리해주는 가게를 이름 하여 향도계香徒

---

* 조선 중종의 명에 따라 1530년(중종 25년)에 기존의 ≪동국여지승람(東國輿地勝覽)≫(1428년 완성)을 새로 증보하여 만든 조선 전기의 전국 지리지(地理志). ≪신증(新增) 동국여지승람≫의 약자로 추정됨.

** ≪오주연문장전산고(五洲衍文長箋散稿)≫의 줄임말. 조선 후기의 학자 이규경(李圭景 : 1788년~?)이 편찬한 일종의 백과사전으로 60권 60책이며, 총 항목이 1,400여 개 이상 된다. 역시 개인이 지은 이수광의 ≪지봉유설≫에 이어 방대한 내용과 저변에 깔린 사상사적 의미로 볼 때 매우 중요한 기념비적 저술이다. 이 책의 원본은 최남선이 소장하고 있었으나 한국전쟁 때 불타 없어지고 규장각의 필사본만 56권 남아 있다.

제17장 • 조선과 일본과의 제사상의 일치 **187**

禊라 부른다 ─ 계禊란 것은 옛날 중국 진晉나라의 서성書聖 : 서예
의 성인 왕희지王羲之*의 난정수계蘭亭修禊 : 난정의 정신 수양모임가
아니라 인간의 죽음 같은 상서롭지 못한 재액을 떨어버리는 일을
가리킨다. 옛 동리洞里의 마을자치단체처럼, 한동네 사람들이 서로
모여 재물을 불리고 이익을 늘리는 것은 계契라 하여 어부계漁夫
契, 사칠계四七契, 사촌계四寸契 등 계의 성격에 따라 이름을 달리
한다.
무릇 난정수계蘭亭修禊의 계禊를 본떠서 계禊 자로 잘못 쓴 것이라
잘 살펴보면 계契로 씀이 옳다.

라 하여 모두 근세近世에서의 향도香徒란 말의 뜻을 징빙徵憑 : 증빙할
것이며, 또한 ≪삼국사기三國史記≫ 권사卷四 진흥왕眞興王에,

「三十七年春始奉源花, 初君臣病無以知人, 欲使類聚群遊,
以觀其行義, 然後擧而用之, 遂簡美女二人, 一曰南毛, 一曰俊貞,
聚徒三百餘人, 二女爭娟相妬, 俊貞引南毛於私第, 强勸酒至醉,
曳而投河水而殺之, 俊貞伏誅, 徒人失和罷散,
其後更取美貌男子粧飾之, 名花郎以奉之, 徒衆雲集,
或相磨以道義, 或相悅以歌樂, 遊娛山水, 無遠不至,
因此知其人邪正, 擇其善者, 薦之於朝 ……」
◆ 풀이 : 37년서기 576년 봄에 처음으로 원화源花를 받들었다. 이
보다 먼저 군신들이 인재를 알지 못하여 근심한 끝에 많은 사람
들을 무리지어 놀게 하여 그들의 행실을 보아서 그 의로움으로

---

* A.D. 307~365년. 자(字)는 일소(逸少). 중국 진(晉)나라의 서예가. 우군(右軍)
장군을 지냈으며, 해서, 행서, 초서의 3체를 완성한 서성(書聖). 작품에 ≪난
정서(蘭亭序)≫, ≪황정경(黃庭經)≫이 있다. 목제(穆帝) 영화(永和) 9년(A.D. 353
년) 3월 3일에 손탁(孫綽), 사안(謝安) 등 4명이 중국 절강성 소흥 남쪽 '난정
(蘭亭)'에 모여 계연(禊宴)을 베풀며 시를 지어 모임을 기념했다.

조정에 천거하여 등용하게 하였다. 이에 아름다운 두 여자를 뽑았는데 하나는 남모南毛라 하였고, 하나는 준정俊貞이라 하였다. 그들은 그 무리를 300여 명이나 모았는데, 두 여자는 차츰 그 아름다움을 다투어 서로 질투하게 되고 준정은 남모를 자기 집으로 유인하여 독한 술을 권하여 취하게 한 다음, 그를 이끌어 강물에 던져 죽여버렸다. 그러나 사건이 발각되어 준정은 사형되고 그 무리들은 실망하여 모두 흩어졌다. 그 후 다시 아름다운 남자들을 뽑아서 곱게 단장하고 화랑花郎이라 이름 하여 이를 받들게 하였는데, 그 무리들이 구름같이 모여들었다. 그들은 서로 도의道義를 연마하고, 혹은 노랫가락을 즐기고 산수를 찾아다니며 유람하였는데 먼 곳이라도 다니지 않는 곳이 없었다. 이로 인하여 그 사람의 옳고 그름을 알게 되고, 그 중에서 좋은 사람을 택하여 조정에 추천하였다……

라 있으며, ≪삼국유사三國遺事≫에 「풍월風月 : 불Pur」 교단敎團, 즉 국선國仙 화랑花郎의 권속眷屬을 기록하는데도 미륵선화彌勒仙花 : 삼국유사 권삼卷三, 도화여비형랑桃花女鼻荊郎 : 권일卷一 등의 「기도其徒 : 그 무리」, 월명사도솔가月明師兜率歌 : 권오卷五의 「국선지도國仙之徒 : 국선의 무리」, 융천사혜성가融天師彗星歌 : 권오卷五의 「삼선지도三仙之徒 : 세 선인들의 무리」, 백률사栢栗寺 : 권삼卷三의 「주리천도珠履千徒」*, 빈녀양모貧女養母 : 권오卷五의 「낭지천도郎之千徒 : 수많은 화랑의 무리」와 같이 도자徒字가 상용되고 있으므로 향도香徒 : 혹은 낭도郎徒의 와전?의 칭호가 오램을 추찰할 수 있을 것이다.

그러나 여기서는 세세한 천착穿鑿은 그만두고 제례祭禮에 있어서의

---

* 주리(珠履 : 구슬로 장신한 신)를 신은 무리가 천 명이나 됨. 주리는 예부터 상객(上客 : 신분이 높은 사람)이 신었는데, 여기서는 화랑도(花郎徒)를 지칭한 것이다.

가장 필수 행사라 하는 불祓 : 하라히ハラヒ과 계禊 : 미소기ミソギ*에 대해 고찰해보겠다.

불祓은 고대 신도神道에서 죄罪와 예穢 : 더러울 예와를 한 가지 하는 관념에서 사전에는 예비적으로, 사후에는 추속적追贖的 : 뒤에 속죄를 하는으로 몸과 마음을 재계齋戒함으로써 신神에게 가까이 할 수 있게, 또는 멀어지지 않게 하는 종교적인 행사이니, 하라히ハラヒ : 祓라 일컫는 말뜻을 밝혀냄으로써 그 원시적 의미를 찾아볼 것이다.

일본에서의 고래古來 : 예부터 전해옴의 해석에 의하면 하라히ハラヒ, 또는 하라헤ハラヘ는 아라히アラヒ와 같은 뜻으로서 씻어서 깨끗하게 하는 뜻이 있다고 하나, 이것은 행사行事의 형상形相에 의해 말한 것으로서 그릇된 천착이라고까지는 말할 수 없다 하더라도, 우리의 보는 바로는 진실을 뚫은 해석이라고 생각되지 않는다.

조선의 신사神事는 대략 「굿Kut」, 「놀이Nori」, 「풀이Puri」의 종류로 나눌 수 있는데, 그 중에서도 풀이Puri는 삼자三者를 통틀어서 일컫는데 쓰이는 것으로 생각된다. 「풀이Puri」는 축살逐煞**을 <살풀이>, 구사驅邪 : 삿된 기운邪氣을 몰아냄를 <뜬것풀이>라고 하며 통상어通常語에도 발민撥悶 : 번잡한 마음을 제거함을 「화火풀이」, 보원報冤 : 원을

---

* 부정(不淨 : 더러움)을 물로 씻어내 깨끗이 한다는 뜻. '미'는 몸(身), '소기'는 '스스구'의 교체형으로 '소소구'를 생각하며 '미소소기'가 '미소기'로 된 것. 일본 고대신화집 ≪고사기(古事記)≫ 상권에 요모츠쿠니(黃泉國)에서 도망 나온 이자나키노미토토(伊耶那岐命 : 伊奘諾尊)가 쓰쿠시(筑紫)의 히무카(日向) 소문(小門)에서 목욕재계(齋戒)하는 신화가 나온다. 이때 재계의 의미로 미소기(禊)란 말이 쓰이는데, 재계의 재(齋)도 '미소기'로 발음한다. 계(戒)는 '하라이'로 발음하여 불(祓)과 똑같다. 이는 고대 일본에서도 한국과 같이 부정을 해소하고 액을 막는 방법으로 목욕재계의 의례가 치러졌음을 의미한다.

** 살을 쫓아냄. 살(煞)이란 사람이나 물건을 해치는 독하고 모진 기운. 악귀의 짓을 말함.

풀음을 「분憤풀이」라 함 등에 비추어 보아서, 쫓아낸다, 떨어버린다 하는 뜻임을 알 수 있고, 또 한편으로는 사신邪神: 사악한 귀신, 악귀 惡鬼에 공물供物: 귀신에 바치는 제물을 바치는 것을 「풀어먹이Purömŏki」, 즉 풀이Puri하여 먹인다는 일도 있으므로 풀이Puri에 공궤供饋: 윗사람에게 음식을 드림하는, 제사하는 뜻이 있음도 미루어 알 수 있는데, 그 가장 본뜻은 도쿠トク: 풀다, 호토쿠ホトク, 지라스チラス: 흩어놓다, 노쿠ノク: 물러나다의 뜻으로서 결체結滯: 맺힌 것을 융해融解: 녹여 풀어냄한다, 또는 분노를 누그러뜨린다, 증오를 푼다 등 종교적으로 말해서 예穢: 더러움을 버리고 정淨: 깨끗함을 취하며 죄를 소멸하고 선善으로 돌아가며 화액禍厄을 돌려서 길상吉祥에 가까이 하며, 악령을 피하고 선령善靈으로 감 등이 원래 「풀다」는 하나의 원뜻原義에서 파생된 것임에 다름 아니다.

일본 신도神道에서의 하라히祓란 것도 원래 이와 같은 성질의 것으로서, 스스로의 힘으로 씻어버리는 것도 아니요, 또 깨끗이 될 까닭도 없으며, 계禊* 등의 방법으로 몸을 깨끗이 함은 신神에의 하라히祓의 전제로서 그 실체는 아닌 것을 조선의 풀이Puri에서 밝혀졌고, 하라히祓란 호칭 그것이 이미 풀이Puri의 일본어형에 지나지 않음은 음운상 명백한 일이다.

풀이Puri와 하라히祓와의 동원同源 관계를 보여주는 하나의 증좌證佐로서 하라헤쿠시ハラヘクシ**의 양국兩國 동형同形을 들 수 있다.

---

* 계제사 계. 물가에서 행하는 요사(妖邪: 요괴妖怪)를 떨어버리기 위한 제사. 음력 3월 상사(上巳)일에 행하는 것을 춘계(春禊), 7월 14일에 행하는 것은 추계(秋禊)라 함.

제17장 • 조선과 일본과의 제사상의 일치 **191**

≪고려사高麗史≫ 권40卷四十 공민왕恭愍王 13년1364년 여름 4월에,

「辛丑燃燈, 觀呼旗戲於殿庭, 賜布, 國俗以四月八日,
是釋迦生日, 家家燃燈, 前期數日, 群童剪紙注竿爲旗,
周呼城中街里, 求求布爲其費, 謂之呼旗.」

◆ 풀이 : 신축일辛丑日에 연등을 베풀다. 왕은 대궐 앞뜰에서 호기희呼旗戲 : 깃발을 부르는 놀이를 관람하고 포목옷감을 하사하였다. 나라 풍속에 4월 8일은 곧 석가모니의 생일이라 해서 집집마다 등을 밝혔다. 이를 앞두고 며칠 동안 아이들은 무리를 지어 종이를 잘라 나무 대에 붙여 깃대를 만들어 가지고 성안의 거리로 돌아다니며 소리를 질러 쌀과 포목을 구하여 그 비용으로 삼았는바, 이를 호기呼旗라 이름 하였다.

라 쓰여 있음과, ≪용재총화慵齋叢話≫* 권지이卷之二 세시명일소거지사歲時名日所擧之事 : 일 년 중 설날과 명절 때의 행사들에,

「四月八日燃燈, 俗言釋迦如來誕生辰也, 春時兒童剪紙爲旗,
剝魚皮爲鼓, 爭取爲群, 巡閭巷, 乞燃燈之具, 名曰呼旗,
至是日, 家家樹竿懸燈 ……」

** '히라히쿠시'라고도 함. 일본 고대 고신도(古神道)의 액풀이 민속인 불천(祓串)을 말한다.

* 조선 초기의 문신 용재(慵齋) 성현(成俔 : 1439~1504년)이 지은 잡록(雜錄)으로 10권. 분량은 많지 않으나 기록한 내용이 다양하여 총화(叢話)라는 제목을 붙였다. 고려 때부터 조선 성종 때까지의 민속과 문학에 대해 많은 비중을 두고 서술했으며 역사, 지리, 종교, 음악, 학문, 서화, 문물제도 등도 다루고 있다. 유명인사에서 하층민까지 신분이나 소재에 관계없이 서술 대상으로 삼아 음담패설조차 포함시켰다. 민속학과 구비문학 연구에 도움을 많이 주는 자료이다.

◆ 풀이 : 사월 팔일은 등을 단다. 세상에서 말하기를 이날이 석가여래釋迦如來가 탄생한 날이라고 한다. 봄철에 아이들이 종이를 잘라서 기旗를 만들고, 물고기의 껍질을 벗겨서 북을 만들어 가지고 다투어 무리를 지어서 마을과 거리를 돌면서 연등감을 달라고 조른다. 이것을 이름 하여 호기呼旗라고 한다. 이날이 되면 집집마다 장대를 세우고 등을 단다. ……

이라고 한 호기呼旗는 이두吏讀로 「불기Purki」라 읽을 것으로서 신라의 불구내弗矩內가 고려에서 팔관회八關會란 이름을 쓰게 된 듯함과 같이, 고신도古神道 하라헤쿠시ハラヘクシ : 祓串가 불교행사에 흡수되어 전화轉化된 것임은 의심할 여지가 없다. 여기에 소위 「전지위기剪紙爲旗 : 종이를 잘라 기를 만듦」란 불천祓串 : 가는 나무에 종이를 가늘게 오려서 붙인 것이요 ─ ≪언해言海≫에 나옴 ─ 앞서 기록한 ≪청회전淸會典≫의 「…… 오색 능라 비단 각 9척을 잘라 가닥실처럼 만들어 …… 조선 종이 80장을 종이돈으로 만든다」라는 것이며, ≪영고탑지寧古塔志≫에 쓰여 있는 「솟대 꼭대기에 천 조각들을 매달다竿頭繫布片」와 상통하는 것이다.」

이와 같이 하라히ハラヒ : 祓를 통하여 개인적, 소극적, 원시적 신사神事 : 신령행사에 있어서 조선과 일본이 명실 공히 긴밀한 일치를 보이며 만주滿洲 또한 유연지類緣地 : 같은 인연이 있는 땅임을 방불케 함도 그 계기는 조선의 「풀이」에 있는 것이다. ─ 계禊에 관해서는 생략한다. ─

더욱이 흥미로운 것은 부정不淨 : 깨끗하지 않은 것, 촉예觸穢 : 더러운 것을 접촉함, 죄장罪障 : 죄로 인한 업장業障. 장애물을 불정拂淨 : 깨끗이 씻어냄함을 의미하는 말이 수고邃古 : 아주 먼 옛날로부터 동아시아에서는 그

제17장 • 조선과 일본과의 제사상의 일치   193

형태가 한 가지로 같다는 것이다.

  한자의 푸닥거리할 불祓 자와 말 불弗, 풀성할 불茀, 재액을 없앨 불祓: 祓과 같은 뜻이 뺄 발拔의 뜻에서 인도되었음은 그렇다 하고, 불정拂淨: Purification, 정화淨化의 어원을 이루는 영어의 Pure, 불어의 Pur, 라틴어의 Purus(Putus), 산스크리트어의 Pur 등 모든 '깨끗이 한다'는 뜻의 말이 「풀이」와 유연類緣을 보임은 진실로 우연이 아니요, 그리하여 「풀이」의 사실과 한가지로 그 호칭의 오래됨을 증명할 수 있다. 이 일점一點에서도 조선을 통하여 볼 수 있는 불함不咸 문화의 지화支化: 분화分化와 불함문화를 통하여 조망할 수 있는 전 인류의 심오한 비밀이 신비로운 눈짓을 보내는 듯하다.

불 함 문 화 론　不 咸 文 化 論

제18장 • 불함문화권과 그 설자楔子*

이상의 소루疏漏 : 허술함한 고찰에 의해서도 붉pǎrk 중시의 문화가 어떻게 광범위에 걸쳐 깊은 근저根柢 : 뿌리를 가지고 존재하였던가를 대략 규지窺知할 수 있다. 그리하여 저술연대가 진대秦代 : B.C. 221~207 년 이후로 내려오지 않았으리라 여겨지는 ≪산해경山海經≫에는 이미 불함不咸 : Pǎrkǎn의 명칭이 대인大人, 백민白民**의 이름과 한가지로 기록되어 있고, ≪한서漢書≫에는 지금 조선에서 백산白山이라고 하는 것을 분려산分黎山 : Pǎr발으로 기재하였음을 볼 때, 문헌적으로도 붉pǎrk, 붉은Pǎrkǎn의 오래됨을 알 수 있으며, ≪위서魏書≫***에는 오환인烏丸人****의 신앙을 기록하되, 인간이 죽으면 그 혼백魂魄이 적산

---

* 꺽쇠. 또는 어떤 사건을 이끌어내기 위해 따로 설명하는 절(節).

** ≪산해경≫ <해외서경(海外西經)>과 <대황동경(大荒東經)>에 나온다.

*** 중국 정사(正史)의 하나로 북제(北齊)의 학자 위수(魏收 : A.D. 506~572년) 가 편찬한 기전체(紀傳體) 사서(史書). 총 130권을 본기(本紀) 4권. 열전(列傳) 96권, 지(志) 20권으로 구성. 북위(北魏) 도무제(道武帝)의 건국부터 동위(東魏) 효정제(孝靜帝)의 즉위(A.D. 386~550년)까지 모두 14제(帝) 165년이 역사이다.

**** 중국 한나라 때부터 위(魏)나라 초기에 걸쳐 내몽골 동부 지역에 살던 유목민족. 후한(後漢) 때에 강성했다가 위나라 조조에게 패한 후 쇠퇴하여 원래 이웃 동네에 살던 선비족이 세운 북위(北魏)에 복속되어 멸망.

赤山이란 영지靈地로 돌아간다 하여 사자死者가 있으면 개나 소 등을 붙여서 적산赤山으로 호송한다 하였는데, 이 적산 또한 대갈Taigăr의 한 간략형으로서 명실 공히 태산泰山, 금강산金剛山 등과 부합함과 같으므로 대갈Taigăr 신앙의 보편함을 알 수 있다.

몽골의 건국신화는 천명天命을 받은 창랑蒼狼 : 푸른 이리과 그의 처 백빈록白牝鹿 : 하얀 암사슴이 불아한산不兒罕山*에 거하여 국조國祖를 탄생시켰음을 전하고, 만주滿洲의 창업담創業談** 또한 장백산長白山의 동쪽 포고리산布庫哩山 아래 포륵호리지布勒瑚哩池의 주과朱果 : 붉은 과일 이적異蹟을 말하는 것을 볼 때 불함문화 계통의 전통 사상의 보편성에 놀라지 않을 수 없다. 또한 몽골어에서 신불神佛을 통틀어서 「부리칸」***이라 하며, 악륜춘인鄂倫春人****은 집집마다 팔납한八拉罕 :

---

* 몽골어로 '부르한칼둔'. 신성한 높은 산이라는 뜻이다.
** 청나라를 건국했던 만주족의 거점이던 동북 지방의 역사지리와 신화, 풍속, 종교 등을 기록한 ≪만주원류고(滿洲原流考)≫(1778년, 건륭乾隆 43년) 권일(卷一)에 나온다. 이 책은 전부 20권인데, 맨 처음 부족(部族 : 1~7권)의 발상(發祥)에 관한 신화를 얘기하고 있다. 옛적 장백산(長白山 : 백두산) 동쪽에 포고리산이 있었고, 그 아래 포륵호리라는 연못이 있었는데, 이곳에서 세 천녀(天女)가 하늘에서 내려와 목욕을 하였고, 그 중 막내 천녀가 신령스런 까치가 물어다준 붉은 열매를 먹고 잉태하여 사내아이 하나를 낳았다는 것이다. 이 아이가 장성한 후 엄마 천녀가 출생의 비밀을 얘기해주자 성(姓)을 애신각라(愛新覺羅)로 지어주었고, 하늘이 너를 낳았으니 나가서 어지러운 나라를 평화롭게 만들라고 말했다는 내용이다. — 원문 : http://cafe.daum.net/mookto (사료보관실) → <만주원류고> 1권
*** 부르한(Burkhan)을 말한다. '부르칸'이라고도 발음. 하늘신[天神]을 총칭하는 말. 2008년 8월 16일 여행 TV의 <POLARIS> 프로에서 몽골전통음악 '후미(성악聲樂)'에 관한 다큐를 보던 중 서부몽골 알타이산맥 근처의 한 전통 천막집 겔(gel)의 해체과정에서 겔 중앙(中央)의 둥그런 꼭대기 창문을 받

'부르한'의 한자 표기의 신단神壇을 설치하고, 색륜인索倫人*의 집에는 반드시 「보로한」을 모셔놓았으며, 「길리악」**에서는 산신山神에 「바드」란 이름이 있고, 조선에서의 부군府君 : Pukun 내지 Taigam 존숭, 일본에서의 신도神道 제파諸派, 유구琉球에서 햇님의 앞유구어琉球語로 태양을 Fi, Pi라 한다 신앙과 함께 동방의 제민방諸民邦에 현재까지도 은연 중 공통의 문화 속에 자라고 있음을 살펴볼 수 있다.

붉părk 사상의 학구적 흥미를 자아냄이 어찌 단지 역사적 일면에 그칠 것인가? 만연漫然히, 아무 생각 없이 되는 대로 아세아주의亞細亞主義***를 설說하는 자 또한 그 정신적 지주支柱로서 이를 한번 돌아

쳐주는 나무기둥을 현지인들이 '발간'이라 부르는 것을 들었다. 몽골인들은 집안의 나무기둥을 천상의 신계(神界)로 통하는 접점이자 매개목으로 사용했음을 이 '발간(Burkhan)' 명칭으로 알 수 있다.

**** 오로첸(Oroqen)이라고도 함. 고대의 동이족(東夷族)이 분화되어 만주 북부와 장백산(백두산) 부근에 정착해 살던 소수 민족들 중의 하나. 현재에도 중국 내몽골 지역과 흑룡강성 북부 대흥안령산맥, 러시아 연해주 지역에 거주하고 있다. 현재 인류학 분류로는 북방 퉁구스족으로 에벤크(Evenk : 어웡크)족으로 보기도 함. 일제하(日帝下) 백석(白石) 시인의 <북방에서>란 시에 솔론족과 함께 우리의 정다운 이웃으로 표현되어 있다.

* 솔론(Solon)족을 말함. 고대로부터 만주 북부 눈강(嫩江) 유역과 내몽골 대흥안령산맥 서북부 자락의 훌룬부이르 초원 등지에 살고 있는 소수 종족으로 우리 민족과 매우 가깝다. 퉁구스어 방언의 하나인 솔론어를 사용하며 농업, 목축, 수렵에 종사하고 샤머니즘(천신교天神敎)을 신봉한다.

** 길랴크(Gilyak)족으로 아무르강(흑룡강) 하류 지방과 사할린 북동부 등지에 사는 몽골계 인종. 주로 순록을 사육하고 고기잡이를 하며 생활한다.

*** '범아시아주의'라고도 함. 19세기 이후 인류학의 발전에 따라 한국, 중국, 일본, 몽골 등 아시아를 황인종의 대륙이라 정의하고 서양 백인들의 제국주의에 대항하는 아시아의 지역적 동맹과 화합, 평화를 강조하던 견해들

볼 필요가 있을 것이다.

요컨대 흑해黑海에서 리해裏海 : 카스피해를 거쳐 파미르의 북동 갈래인 천산天山산맥*으로 하여 알타이산맥**, 사얀산맥***, 야블로노이산맥****을 따라 다시 남으로 전轉 : 구름하여 흥안령興安嶺산맥*****과 태

을 총칭한다. 중국의 손문, 양계초, 한국의 악명 높던 일진회의 이용구와 송병희, 일본의 오카쿠라 가쿠조(岡倉覺三) 등이 여기에 속한다. 당시의 세계 정세에 비해 비현실적 이상론 내지 허구에 다름 아니었으나, 19세기 말에서 20세기 초 그 시대의 사회사상적 유행어였던 것은 사실이다. 이등박문도 입만 열면 소위 아세아주의에 입각한 "동양평화"를 외쳤고, 안중근 의사도 동양평화를 교란한 이등을 처단하고 옥중에서 ≪동양평화론≫을 저술했다.

* 중국 신강성 유오이 자치구에서 키르기스스탄까지 뻗어 있는 산맥으로 최고봉은 포베디봉. 한텡그리산 등 여러 높은 산이 많이 있다. 타림분지와 타클라마칸사막을 분리시키며 교통로가 발달해 있고, 농업과 목축업도 활발하다. 해발고도 3,600~4,000미터, 길이 2,000킬로미터, 너비 400킬로미터.

**중국과 몽골, 러시아연방의 영토에 걸쳐 있는 중앙아시아의 복합 산계(山系). 고비사막에서 서시베리아 평원까지 남동에서 북서 방향으로 뻗어 있으며 길이는 1,600킬로미터. 알타이는 투르크어, 몽골어로 '황금으로 이루어진'이라는 '알탄'에서 유래. 수많은 황인종 원주민들이 수천 년 전부터 분지에서 유목을 하며 살아오고 있다.

*** 러시아 중동부 크라스노야르스크 지역의 남부와 이르쿠츠크 주의 남부, 투바공화국의 북부 및 부리야트공화국 서부 등에 걸쳐 있다. 북쪽으로 불룩한 활 모양을 이루는 이 산맥은 서쪽의 알타이산맥에서 동쪽의 바이칼호수를 향해 뻗어 있으며 호수 남쪽에서 자바이칼의 하마르다반 산맥과 연결된다. 동부의 한 봉우리인 문크사르디크산은 해발 3,491미터이다.

**** 러시아 연방 극동부 산맥. 치타주의 트란스바이칼 지방과 부리야트 몽골족 자치 공화국에 걸쳐 뻗어 있다. 북동에서 남서쪽으로 800킬로미터 뻗어 있으며, 시베리아 횡단철도가 야블로노바야의 낮은 고개를 통해 이 산맥을 관통한다.

행太行산맥* 이동以東의 땅과 조선, 일본, 유구를 포괄하는 일선一線에는 붉pärk 중심의 신앙과 사회조직을 가진 민족이 분포하여 그 종족적 관계는 차치하고 문화적으로는 확실히 일연쇄一連鎖 : 하나로 연결된 쇠사슬를 이루고 있었다.

그 본원지로부터 천사遷徙 : 옮겨감 연대의 전후와 정착지의 환경적 제약으로 문명과 야만이라는 약간의 파별派別이 생기게 되었으나, 원래 동일한 근본에서 분기分岐된 설화를 그 건국 역사로 하여 분할적으로 전승하고 그것이 또 하나의 근본을 이루는 식으로 보편적이고도 강인한 하나의 신앙에 의해 잘 일치된 문화적 현상을 보유하였다.

그것이 원래 움직일 수 없는 신념적인 것, 즉 생활의 최상 규범으로 한 것이었기 때문에 부단히 더 강한 문화에 압박되면서 또는 고금古今 동서東西에 통하는 그 계통적 생명을 잘 유지하고 있었다. 이것이 중국과 인도의 양남계兩南系 : 두 남방 계통에 대한 동방東方문화의 북계北系 : 북방계를 이루는 불함〔不咸 : 붉은 : Pärkăn〕문화 계통으로 이 계통에 속하는 민방民邦에는 어떤 시기까지 특수한 역사가 없음이 그 일대一大 특색을 이룰 만큼 공통일치한 감정이 흐르고 있었

***** 중국 북동부 내몽골 자치구의 산맥으로 남북 길이는 약 1,200킬로미터이다. 동쪽의 만주 평원과 서쪽의 몽골 고원을 가르는 분수령이며 남북으로 승덕(承德) 평원에서 흑룡강 유역까지이다. 이 산맥은 동쪽으로 동북 만주 평원을 흐르는 요하(遼河)강과 송화강(松花江), 눈강(嫩江)의 수계(水界)와 북서쪽을 흐르는 흑룡강 상류와 그 지류들을 가르는 분수령이며, 남부의 서쪽 경사면은 몽골 고원과 이어진다. 고조선, 부여, 고구려 등 우리 민족의 시원과 깊은 연관이 있는 지역이다.

* 중국 산서성(山西省)과 하북성(河北省)의 경계를 이루는 산맥. 북에서 남으로 약 400킬로미터이다.

다. 〔붉părk〕에 조응照應되고 또 〔대갈Taigăr〕에 보호되어, 그들의 현실적, 이념적 일체 생활은 안태安泰 : 안정과 태평와 만족을 얻는다는 것이었다. 그리하여 그 명백한 징빙徵憑과 끽긴喫緊 : 매우 긴요함한 계기를 이루는 자가 조선 역사상에 있어서의 단군壇君 : Taigăr과 부루夫婁 : 발Păr와 그 교教로 하는 「풍류風流 : 발Par, 붉părk」도道이며 팔관회八關會 : 붉은Părkăn와 부군府君 : 붉은Părkăn 신도神道 내지 국선도國仙道인 것이다.

오늘날 동아시아, 특히 그 북부에서의 많은 민족분파의 원위源委 : 원천와 문화구성의 내용은 아직도 학계의 처녀지에 속하여 갑자기 그 진실과 상세를 알기 어렵다 하나 우리는 이 붉părk 사상의 탐구에 의해 그 연원의 대간大幹 : 큰 줄기을 담사이로 들여다본 듯한 감이 있어, 이것을 더듬고 이것에 기초하여 동아시아 고대 문화의 진정한 설명은 되는 것이 아닌가 함을 년래年來로 생각하고 있다.

종교상, 언어상, 인류학적으로 민족학적으로 비교 찬핵鑽覈 : 연구하여 사실을 밝힘되어 동아시아문화의 비건秘鍵 : 비밀의 열쇠이라고도 생각되는 단군壇君이 일지반해一知半解*의 상식적 학자에 의해 맹타盲打**당함을 볼 때 마다 아슬아슬하여 몹시 민답憫沓***함을 느끼며, 한편 동아시아의 문화라 하면 모두가 중국 본위 내지 인도 본위로 보고 또한 가치 지을 것인 것처럼 운위됨을 볼 때마다, 동양학의 진전 없음이 성심成心 : 마음 됨됨이과 선입관先入觀에 기인함이 많음을 개탄하지 않을 수 없다.

근자近者 : 요즈음에 이르러 차츰 인문과학적, 민속학적 연구의 바

---

* 하나를 알되 반쯤밖에 이해 못함. 아는 것이 매우 적은 상태를 이르는 말.
** 보지도 알지도 못하며 덮어놓고 마구 때림.
*** 민망(憫惘)스러운 걱정으로 가슴이 답답함.

람이 성행하여 학계에 새로운 국면이 열리려 함은 매몰되어 있는 동방문화의 본지本地 진상眞相을 밝힌다는 점에서 진실로 기뻐하여 마지않는 바로서 오늘 이후의 기대는 오로지 이 방면에 있다고도 하겠다. 우리가 동방내지 전 인류 문화의 드러나지 않은 일면이요, 그 종합적 시찰의 초점이라고 보는 이 붉park 사상이 오늘 이후 많은 총명지사聰明之士 : 총명한 학자들에 의해 더욱더 그 비유祕幽 : 비밀가 개발되어 그 체계와 성질이 명백히 드러난다면 인류 문화를 밝게 살펴볼 수 있는 아주 큰 신광명新光明을 가져오게 될 것이다.

〔이 글은 원래 신문의 연재물로 할 생각으로 기초起草하였기 때문에 일반적으로 통하는 쉽고 간단한 서술을 주로 하고 의거依據, 인증引證을 생략했다. 단 14~17장은 뒤에 보충하였다. 서술의 체제가 같지 않음은 그 때문이다. 1925년 12월 27일 탈고脫稿.〕

불 함 문 화 론　　不　咸　文　化　論

● 최남선 년보年譜

- 역주자 작성

1890년 4월 26일	서울 출생. 본관은 동주(東州 : 철원).
	자(字)는 공육(公六), 호는 육당(六堂), 육당학인(六堂學人), 한샘, 남악주인(南嶽主人), 대몽(大夢), 백운향도(白雲香徒), 곡교인(曲橋人), 축한생(逐閑生) 등.
	6~12세까지 한글과 한문 수학.
1902년	일본인이 경영하던 일어학원 <경성학당>에서 3개월간 일본어와 산술을 배움. 이후 <대판조일신문(大阪朝日新聞)>을 정기구독.
1904년 10월	황실(皇室)유학생으로 선발, 일본 동경부립(府立) 제일중학교 입학. (한 달 반 만에 중퇴, 이때 최린 만남)
1905년 11월	'을사늑약' 이후 <황성신문>에 시국개탄논설을 투고, 헌병대에 체포, 한 달 만에 풀려남.
1906년 4월	일본 와세다대학 고등사범부 지리역사학과 입학. 안창호, 이광수, 홍명희 만남. 3개월 후 자퇴.
1908년	'문장구국(文章救國)'의 의지로 <신문관(新文館)> 출판사 창립. 일본 동경에서 최신식 인쇄기를 거액에 구입. 조판·식자·인쇄기술자 5명 데리고 귀국.
	민족운동 비밀결사 신민회의 합법적 외곽단체인 <청년학우회> 발기인으로 참여, 중추적 역할 담당. 윤치호, 차이석, 이승훈 등이 발기인.

1908년	최초의 신체시 <해에게서 소년에게> 발표.
1908년	근대 종합잡지의 효시 <소년> 창간. ≪해상대한사(海上大韓史)≫ 연재.
1910년 10월	<조선광문회(朝鮮光文會)> 설립. 고문헌 보존과 간행. 국어사전의 편찬을 취지로 함. 1918년까지 20여 종의 고전을 발간하고 한국 최초의 국어사전과 현대적 한자자전을 편찬함(참여인사 : 박은식, 유근, 김교헌, 이인승, 남기원, 주시경, 김두봉, 임규, 권덕규, 장지연, 현채 등 당시 대종교大倧敎 관련 인사들이 많았음).
1915년	≪고조선인의 지나연해(支那沿海) 식민지≫ 발표. 고대사(古代史)에 관한 최초의 논설.
1916년	≪시문독본(時文讀本)≫ 발간. 신문장 건립 운동의 일환으로 주시경의 ≪말의 소리≫(1914)와 김두봉의 ≪조선말본≫(1916), '6전소설' ≪춘향전≫, ≪장화홍련전≫, ≪심청전≫, ≪흥부전≫과 ≪신교(新校) 옥루몽≫(1912~1913), ≪신교 수호지≫(1913), ≪고본(古本) 춘향전≫(1913) 등도 신문관에서 간행함.
1918년	≪계고차존(稽古箚存)≫ 발표. 본격적인 고대사 논설.
1919년	3.1 운동 <독립선언서> 작성. 민족대표 47인 중의 1인으로 체포. 2년 8개월간 복역함.
1922년 9월	출판사 <동명사> 창립, 주간지 <동명(東明)>을 발간.
1922년	≪조선역사통속강화개제(朝鮮歷史通俗講和開題)≫ 발표. '조선인의 손에 의한 조선학'의 수립을 제창, 민족적 자아를 지키는 정신, 민족적 자아를 발휘하는 사상, 민족적 자아를 규명하는 학문을 세울 것을 주장함.
1924년	일간지 <시대일보> 창간, 2개월 만에 보천교에 경영권과 발행권을 넘기고 실패함.

1925년	≪불함문화론≫ 탈고. 지리산 여행기 ≪심춘순례(尋春巡禮)≫ 발표.
1926년	≪단군론(壇君論)≫ 발표. ≪풍악유기(楓嶽遊記)≫ <시대일보>에 연재. ≪백두산근참기(白頭山覲參記)≫ 발표. 근대 이후 최초의 창작시조집 ≪백팔번뇌(百八煩惱)≫ 발간.
1927년	≪아시조선(兒時朝鮮)≫, ≪삼국유사해제≫, ≪살만교차기(薩滿教箚記)≫ 등을 발표.
1928년	≪단군신전(壇君神典)의 고의(古義)≫, ≪단군신전(壇君神典)에 들어 있는 역사소(歷史素)≫ ≪민속학상으로 보는 단군왕검≫, ≪단군급기연구(壇君及其研究)≫ 등을 발표, 자신의 단군 연구를 집대성. 금강산 여행기 ≪금강예찬(金剛禮讚)≫ 발간. 역대 시조 모음집 ≪시조유취(時調類聚)≫ 간행, 시조부흥운동 실천함.
1928년 9월	진흥왕 순수비(巡狩碑) 중 하나인 <마운령비>를 함흥 이원에서 발견. 역사적 의미가 컸음. ≪조선사편수회≫ 위원이 됨.
1928년	만주 ≪만몽일보(滿蒙日報)≫의 고문이 됨.
___ 4월	만주 건국대학 교수로 취임.
1930년	≪조선역사강화(講話)≫ 발표, 최초의 통사(通史).
1935~1936년	≪고사천자(故事千字)≫ 발표.
1941년	≪만몽문화(滿蒙文化)≫ 발표. 두 번째 통사.
1943년 11월	일본 동경에서 학도병 지원 연설. 한국통사 ≪고사통(故事通)≫ 발간.
1945년	≪국민조선역사≫, ≪조선독립운동사≫ 발간. ≪한국역사사전≫ 집필 시작.

1946년	≪조선상식문답≫ 발간.
1947년	≪조선상식문답속편≫, ≪역사일감(歷史日鑑)≫ 발간.
1948년	≪조선상식≫ 발간.
1949년 2월	반민족행위특별조사위원회에 이광수와 함께 체포되어 서대문 형무소 수감됨. 당시 감찰위원장이던 위당 정인보가 공판에 증인으로 출석, 육당은 친일파가 아니라고 증언함.
	옥중에서 자신의 친일 행위에 대한 해명과 속죄를 자필로 작성한 ≪자열서(自列書)≫ 제출.
1952년	서울 우이동 자택의 소장도서 17만 권 화재로 소실.
1957년 10월 10일	68세로 작고(作故).
1957년 12월	≪사상계(思想界)≫ 발행인 장준하는 육당 서거 특집호(송년호)를 발행하여 우리 국민은 생전의 육당에게 너무 가혹했다며 그가 남긴 공적이 생전의 과오보다 훨씬 많다고 평가함.
1958년	함석헌은 ≪신태양≫에 실린 글 <육당·춘원의 밤은 가고>라는 글에서 "그들은 왜 끝내 곧추 서서 울지 못했나? 그것을 그들의 개인적인 책임에만 돌리는 것은 너무도 옅은 일이다. 정말 책임은 민중 자신이 지지 않으면 아니 된다. …… 육당·춘원의 생애는 하나님의 민족에 대한 심판이다. 그러므로 민중은 자기 가운데 서는 인물에서 자기상을 읽어내며 반성해야 할 것이다. …… (중략). 우리나라는 예로부터 인물 대접할 줄을 모른다. 그것이 우리의 국민적 성격의 큰 결함이다"라고 직언했다.
1967년	최남선 소장도서 22,000권 고려대에 기증.
1973년	고려대 아세아문제연구소, 육당전집편찬위원회 결성. 6

년간 작업 끝에 ≪육당최남선전집≫ 15권 발간. 독립운동가 장준하 선생의 광복군 동지 김준엽 선생이 주도하고 전집 발간사까지 씀.

불 함 문 화 론　不 咸 文 化 論

• 참고문헌

1. 자료

육당전집편찬위원회, ≪육당최남선전집(六堂崔南善全集)≫ 15권, 고려대학교 아세아문제연구소, 현암사, 1973.
최남선, ≪단군고기전석(檀君古記箋釋)≫, ≪사상계(思想界)≫, 1954, 2월호.
단재신채호선생기념사업회, ≪개정판 단재신채호전집(丹齋申采浩全集)≫, 형설출판사, 1977.
안재홍선집간행위원회, ≪민세안재홍선집(民世安在鴻選集)≫, 지식산업사, 1978.
≪담원(薝園) 정인보전집(鄭寅普全集)≫, 연세대학교출판부, 1983.
≪자산안확국학논저집(自山安廓國學論著集)≫ 6권, 여강출판사, 1994
안확(安廓), <안자산국학논선집(安自山國學論選集)>, 최원식·정해렴 편역, 현대실학사, 1996.
문일평(文一平), ≪호암사론사화(湖岩史論史話)선집≫, 정해렴 편역, 1996.
홍기문(洪起文), ≪홍기문조선문화론선집≫, 김영복·정해렴 편역, 1997.
신채호, ≪주석(註釋) 조선상고사(朝鮮上古史)≫ 상·하, 이만열 주석, 단재신채호선생기념사업회, 1986.
신채호, ≪조선상고사≫, 박기봉 옮김, 비봉출판사, 2006.
＿＿＿, ≪조선상고문화사≫, 박기봉 옮김, 비봉출판사, 2007.
＿＿＿, ≪새롭고 쉽게 읽는 단재 신채호의 조선사연구초≫, 박인호

옮김, 동재, 2003.
권덕규(權悳奎), ≪조선유기략(朝鮮留記略)≫, 상문관, 1929.
_____, ≪조선사(朝鮮史)≫, 정음사, 1945.
장도빈(張道斌), ≪한국의 혼(魂)≫, 경학사, 1998.
허신(許愼), ≪설문해자(說文解字)≫, 중화서국, 1992.
단옥재(段玉裁), ≪설문해자주(說文解字注)≫, 상해고적출판사, 1998.
육종달(陸宗達),≪설문해자통론(通論)≫, 김근 역(譯), 계명대학교출판부, 1996.
≪강희자전(康熙字典)≫, 중화서국, 1992.
≪산해경(山海經)≫, 정재서 역주(譯註), 민음사, 1993.
유향(劉向), ≪열선전(列仙傳)≫, 김장환 옮김, 예문서원, 1993.
갈홍(葛洪), ≪신선전(神仙傳)≫, 이민수 옮김, 명문당, 1994
≪이아주소(爾雅注疏)≫, 최형주·이준영 편저, 자유문고, 2001.
≪노자(老子)·장자(莊子)≫, 장기근·이석호 옮김, 삼성출판사, 1986.
일연(一然), ≪삼국유사(三國遺事)≫, 이병도 옮김, 양우당, 1988.
성현(成俔), ≪용재총화(慵齋叢話)≫, 남만성 옮김, 양우당, 1988.
장화(張華), ≪박물지(博物志)≫, 임동석 역주, 고즈윈, 2004.
≪서경(書經)≫, 차상원 역주, 명문당, 1985.
_____, 김관식(金冠植) 역주, 현암사, 1972.
사마천(司馬遷), ≪사기본기(史記本紀)≫, 정범진 외 옮김, 까치, 1995.
이수광(李睟光), ≪지봉유설(芝峯類說)≫, 남만성 옮김, 을유문화사, 1975.
≪갑금전예대자전(甲金篆隷大字典)≫, 서무문(徐無聞) 주편(主編), 사천사서(四川辭書)출판사, 1991.
≪중국학자료해제(中國學資料解題)≫, 이춘식 주편, 신서원, 2003.
구섭우(邱燮友) 외, ≪중국학입문≫, 박종혁 역주, 서해문집, 1996.
홍일식, ≪일제말 최남선의 학병출정권유는 우리 민족의 '군사지도자' 양성이 목적≫, 배진영 대담, 월간조선, 2008년 9월호, 432~447쪽.

배진영, ≪비밀자료발굴, 아이바기요시의 조선민족 사상에 대한 관견≫, 월간조선, 2008년 9월호, 448~457쪽.
이능화(李能和), ≪조선도교사(朝鮮道敎史)≫, 이종은 역주, 보성문화사, 1986.
일리야 N. 마다손 채록, ≪바이칼의 게세르신화≫, 양민종 역주, 솔, 2008.
≪알타이 이야기≫, 양민종 역주, 정신세계사, 2003.
≪일본서기(日本書紀)≫, 전용신 역주, 일지사, 2006.
≪고사기(古事記)≫, 오오노야스마로(大安萬呂) 지음, 권오엽·권정 옮김, 고즈윈, 2007.
도리이류조(鳥居龍藏), ≪인류학자와 일본의 식민지 통치≫, 최석영 역주, 서경문화사, 2007.
김부식, ≪삼국사기(三國史記)≫, 신호열(辛鎬烈) 역주, 동서문화사, 1978.
서긍(徐兢), ≪고려도경(高麗圖經)≫, 민족문화추진회 역주, 경인문화사, 1978.
오다니 나카오, ≪대월지(大月氏)≫, 민혜홍 옮김, 아이필드, 2008.
이규보, 이승휴, ≪동명왕편(東明王篇)·제왕운기(帝王韻紀)≫, 박두포 역주, 을유문화사, 1987.
최남선, ≪금강예찬(金剛禮讚)≫, 황영주 역주, 동명사, 2000.
_____, ≪조선의 상식≫, 최상진 해제, 두리미디어, 2007.
권태훈, ≪봉우일기(鳳宇日記)≫ 1·2, 정재승 역주, 정신세계사, 1998.
권태훈 외, ≪선도(仙道) 공부≫, 정재승 역주, 솔, 2006.
존 카터 코벨, ≪한국문화의 뿌리를 찾아≫, 김유경 역주, 학고재, 1999.
_____, ≪일본에 남은 한국미술≫, 김유경 편역, 글을읽다, 2008.
_____, ≪부여기마족과 왜(倭)≫, 김유경 편역, 글을읽다, 2006.
낸시 헤더웨이, ≪세계신화사전≫, 신현승 옮김, 세종서적, 2007.
중국지역문화대계편찬위원회, ≪제로문화(齊魯文化)≫, 商務印書館(홍콩),

　　　　1996.
_____, ≪동북문화(東北文化)≫, 商務印書館(홍콩), 1996.
앙드레 슈미드, ≪제국 그 사이의 한국≫, 정여울 역주, 휴머니스트, 2007.
박은식, ≪한국통사(韓國痛史)≫, 김승일 역주, 범우사, 1999.
세이쇼나곤(淸少納言), ≪침초자(枕草子)≫, 정순분 역, 지만지, 2008.
≪몽골비사(秘史)≫, 유원순 역주, 혜안, 1994.
스기야마 마사키(杉山正明), ≪유목민이 본 세계사≫, 이진복 역주, 1999.
오카다 히데히로(岡田英弘), ≪세계사의 탄생≫, 이진복 역, 2002.
사와다 아사오(澤田勳), ≪흉노≫, 김숙경 역주, 2007.
마쓰모토 히데오(松本秀雄), ≪일본인은 어디에서 왔는가≫, 박선술 역주, 보고사, 2001.
장광직(張光直), ≪고고학 특강≫, 김성희 역주, 예문춘추관, 2000.
조춘청(趙春靑)·진문생(秦文生), ≪문명의 새벽≫, 조영현 역주, 중국문명시리즈, 시공사, 2003.
윤성평(尹盛平), ≪신권(神權)의 일천년 — 상주(商周)시대≫, 시공사, 2003
왕충(王充), ≪논형(論衡)≫, 이주행 역주, 소나무, 1996.
　　　　　　≪능엄경(楞嚴經)≫
　　　　　　≪화엄경(華嚴經)≫
　　　　　　≪회남자(淮南子)≫
　　　　　　≪사현부(思玄賦)≫
　　　　　　≪제왕세기(帝王世紀)≫
　　　　　　≪오운역년기(五運曆年記)≫
　　　　　　≪후한서(後漢書)≫
　　　　　　≪술이기(述異記)≫
　　　　　　≪대대례(大戴禮)≫
　　　　　　≪시경(詩經)≫

≪구가(九歌)≫

≪황조(皇祖) 청문헌통고(淸文獻通考)≫

≪동국통감(東國通鑑)≫

≪고려사(高麗史)≫

≪소정잡록(嘯亭雜錄)≫

2. 단행본

국학연구소, ≪배달민족의 역사의식과 사상가들≫, 흔뿌리, 2008.
권태원, ≪고대 한민족 문화사 연구≫, 일조각, 2002.
그린비일본어연구실, ≪일본지명(日本地名)≫, 그린비, 1995.
김열규, ≪동북아 샤머니즘과 신화론≫, 아카넷, 2003.
김운회, ≪대쥬신을 찾아서≫, 1·2권, 해냄, 2006.
김원룡, ≪한국 고고학 개설≫, 일지사, 1986.
김정학, ≪한국상고사연구≫, 범우사, 1990.
김종래, ≪유목민이야기≫, 자우출판, 2002.
김화경, ≪일본의 신화≫, 문학과사상사, 2002.
김후련, ≪고대일본의 종교 사상≫, 제이앤씨, 2006.
문성화, ≪철학의 눈으로 본 민족사≫, 계명대학교출판부, 2007.
박시인, ≪알타이 신화≫, 삼중당, 1980.
_____, ≪알타이 문화사연구≫, 탐구당, 1970.
박종욱, ≪라틴아메리카 신화와 전설≫, 도서출판 바움, 2005.
박한제 외, ≪유라시아 천년을 가다≫, 사계절, 2002.
봉영아, ≪일본지식백과사전≫, 제일어학, 2006.
봉우사상연구소, ≪일만년 겨레얼을 찾아서≫, 정신세계사, 2001.
성삼제, ≪고조선 — 사라진 역사≫, 동아일보사, 2005.

시미즈 기요시·박명미, 《아나타는 한국인》, 정신세계사, 2004.
신용하, 《한국민족의 형성과 민족사회학》, 지식산업사, 2000.
양민종, 《샤먼이야기》, 정신세계사, 2003.
윤내현, 《고조선, 우리의 미래가 보인다》, 민음사, 1995.
_____, 《고조선연구》, 일지사, 1995.
윤해동 외, 《근대를 다시 읽는다》 2권, 역사비평사, 2006.
이덕일, 《교양한국사》 1권, 휴머니스트, 2003.
이덕일·김병기, 《고조선은 대륙의 지배자였다》, 역사의 아침, 2006.
이돈주, 《한자, 한어의 창으로 보는 중국고대문화》, 태학사, 2006.
이병기, 《가람문선》, 신구문화사, 1966.
이영화, 《최남선의 역사학》, 경인문화사, 2003.
이은봉 외, 《단군신화연구》, 온누리, 1986.
이형구, 《단군을 찾아서》, 살림터, 1994.
_____, 《단군과 고조선》, 살림터, 1999.
_____, 《한국고대문화의 기원》, 까치, 1991.
이홍규 외, 《바이칼에서 찾는 우리민족의 기원》, 정신세계원, 2006.
이훈종, 《국학도감(國學圖鑑)》, 일조각, 1968
임종국·박노준, 《흘러간 성좌(星座)》, 1·2·3권, 국제문화사, 1966.
정수일, 《한국 속의 세계)》 1·2권, 창비, 2005.
_____, 《문명의 루트 실크로드》, 효형출판, 2002.
_____, 《실크로드 문명기행》, 한겨레출판, 2006.
정재서, 《한국도교의 기원과 역사》, 이화여자대학교출판부, 2006.
_____, 《도교와 문학 그리고 상상력》, 푸른숲, 2000.
_____, 《불사(不死)의 신화와 사상》, 민음사, 1994.
정재승 외, 《바이칼, 한민족의 시원을 찾아서》, 정신세계사, 2003.
조동걸, 《현대한국사학사》, 나남출판, 1998.
조옥구, 《21세기 신설문해자(新說文解字)》, 백암, 2005.

조흥윤, ≪한국의 샤머니즘≫, 서울대학교출판부, 1999.
주채혁, ≪순록치기가 본 조선·고구려·몽골≫, 혜안, 2007.
_____, ≪순록유목제국론≫, 백산자료원, 2008.
최기영, ≪식민지시기 민족지성과 문화운동≫, 한울, 2003.
최몽룡, ≪한국문화의 원류를 찾아서≫.
한국구비문학회, ≪동아시아 제민족의 신화≫, 박이정, 2001.
한배달, ≪시원문화를 찾아서≫, 컴네트, 1988.
한영희 외, ≪한국민족의 기원과 형성≫ 上·下, 소화, 1997.
홍일식, ≪육당연구≫, 일신사, 1959.

  ≪천지우문(天咫偶聞)≫
  ≪대청회전(大淸會典)≫
  ≪만주제천전례(滿洲祭天典禮)≫
  ≪영고탑지(寧古塔志)≫
  ≪위지(魏志)≫
  ≪오주연문장전산고(五洲衍文長箋散稿)≫
   (이상 본문에 주석이 되어 있는 자료들은 저자, 역자, 출처 등을 생략함.)

3. 논문

강혜수, <최남선의 만몽(滿蒙) 의식과 제국의 욕망>, ≪한국인의 동아시아의식과 구상 : 역사와 현재≫.
김승찬, <최남선론>, ≪한국민속학≫ 28호, 1995.
류시현, <1920년대 최남선의 조선학연구와 민족성 논의>, ≪역사문제연구≫ 제17호, 2007.
박성수, <육당 최남선 연구 ― 「자열서(自列書)」의 분석>, ≪국사관논총≫ 28호, 1991.

박은숙, <만주국 건국정신과 육당의 불함문화론>, ≪한국어문학연구≫ 제5집, 2008.

보판우이(保坂祐二), <최남선의 불함문화론과 일선동조론>, ≪한일관계사연구≫ 12호, 2000.

서경신, <최남선의 역사인식과 단군 연구>, 연세대교육대학원 석사학위논문, 1994.

서영채, <기원의 신화를 향해 가는 길 : 최남선의 백두산 근참기>, 2006.

석지영, <육당 최남선의 역사인식 ― 고대사 연구를 중심으로>, ≪이대사원(梨大史苑)≫ 27, 1994.

이병도, <사가(史家)로서의 육당>, ≪사상계≫ 2, 1958.

이영화, <최남선의 통사서술에 나타난 역사인식의 변천>, ≪한국사학사학보≫ 4, 2001.

_____, <최남선 단군론의 전개와 그 변화 ― 단군(檀君)에서 단군(壇君)으로, 단군(壇君)에서 단군(檀君)으로>, ≪한국사학사학보≫ 5, 2002.

임수만, <육당 최남선론>, ≪국어국문학≫ 142호, 2006.

전봉수, <부랴뜨인 민족정체성에 관한 연구>, 전북대대학원 고고문화인류학과 문화인류학 석사학위논문, 2008.

전성곤, <최남선의 불함문화론 다시 읽기>, ≪역사문제연구≫ 제16호.

조윤정, <최남선의 신화연구와 문학의 관련 양상>, ≪고려인 강제이주 70주년기념학술대회 논문집≫.

정경숙, <계고차존(稽古箚存)을 통해 본 최남선의 고대사론>, ≪규장각≫ 6호, 1982.

지명관(池明觀), <신채호사학과 최남선사학>, ≪기요(紀要)≫ 48, 동경여자대학교 비교문화연구소, 1987.

최석영, <전통의 창출과 민족주의>, ≪비교민속학≫ 제12집, 1995.

최석영, <일제하 최남선의 비교종교론과 전통의 창출>, ≪호서사학≫ 제26집, 1995.

황애리, <육당 최남선의 한국사인식에 대한 연구>, 이화여대 교육대학원 석사학위논문, 1993.

불함문화론 不咸文化論

• 찾아보기

‖ ㄱ ‖
가라 61
가락국기 185
가락설화 115
가람 109
가비구니 185
가하 59
각반 51
간적설화 168
갈성 금강 90
갈성산 89
감생제 168
갑비 102
강講 185
강중 183
강탄 151
개골 67, 86
개구 75, 85
개재 86
거서간 107
거인화생설화 161
건남상웅일자신 101
건속수좌지남명 100
건어뇌신 101
건어뇌지남신 100

건어명방신 101
건어창명 101
게르만족 132
게실 157
게실 보그도 152
계契 185
계禊 190
계고차존 12
계자 115
고견 90
고광 91
고국 90
고궁 90
고기 150
고려사 184, 192
고리 85
고비매신 99
고사기 44
고사기전 97
고신사 89
고야 90
고양 89
고어산소일신 98
고어좌 91
고웅산 89

고일이만 132
고조광원대신 99
고조선인의 지나연해 식민지 12
고진희명 98
고천산 90
고천수 15, 43, 45, 46, 48, 62
고천수지봉 45
고천언신 98
고천언신사 90
고천원 69, 87, 90, 91, 94, 97
고향 102
고향의 묘 102
곤륜 125
공적신 177
광명신 138
광명이세 94
광성자 82
광화명채 94
교사고 182
교사지 155
구가 173
구사 190
구점 86
구주 48, 50
구지포류 44
국선 189
국선도 200
국선지도 189
국조본기 90
굴원 173
굴월 55
굿 190
권덕규 12

귀성 90
근강 54
금강산 61, 64, 86, 196
금계 75
금란 115
금성 백계 115
기기 54
기달 67
기련천산 127
길리악 197
김교헌 12

‖ ㄴ ‖
나을 107
나철 12
난랑비 105
난생 모티브 168
난생유기 168
난야 109
난정수계 188
남만 서남이 열전 161
남모 189
남조선 111
남해중 161
낭지천도 189
노魯 74, 85
노쿠 191
놀이 190
뇌신 100, 133
능엄경 66

‖ ㄷ ‖
다가 90

다가모구신사　102
다게스탄　124
다도해　123
다사이지두기명　101
다카　90, 91, 102
다카마　69, 88
다카무쿠 신　102
다카치호　15
다케　88, 102
다키　102
다하　90
다하대신　98
단壇　114
단고丹後　53
단구　156
단군기　150
단군壇君　35, 114, 157, 169, 174, 200
단군신화　37
단바丹波　53
단주본　163
당굴　117
당굴레　117
당산　176, 178
당요　174
당자　178
대岱　73
대가　156
대가리　67
대갈　67, 68, 74, 76, 85, 87, 88, 89, 91, 97, 102, 104, 114, 158, 167, 168, 196, 200
대갈밝　158

대갈산　49, 67, 69, 75, 80, 89
대갈인　79
대감　68, 69, 76, 102, 104, 117
대관봉　76
대국주신　99, 101
대군　156
대군야　165
대기귀신　98
대년신　101
대대례　165
대라　156
대모신　168
대방　172
대산　51, 62, 87, 88
대아　170
대여신　97
대우모　145
대인大人　79, 158, 195
대인大尼　78
대인국　79
대일령　97
대종　73, 75
대종교　12
대지　165
대청회전　179
대행　49
대행야차　49
대화　54, 90
데우칼리온　136
델포이　139
도교　82
도리이　182
도조신　131

도쿠   191
도화여비형랑   189
독단   148, 156, 159, 162, 165,
돈구   158
동   158
동계악   50
동국통감   184
동군   173
동명   12
동명설화   115
동명왕편   151
동방문화   35, 119, 121, 199
동방민족   78
동방일출지처   79
동신성모   96
동아시아문화   200
동악   65, 73
동악대제   73, 77
동안변   82
동양사   14, 119
동양학   35, 200
동왕공   173
동이   79, 81, 143
동이 배천   156
동이계   167, 169
동이계 고어   159
동이계 사상   168
동이국   169
동이어   84, 167, 168
동이와의 교섭   70
동이의 고대 철학   77
동이의 관여   83
동이의 단부   74

동이의 땅   83
동이의 옛 교속   84
동이의 원어   76
동이의 유풍   73
동이의 청전   76
동이인   158
동이전   70, 77, 181
동이족 불함 사상   169
동이형   169
동학   111
두군   156
등격리   123
등격리산   122
등래   83
뜬것풀이   190

‖ ㄹ ‖

로마신화   127
뢰모자강   186
리해   198

‖ ㅁ ‖

마누라   97
마립간   107
마쓰리   183
마지   183
만가트시스   152
만불향도   184
만이   78
만주제천전례   180
망군   65
망질   156
메노코   95

메소포타미아   124
메스   95
메오토   95
면악   122
명신   89
명조   159
명해   86
모矛   45
모지봉   45
모탑산   50
몰자비   75
묘향산   61
무나봉   54
무도산   45
무巫   116, 117
무스메   95
무스코   95
무스타그―아타   126
무옹뇌신   99
무옹추신   100
무왕명신   102
무장   55
무진강   186
무축   97, 116
문화재   169
뮤즈   139
미농   54
미륵선화   189
미리―둑가   131
미소기   190
미장   54
민물창성   62

‖ ㅂ ‖

바가   134
바그다드   124
바드   197
바루나   140
바르그   123
바르글   123
바르나   134
바리케스리   124
바알   131
바알베크   139
바즈라   66, 67
바쿠항   124
박개절   85
박격달산   12
박물지   169
박博   80
박朴   106
박pak   84
박사   85
박산   80
박수   85, 107
박은식   12
박커스   137
박코스   137
박트리아   123
박평   80
박현   80
박흥   80
반강법   89
반강산   89
반강신사   89

반경   170
반고국전설   161
반고신화   161
반목산   50
반야   60
반호전설   161
발률   126
발拔   194
발pǎr   130, 132, 200
발Par   84, 136, 138, 139, 141, 142, 161, 171
발두르   132, 135
발로라   126
발이긍   123
발칸   124, 127
발칸반도   123
발칸산   123, 124
발키르   135
발틱   124
발하슈   123
발하슈 시   124
발할라   135
발해   80, 81, 82, 86
발헐   135
붉   15, 41, 42, 43, 45, 49~55, 59, 60, 62, 65, 67, 72, 73, 74, 76, 80, 81, 82, 84, 85, 89, 94, 95, 104, 114, 120, 127, 165, 167, 170, 195, 197, 200
붉 사상   130, 200, 201
붉 신모   158
붉계 감생담   158
붉도   106, 111, 112

붉몰   125
붉산   15, 42, 50, 52, 59, 60, 64, 75
붉산군   69
붉의 대신격   174
붉의 도시   113
붉은   41~43, 50, 62, 65, 76, 88, 104, 107, 108, 114, 120, 122, 127, 161, 165, 175, 195, 200
붉은문화   142
붉은애   15, 41~43, 50, 59, 62, 65, 104
붉은애산   15
방方   171
방邦   171
방공건   180
방사   83, 84
방훈   165
배천   74
배천자   154
백伯   170
백白 : paik   41,
백白 : paik 자字   37, 39, 114
백기伯耆   51, 87
백기방   88
백기신   51
백두산   60
백률사   189
백마   115
백민   195
백빈록   196
백산   80, 126, 195
백산권현   59

찾아보기 **221**

백산류   43
백산악   50
백운   65
백제씨   55
백호통   148
번藩   171
벌伐   171
범세   140
법기   65
법화악   50
베   135
베다교   134
베르세바   139
벤케나산   122
벨―메로다치   131
벨그라드   124
벨루르―타그   126
벨Bel   131
벽도   76
벽락   76
벽성   76
벽辟   169
벽하궁   76
벽하원군   76
벽한   76
벽해   76, 86
벽허   76
병장관액   62
보保   90, 172
보레   135
보로한   197
보살주처품   66
보원   190

보이오티아   139
보카라   125
복福   85
복服   172
복부악   54
복산   80
복서   158
복영장   54
복희   157, 168, 174
본거   87, 97
본거선장   45
본경훈   163
본조신사고   88
볼가강   124
볼란드   136
볼로르―타그   126
봉고   80
봉래   54
봉래   65, 80, 81, 82, 83
봉封   171
봉선   73, 156
봉선서   173
봉원태공지천   76
봐르나   124
봐르카   124
부군   76, 104, 110, 111, 197, 200
부군굿   111
부루   93, 113, 115, 200
부르글   123
부르코   123
부르한   197
부리야트   149, 151
부리칸   196

부部　172
부사　102
부사산　88
부아　61
부여　93
부카　124
부카누스　132
부카레스트　124
부칸　123
부콥—카킥스　132
부하　158
부하라　123
부허　158
부鄜　172
북Puk　84
북두　156
북연　118
북한　60
북한산　61
분려산　195
분풀이　191
불祓　85, 190
불Pur　84, 104, 130, 132, 171, 189
불가리아　124
불가스　124
불구내　94, 107, 193
불국사　69
불기　193
불로산　52
불아한산　122, 196
불정　193, 194
불카노　127
불카니　132

불칸　132
불함　11, 120, 175, 195, 199
불함 계통　13, 14
불함계　167
불함계 신산　126
불함계 신앙 어휘　173
불함문화　11, 120, 121, 154, 175, 183, 194
불함문화계　169
불함문화론　11
불함문화의 지화　194
불함신앙　122
뷔레　135
브라흐마　130
비고산　53
비그리드　136
비량산　54, 89
비로　60
비르글　123
비鄙　172
비사　107
비슈누　134
비전　50
비파호　54
비학산　54, 89
비행飛行　49
비행야차　49
빈녀양모　189
빌리　135
빙천　55
빙포　55

∥ ㅅ ∥

사개　14
사기　127, 159
사기　165
사당　185
사리클산맥　126
샤비트리　134
사얀산맥　198
사이팔만　143
사종성　133
사직신　178
사촌계　188
사칠계　188
사현부　155
삭가라심　67
산복　108
산사　178
산성山城　54, 89
산수山守　51
산신　88, 96
산음　51
산주장　178
산중山中　89
산차　183
산토신　177
산해경　79, 195
살풀이　190
삼각　60
삼국사기　105, 184, 188
삼국유사　150, 185, 189
삼륜조거　182
삼문　182

삼선　58
삼선지도　189
삼신권현　58
삼재론　77
삼한　113, 157, 162
상근　58, 59
상근산　86
상도계　187
상두　184
상두군　185
상륙　55, 90
상서　14
상여꾼　186
색륜인　197
색막간　180, 181, 182
색은　127
샤머니즘　121
샤먼　121
서경　145, 169, 171
서복　84
서불　83
서윤절　159
서의 언왕설화　169
서하구사　127
석탈해　114
선가　184
선관　185
선도　76, 82
선도성모　96
선비족　52
선사　107
선인석려　75
설간제천지례　178

설문   144, 163, 165
성산   58
셈Sem   130
소도간   182
소부군치   64
소정잡록   178
솟대   179, 181
솟대장이   185
송악왕대부인   96
수구막이대   181
수로설화   115
수리야   134
수신도   104
수예   90
수험도   48, 88
수험자   102
수험행자   51
순   167
순임금   158
술이기   161
숭산   87
시경   170
시법   159
시천교   111
신간   179, 181, 182
신격   172
신농   55, 89, 165, 174
신단   197
신대   94
신덕   173
신라국기   106
신무   99
신불   196

신사   94, 102, 173
신산   41, 42, 58, 62, 67, 88, 89, 122
신서   81, 110
신선가   82
신선도   104
신선 사상   81
신악   61
신여   183, 184
신여군   186
신위악   122
신읍   122
신조   181
신조촌   54
신지   107
신채호   12
신체   62, 75, 76, 130
신하사   153
신험   173
심강산   50
심장   54
쓰쿠시   15
씨신   177

∥ㅇ∥
아라이   125, 190
아리아   141
아마쓰   102
아메노   102
아세아주의   197
아셰라 여신   130
아스튼   95
아이누   12

아지서고일자근신　99
아타―울란―텡게리　150
아테나　138
아폴로　131
악륜춘인　196
악박　176
알지설화　115
알타이산맥　198
암대　89
야블로노이산맥　198
어기산　52
어부계　188
어악　102
언彦　48, 50
언근산　54
언산　48, 88
언해　193
업öp　177, 178
에게해　123
에녹　140
에세게 말란　151
에아　131
엘리야　140
여사당패　185
여지승람　187
여진옥석　49
역易　77
연燕　83
연희식　53, 87, 89
열명　146
염제　165
영고탑지　180, 193
영언산　16, 50

영嬴　80
영원동　65
영표　181
영호징　106
예濊　61, 113
오나코　95
오노코　95
오대산　61
오딘　135, 161
오보　176, 177
오보 제　176
오스　95
오시리스　131
오십맹명　100
오악숭배　72
오운역년기　160
오제본기　159, 168
오주연문　187
오키　53
오토메　95
오토코　95
오환인　195
옥녀　75
옥황묘　75
옥황정　80
올림푸스　65
왕권원론　154
요　165
요순　165
요전　171
용재총화　192
용화향도　183
용화향도　187

우라누스　134
우부　177
우부스나　178
우부스나노카미　177
우부스네　178
우사　151
우산호신　101
우서　145
우순　174
운각　60
운사　151
웅성봉　88
웅심산　62
웅야　88
웅야산　88
워단　132, 135
원형석서　59
원화　106, 107, 108, 184, 188
월명사도솔가　189
월전　54
위산근　178
위서　195
위원중국　154
위지　181
유구　13, 122, 199
유구어　55
유근　12
육오　55
육조　127
윤세복　12
율력지　157
융천사혜성가　189
이夷　79

이그드라실　136
이두　38, 101
이밀　135
이사금　107
이상　45
이세　54, 90, 102
이아　79
이와미　53
이인　74
이장락신　98
이장락존주국　58
이적　78, 148, 196
이주　182
이해　123, 130
인간세계　135
인류문화사　119
인번　102
인타라　133
인황　162
일관　75
일본서기　44
일본신도론　95
일생　113
일서궁　53
일이만　141
일日　114
일자　48
일주　182
일치　54
임나　61
임둔　61
임라산　88
입간　182

입석　75
입석　86

‖ ㅈ ‖

자궁　155
자란　115
자부　82
자수　115
작가라　67
장경봉　68
장군　89
장안사　68
장형　155
재백신　177
재부　90
적산　52, 195
전자　90
정감의 서　108, 110, 111
정견모주　96
정고진일신　101
정명　114
정원산　50
정인보　12
정파리　176
제액신　181
제왕세기　159
제우스　136, 137
제帝　165, 169, 174
제齊　74, 83, 85
제천　72
제후　169
조거　182
조모악　50

조선급조선민족　11
조선사　119
조선역사통속강화개제　11, 12
조선의 고신도　184
조신　177
조염초　52, 53
조탑造塔　177
조탑Chothap　176
조화삼신　97
종백　170
종정이기　16
죄장　193
주과　196
주관　170
주리천도　189
주몽설화　115
주서　147
주일　115
주천　54
주피터　131
준정　189
중국　53
중군산　89
중궁　155
중원　135
중화　158
중훼지고　146
지나　42
지라스　191
지리산　61
지리성모　96
지봉유설　186
지상신　138

지황　161
진대　76
진번　172
진산　42
진시황　83
진좌지　88
질산　51
질아　93
질蛭　54

‖ ㅊ ‖
차차웅　107
창랑　196
창업제왕신적　168
창오　159
창조신　138
창해　86
척진산　50
천天　77, 114, 116, 154, 156, 157, 169
천가　156
천간　102
천강　113, 156
천계　86
천구　88, 91
천구산　88, 89
천구악　89
천군　117
천극　155, 156
천도　154
천령　58
천명天明　154
천명天命　144, 154

천문　75
천문지　155
천문훈　155
천산　69, 126
천산산맥　126, 198
천상고일국　91
천손　74
천손강림　43, 46
천손강림신화　11
천신　62, 90, 113, 117, 138
천신도　104
천약일자　153
천왕　90, 118, 144
천위　154
천자　72, 77, 144, 146, 148, 151, 156, 169
천제　115, 118, 156, 167
천제왕　75
천조대신　99
천족　102
천지고시　91
천지우문　179
천진국옥신　153
천진언근명　54
천진일계　118
천황　155, 156, 161
청구　82, 156
청예　115
청회전　193
체禘　156
촉예　193
총령　126
축살　190

축자　46
축파산　89
출운　51, 87
출운국조　153
출운대사　52
출운산　52
출운풍토기　51
침사　91

‖ ㅋ ‖
카스피해　123, 130, 198
칸kan　169
키르키즈어　85, 125

‖ ㅌ ‖
타갈마　126
타지니　89
탁리　118
탕그리　154, 156~158, 171, 174
태泰　79, 156
태미　155
태백산　15, 37, 46, 61
태봉　109
태산　86, 156, 196
태산녀　76
태산숭배　73
태산신　83
태산신앙　72
태서　147, 169
태안부　80
태양신　138, 167
태을　156

태일泰一　155
태일太一　155, 156
태징　58
태평　79
태평정　80
태행　123
태행산맥　199
태호　158
태호복희씨　158
태호제역　157
탱려　154
탱려고도　117
텡게리　154, 156
텡굴　117
텡그리　67, 82, 86, 88, 114, 116, 119, 122, 159, 167, 169
텡그리산　88
토지신　178
토함산　69
통령　65
통통산　50
투르키스탄　126
퉁구스　13
트리폴리　124

‖ ㅍ ‖
파라다이스　140
파르나소스　139
파르나수스산　137
파르스　138
파르자냐　133
파르카에　138

230　불함문화론

파르티아 138
파리곤 126
파미르 125, 126, 198
파사 123
판도라 137
팔관 109, 110
팔관의 184
팔관회 108, 111, 193, 200
팔납한 196
팔라스 138
팔백만신 98
패이가이 123
페르가나 123, 125
페르가몬 139
페르시아 138
페르시아만 123
페어리 132
평강 55
평군 54
평류산 54
평목 54
평하 55
페타교 134
포갈 123
포고리산 196
포기 54
포류 54
포류해 122
포륵호리지 196
포에니키아 138
포자지미 87
포키스 137, 139
포희 165

푸라그 124
푸루샤 133, 161
푸샨 134
풀어먹이 191
풀이 190, 191, 193, 194
풍로 60
풍류 106, 107, 200
풍백 151, 171
풍수궁 90
풍수대신 101
풍악 65
풍월 189
풍전 48
풍전국지 49
풍전굴 49
풍전방 49, 88
풍혜즉돈 164
풍후 50, 101
프로메테우스 137
프로테우스 137
프리그 132, 135
프리기아 139
피라 141
피레우스 124
피오 50
필라 136
필리스티아 139

‖ ㅎ ‖
하고진일신 101
하날 41
하날님 41
하내 102

하라 60
하라헤 190
하라헤쿠시 191, 193
하라히 190, 191, 193
하미 126
하백 171
하에모스 127
하이 122
한韓 113
한국악 45
한등격리 126
한서 117, 155, 157, 195
할머이 96, 97, 111, 114
할미 96
합밀 126
해부루 93
해풍 82
향도 185, 187, 189
향도계 187
향도군 186
향도도가 186
향도미 187
향도변증설 187
향등 186
향화 186
헤라클레스 138
헤르메스 137
헤카테 138
헬리오스 137
헬리오폴리스 141
헬리콘산 140
혁거세 94
혁거세설화 115

혁거세전 151
혁현 156
현조란 168
협화만방 171
호경 114, 115
호기 111, 192, 193
호기희 192
호목戸木 54
호숙편종 164
호코 45, 94
호토쿠 191
홍범 147
화랑 65, 185, 189
화랑이 185
화신 133, 138
화엄경 66, 90
화풀이 190
환웅 169
환웅천왕 11, 151
환일 44
황皇 163, 174
황군악 122
황신산 54
황제 82
황조문헌통고 182
황천 145
회남자 155, 163
회원산 50
홋대 181
후라칸 132
후루 45, 60
후쿠 60
후한서 161

흉노　117
흉노어　154
흉노전　127
흐베르겔머　136
흑해　130, 198
흘리드스크잘프　136
흠치교　111
흥안령산맥　198
희생　158
히　45
히루메　96, 97
히루코　93, 95
히메　95~97
히카미　94
히코　49, 50, 60, 84, 93~95, 97
히코나　94
히코산　16, 49

불함문화론 不咸文化論

● **부록** [불함문화론 원문 수록]

本書の刊行について

朝鮮思想通信社長　伊　藤　韓　堂

　内鮮融和といふ言葉は筆に口に隨分いひ古されたが、或る一方向に──假へば東の方に一直線に進まうとする内地人が、西向きや南向きや北向きの朝鮮人の手を把つて強いて同行しやうといふのは、仲々骨の折れることであつて、動もすれば官廳の施設にも、或は之を口にし筆にしてゐる人達さへも、朝鮮人の感情如何に余り眼中に置かず、偶々東向きになりつつある者をして憤然正西方に轉換せしむるやうなことを數多く見聞きするのである。實際に於ける内鮮人の融合は、雙方がよく理解し合つてからのことで、敵を知らずに戰爭するやうな無謀なことでは、到底問題にならぬ。
　萬歲騷擾以來、内地人側にありては朝鮮統治に關する種々の議論發表され、多くの書籍さへ出版されてをるが、不思議なことには肝腎の朝鮮人側の意見や批評を取次ぐ者がをらぬ。朝鮮を研究した内地人有志の意見は素より尊重しなければならぬが、朝鮮人自身の朝鮮研究──殊に日本人の朝鮮統治に對する被治者としての朝鮮人の聲は大に耳を傾けねばならないものであらう。乃で私の主宰する朝鮮思想通信は生れたのである。これに依つて若干にても朝鮮同胞の喜びや悲しみや憤りを汲むことが出來るならば、其の喜怒哀樂を知つたとけでも、朝鮮人は知己の感を懷くであらう。
　本書は朝鮮人士の筆になる論文集である。全然學術研究に屬するものもある。時事に關する評論もある。近來の新運動の傾向を記述したものもある。「内地人に對する不平不滿を吐露したものもある。要するに朝鮮思想通信の延長であつて、之に依つて『朝鮮人の朝鮮』が如何なるものなるかを知るよすがこもならば、編者たる私の幸甚とする所である。

凡　例

一、本書は本社創立一週年記念ざして發行ざしたものであるが、今後は春秋二回發行ざし、以て朝鮮人士の言論並に學術研究の結果を、内地人側に紹介する機關にしたいざ思ふ。

一、本書中東亞日報主筆宋鎭禹氏の「世界の大勢ざ朝鮮の將來」哲學博士李灝鎔氏の「朝鮮民族政治運動の一般的趨勢」なる二論文は内檢閱の際全文削除を命ぜられ、中外日報編輯局長閔泰瑗氏、朝鮮日報記者趙奎洙氏の論文が、中間に於いて十數頁削除を命ぜられ殆んざ骨拔きざなつたのは遺憾であるが、これは寔に已むを得ないざで切に筆者並に讀者各位の御諒解をこふ次第である。

一、新聞紙上其他に於いて豫告したものの内、筆者の病氣又は旅行等の爲め締切までに一二篇、間に合はざるものを生じ、又朝鮮敎育會副會長南宮薰氏、元咸鏡南道參與官趙秉敎氏の原稿が締切後に到着し、共に本號に揭載するを得なかつたのは甚だ遺憾ざする所である。

一、本第一集中約三分の一は朝鮮文で寄稿せられたものを本社編輯局で飜譯したのであるが、原意を保存する爲め譯文の生硬を顧みず往々直譯したるものあり、且朝鮮式漢熟語を稀に見るのもその爲めである。

以上

朝鮮及朝鮮民族 第一集 目次 （原稿到著順）

題字『朝鮮及朝鮮民族』.. 吳　世　昌（書）

不咸文化論..崔　南　善...（一）

朝鮮民族思想變遷の概要　雜誌「新民」社長......................李　覺　鍾...（五）

朝鮮民衆運動の過去及現在　朝鮮日報記者........................趙　　奎　洙...（七三）

黨爭と朝鮮人　朝鮮思想通信囑託................................洪　承　耈...（八一）

我がハングル（諺文）の世界文字上の地位　延禧專門學校敎授......崔　鉉　培...（九七）

繼子根性と朝鮮人の心境　中外日報編輯局長......................閔　泰　瑗...（一〇八）

西北地方の朝鮮人の特質　朝鮮思想通信社東京特派員..............朴　尙　僖...（一二一）

溫突文化傳播考..孫　晉　泰...（一二四）

朝鮮民族政治運動の一般的趨勢（削除）『現代評論』主幹..........李　灌　鎔...（一三二）

朝鮮及朝鮮民族　第一集　目次　　一

朝鮮及朝鮮民族 第一集 目次

我々の白紙はどうする……………………………………（柳 一 宣）…（一三三）

朝鮮の思想善導と言論……………國民協會相談役・時事評論主筆……金 丸…（一三五）

朝鮮の學政當局はなぜ朝鮮語を度外視するか……朝鮮語研究會長……李 完 應…（一四一）

此の差別待遇を奈何……………東亞日報政治部長……徐 萬 朝…（一四四）

朝鮮詩文の變遷……………京城帝國大學講師……鄭 萬 朝…（一四八）

天道教と朝鮮……………開闢社理事……李 敦 化…（一五五）

世界の大勢と朝鮮の將來（削除）……東亞日報主筆……宋 鎭 禹…（一六五）

朝鮮衡平運動の梗概……………朝鮮衡平社本部……（一六八）

朝鮮女性運動の過去・現在及將來……前中外日報記者……黃 信 德（史女）…（一七〇）

朝鮮「科擧」の回顧……………京城第一高普校教諭……李 允 熙…（一八二）

吾人をして少しく語らしめよ……朝鮮日報主筆……安 在 鴻…（二〇〇）

二

朝鮮及朝鮮民族 第一集 目次

内鮮一體論について……大東同志會長……鮮　于　鎬……(二〇八)

朝鮮青年の求むる將來の基督教……朝鮮基督教青年會聯合會幹事……洪　秉　璇……(二二二)

無　窮　花　考……崇實專門學校教授……禹　浩　翊……(二二七)

意志の人・實行の人李圭完……朝鮮思想通信記者……趙　岡　熙……(二三七)

今後の朝鮮耶蘇教會……朝鮮南監理教傳道局總務・牧師……梁　柱　三……(二五九)

佛教渡來前の朝鮮と渡來後の朝鮮……雜誌「佛教」主筆……權　相　老……(二六六)

危機に瀕せる朝鮮教育界……柳　一　宣……(三〇八)

◇本集寄稿家諸氏略歷

附　錄

朝鮮各地の風俗の内から……(東亞日報社懸賞募集)……柳　完　熙…(譯)……(三六〇)

仁川の禳盜み……(一)　　泰川の厄拂ひ……(二)　　龍岡の婦人デー……(三)

茂山の小人攻め……(二)　　東萊の地神踏み……(三)　　鏡城の香山祭……(四)

三

朝鮮及朝鮮民族 第一集 目次

慶尙道の「風上げ」……………（五）
利原の火合戰………………（五）
咸悅の竹箒と笊懸け…………（六）
開城の四月八日………………（六）
龍川の豊凶試し………………（七）
論山の連攊稧…………………（八）
新郎の灰攻め…………………（八）
利原の惡習……………………（九）
高敞の路上の歡迎會…………（九）
鎭川の遊山……………………（一〇）
固城の「月の家」燒き………（一一）
北靑の財產相續………………（一二）

水原の極樂念佛………………（一三）
人が死ぬと遊樂する沙里院…（一三）
鬼よけ（양껭이쫏기）………（一三）
北靑の獅子まね………………（一三）
金堤の爲親稧…………………（一四）
濟州島の子守り………………（一四）
開城の命盜賊…………………（一五）
開城の極樂迎へ………………（一五）
晉州の暑氣除け………………（一六）
忠淸道の新郎虐め……………（一六）
野火放ち………………………（一七）
郭山の娛賣り…………………（一八）

四

咸興の橋踏み…………………（一八）
南鮮の「强羌水越來」………（一九）
金堤地方の農樂………………（一九）
長湖院の龜まね………………（二〇）
咸悅の旗とり…………………（二一）
黃州の牛まね…………………（二一）
瑞山の龍卵汲み………………（二二）
福盜み…………………………（二二）
淳昌婦人の共同作業…………（二三）
江界の奴隷制度………………（二三）
定州の福乞ひ…………………（二四）
新婚初夜の閨のぞき…………（二四）

不咸文化論
Pãrkãn

朝鮮を通して見たる東方文化の淵源と
壇君を契機とする人類文化の一部面

崔 南 善

目 次

一、東方文化の淵源……………二
二、白山と天子……………………四
三、日本の뵭(Pãrk)山…………七
四、白山の音韻的變轉……………一〇
五、金剛山は斫迦羅（Taigǎr）山……一三
六、泰山府君と大人………………一五
七、神仙道の胎盤…………………一八
八、더마리と Tengeri と天狗……二一
九、ヒコとタカ……………………二三

不咸文化論……………………一

十、朝鮮神道の大系………………二六
十一、建國説話上の天と壇君……二九
十二、不咸文化系統………………三二
十三、その世界的投影……………三五
十四、支那文化に於ける東夷素（不咸素）……三九
十五、伏羲氏と帝堯舜……………四三
十六、蒙古の鄂博と滿洲の神杆……四七
十七、朝鮮と日本との祭祀上一致……五一
十八、不咸文化圈とその楔子……五五

不咸文化論

一、東方文化の淵源

朝鮮歴史の出發點
東方文化の原始狀態
朝鮮の古き扉
朝鮮歷史開卷第一の謎
文獻的徵懸よりも人文科學的方法によるべきもの
東洋學の礎石

　私は年來、朝鮮歷史の出發點について、考査を試みつゝある。その人文の起原に關する探究は、おのづと東方文化の淵源を考へさせられるから、イツの間にか研究の對象が、後者に代はるやうになつた。而して、東方文化の原始狀態は、朝鮮を通して、割合鮮かに、眺め得られさうにも思はれ、且つ前人未踏の境地であるだけ、異常なる興味に唆られるのである。イヅレ東洋學の眞の建立は、朝鮮を中心こして、朝鮮の古き秘扉の開かれるを待つて、始めてその緒に就くであらうこも考えて居る。
　古き傳承によれば、朝鮮の人文は、壇君なる肇國者によつて開かれたこきになつて居るが、これがそも〴〵朝鮮歷史開卷第一の謎で、學者聚訟の的ごなつて居る。而もやゝこしいこゝの嫌ひな、性急學者の手にかゝつて、抹殺同樣の運命に遭ひ、民族感情的の、大分後世の産物の樣にいはれて居るも、昨今のこゝしいこゝはねばならぬ。遙か後世の高麗中葉あたりの、僧侶の捏造に歸して、自ら得たりこなすが如き、暴も甚だしいこゝはねばならぬ。その臼白を爭ひ、原始文化の産物を考察する上に、最も重點を置かれねばならぬはずの人文科學的方法が、全然閑却されてゐるは、むしろ奇怪こすべきこごである。吾々の見る所では、壇君は朝鮮古代史の謎を解くべき唯一の鍵で、隨つてこれを通してのみ、極東文化の古き姿を眺めらるゝさうな、極々大切な、東洋學の礎石たるべきものである。
　壇君に關する詳細なる考證は、他の機會に讓るべきであるが、その中より極東文化の淵源問題の基礎た

壇君神話の大切さ 太伯山	るべき一點だけを開示して、壇君神話(若しくは傳說)の大切さを偲ぶこゝとする。例へば壇君神話は、太伯山を以つてその舞臺とするが、この太伯山が實は容易ならぬ古文化闡明上の寶の山をなすものである。壇君を實存者こして考ふる場合に、この太伯山は、或は今の白頭山、或は妙香山がこれに比擬せられて、未だ定說なき有樣であるが、壇君の民俗學的硏究の結果は、太伯山に强ひてその客觀的比對を要求せず、又必す定着的の決定を必要ごしなからうこも思はれる。未だ何人も氣が付かすに居ることであるが、一體朝
朝鮮に白山多し	鮮には、白(朝鮮音paik)の字、若しくはそれに似寄りの音(又は訓)を、名前に持つて居る山が、隨分夥しく存在して居る。現在の半島だけについて見ても、最北最著の白頭山を始めごして、長白、祖白、太白小白、鼻白、族白、浮白、若くは白雲、白月、白岩、白馬、白鷄、白華等の、同じ名稱の山が、到る處に見出され、尙は白の音(又は訓)の轉注假借こ認むべきものを加ふれば、域內山岳の幾割かを以つて數ふる程の多數を示して居る。殊に長大なる山彙、峻高なる山峯に、この名稱の附隨するが、吾等の注意を惹く。
白は朝鮮の古き語形	一寸字形より見れば、或はその地相を現はしたもの、或はそれに似寄りの音(又は訓)かごも思はれるが、然し深く硏竅して見れば、中々そんなものではなくして、朝鮮の古き語形が萬葉流(吏道式)に寫され、段段に若干の雅化を經たものに外ならぬものを認められるのである。
域內山岳の幾割	一切その煩瑣なる考證を省き、直ちに結論だけについていふて見れば、朝鮮にかくの如く白の名の付く
白の名の付く山の多い理由	山の多いのは、實に民俗的に深い因由のあるこで、他の凡ての證迹がなくなつた今日、幸ひに藪金遺珠の如く、この山名あるによつて、その古文化の重要なる內面が窺はれるのは、實に料外の儲物ごも云ふべきものである。種種の方面より究めて見た結果、今まで歷史的事實ごして傳へられた國初の事迹は多く、
古文化の重要なる內面	或は時代までの宗敎的事象を基本ごして究めて見た結果、民族的聖典の片割であることがわかり、かくのごとき古
民族的聖典	東方文化の淵源

不咸文化論

四

傳が、輕はづみな文獻的學者の手にて抹殺了されない、その古典的强靱性も、實はこの支持あるによるものなるが、今の朝鮮の山名に於ける白なる語形は實は、その時代の文化に於ける中心なる徵憑なのである。私は長い間色々の辛苦を嘗めし後、やうやくこの一點を把握して、始めて朝鮮の原始文化に對する、確かなる光明を持つやうになり、その輪廓をある程度まで描くことが出來たのである。

實は朝鮮には隨分古い昔から、太陽を大神とする一種の成形宗敎が行はれ、而もそれが或時代に至つては、いくばくかの高等要素を含む、倫理的宗敎に成り移らうとするまでの發展を遂げて居つた。而してその時代の文化なるものは要するに、この宗敎的衝動による民族生活のアヤであつたが、後世に云ひ傳へらるゝて、載籍にまで取り入れられた歷史的事實なるものは、ツマリこの景象乃至意義の、說話的表現又はその傳承に外ならなかつた。而して「白」の字に含蓄されたものは、その宗敎事象乃至全文化過程の核心をなすものであつたのである。

二、白山と天子

今の朝鮮語ではpǎrkは單に光明を意味するが、その古義には神、天なざがあり、神も天もそのまゝ日を意味するものであつた。朝鮮で今天帝を稱ふる所のHanăr-nimなる語も、古くは太陽そのものゝ人格的稱呼に外ならずして、日をば世界の主としたのが窺はれるのである。然るに古くは、特に宗敎的にはHănăr、或ひはその人格形なるHanăr-nimよりも、pǎrk又はその活動形なるpǎr・kăr-aiが、太陽を稱ふる聖語として、むしろ多く使はれたやうであつた。白(pǎik)こは、卽ちこのpǎrkの對字であつたのだ。元來天を抽象的に認めえずして、太陽なる具象的存在に見立てたのもそれである

民族生活のアヤ

宗敎事象乃至全文化過程の核心

밝の古義

하ᄂᆞᆯ도 ᄒᆞᆫ 太陽の人格的稱呼

古典的强靱性
白は原始文化に於ける中心事實

ᄇᆞᆰ과 ᄇᆞᆰ도 太陽을 稱ふる聖語

|神なる信仰現象|が、この具象的要求が、一層の親近味を强ふる時に、天卽はち日なる神様の側近的鎭護を思ふ樣になり、これに應じて神山なる信仰現象が、その宗敎的生活の中に現はれるやうになつた。イヅレ古くは山岳それ自らしての崇拜も行はれたであらうが
|天界の人間的存在御日樣の權現|今吾々が遡上りうる時限の内に於ては、朝鮮等に於ける神山なるものは、決して他に於けるが如き、通例の山岳崇拜でなくして、天界の人間的存在若くは御日樣の權現或ひはその宮居としてのそれであるを見る。而してかくの如き意味に於ける、神體としての山が park; park
|神山は神の山|ぃm(.ai)を以つて呼ばれたのであつた。神の山、神なる山といふ程の意である。この場合に於ける park は單に神を意味し、今の光明の意等こは、直接の交渉なきは、いふまでもないここである。
|鎭山の原義|かくの如き神山卽ち park の山は、彼等の生活地さへあれば、何處にも何部族にも必ず見立てゝあり、
|公私生活の中心點一地域の標幟|そうしてこの神山を中心こして、彼等の公私の生活は營まれるのであつた。彼等の生活地でさへあれば、何處にも何部族にも必ず見立てゝあり、そうしてこの神山を中心こして、彼等の公私の生活は營まれるのであつた。
|神山の大小等級|があり、大なる部落には、大なるそれがあつて、或る地域を限りて、その中に於ける標幟的の山又その主峰が、それに充てられるのであつた。今の郡邑每にある鎭山なるものも、支那のそれを眞似たといふより
|生活地には卽ち昌山あり|も、寧ろその民族的古風を受け繼がれて來るものであらうが兎に角古代に於ける彼等の部族乃至國家成立の第一條件は、この神山の存在であつた。それが時勢の進展ご共に、部族の統合が行はれ、ヨリ大なる國家の成立を見る場合に、多くの神山の鉢合せが生ずれば、それに大小尊卑色々の hierarchal の等級が附せられるやうになり、今見るが如き、太白、小白其他の岐異が出來たのであつた。尙ほ parkän(.ai) の頓形
|音韻法則によ る白山の異名|こして、白雲、白岩等の字形が出來、これから朝鮮語の音韻法則による幾多の異名が轉々ごして滋生するやうになつた。これが朝鮮に於ける白山類の多きいはれであり、それを剝がし若くはたぐるが、意外の歷史的源泉に寄付く緖ごもなるのである。

白山と天子

五

不咸文化論

この Park; parken(-ai) なるものは、實は朝鮮に限るものではなくして、カナリ廣き分布を示して居つたここは、朝鮮を中心こして隨分大きい範圍內に、その證迹が歷々こして殘存するによつて疑はれぬのである。先づ日本の地名に就いて、極めて著しい數例を擧ぐるこしやう。多くの日本の山嶽の中で歷史的にも信仰的にも、最も著名なるものが何かこ尋ねるならば、何よりも先づ、天孫降臨の地こせらる〻高千穗の峯であらう。この高千穗に、古事記の久志布流、日本書紀の槵日等の冠辭(乃至異稱)があり、古來共に靈異の義こ釋せられて居るは、人の普ねく知る所なるが、この釋だけでは、クシは兎も角こして、フル又はヒの意義を明かにしたこは思はれない。現に本居氏の古事記傳の如きも「布流こ備こは同じ言の活用けるなり」こして、一種の用言同樣に扱はうこして居るが、吾々の見る所では、このフルこヒこそは、フル又はヒ峯の神威を現はした大事な言語で、そう素氣なく取りあしらはる筋合のものでないのである。高千穗な霧島山には矛之峯ホコノミネなる異名があつて、今は二上の中の西峯なる韓國嶽に對する東峯の一名こせらる〻樣で あるが、二つ共山全體の異名たりしものが、後世に分けて兩峯の專名こなつたものらしく、その矛なる名稱も、後に色々の解釋を付け居るも、その實際はフルご同語異形に外ならぬのである。この理由は高千穗だけの說明にて明かにさるべくもないが、ザツミ云へばフルもホコも共にparkの和音が省かれたものであり、ヒはその略轉であるまでゝある。この類例は、朝鮮にも日本にも夥しく殘つて居り、また現在の朝鮮語にはカクの如き音例が、一つの法則こして存在するから、語尾の岐異は深く怪むに足りない。高千穗の日本史上に於ける地位は、恰かも朝鮮史に於ける太伯山と同じものであるが、その天孫降座の事實から、parkなる名稱まで一致を示すは、殊程注意に値することで、兩史名實共に一致上の太伯山と朝鮮史の民族學的比較研究に、一つの新契機を示すものである。然るに斯の如き徵憑は、殊に日本歷史の初舞臺

馬の分布は廣し

日本地名上の數例

クシフル、クシビ

矛の峰

フルもホコも共にparkの和語形

朝鮮語の音韻法則

日本史上の高千穗と朝鮮史上の太伯山と名實共に一致す

三、日本の 붉 Park 山

（朝鮮語のP音が日本語に轉ずる場合、ハ行の音を取るは、既に一法則として認められて居る。）

たる筑紫地方にザラにあり、しかも高千穗よりは極めて鮮明に、その古態を保持して居るを見るのである。

天狗の宗家
豐前の彦山

ヒコもとまとの和語形

靈鳥降りて神饌を受く

豐前坊大行夜叉飛行夜叉
붉山の同體異名なる되는山の號彦山にもあり

高千穗に次ぐ九州での名嶽は、天狗の宗家として、修驗道の大本山として、歷史又は民俗上、寧ろ高千穗以上の重きをなす所の、豐前の彦山であるが、彦は日子とも書いて、靈異の意を含んだ名義であることは、古人も既に注意せし所である。然るにこのヒコなるものが、實は park の和語形の一つで、ヒコの山こは、ツマリ神の山、神なる山こいふ程の意である。豐前國志の傳ふる所によれば、天地始めの時此山に天降りませる靈神は、八角八尋の光り輝く如眞玉石であつたさいひ、崇神天皇の時には、此山一道の金光さして、帝闕を照したさいひ、又役の行者の遺誓により、毎年の祭禮には、靈鳥降りて神饌を受くるさいふが如き、皆實に park の性德を現はす趣意たらざるはない。特に役の行者に、その姿を現はしたといふ「豐前窟にある豐前坊大行夜叉飛行夜叉の尊體」云々の飛行が、ヒコの異形であるかいふまでもなく、その大行なるものが、朝鮮に於ける park 山に多く同體異名として附隨する所の taigar と一致するは、必然こその緣者こ認むべきものに、九州にて彦を以つて稱せらるゝ山、豐後の海部にも、肥前の彼杵にもあり、尙ほその英彥山の外にも、白山嶽、洞ヶ嶽（肥後）、法華嶽、鉾の元嶺、盤木山（日向）、脊振山、井原山、深江山（筑前）、祖母嶽、鉾塔山（豐後）、樋桶山、檜原山（豐前）等あるが、特に肥前溫泉嶽山彙中の中心又最高點をなす一峰が、普賢を以つて呼ばれるが如き、朝鮮に於ける park 山の典型的名例に合致を示す、面

不咸文化論

名山靈嶽にしても其の名の無きもの殆んどなし

白い一例である。これ等はすべて大にまれ小にまれ、各一區域內に於て、古く神體として崇められし者の名殘で、ツマリ名詮自性的のものである。第二次第三次的の變轉を遂げたるものまでを入れゝば、名山靈嶽にして pärk, pärkän(-ai) と緣なきものは、殆んど無いといふてもいゝ位だが、煩はしいから今は省くこととする。只一つ、九州だけに就いて見て、名山靈嶽といはるゝものには、何かの形にて必ずヒコ類音の名稱を有つて居ること、それを裏から云つて、ヒコ幷びにその類音を有つて居る山嶽は、必ず幾何かの程度にて、古くから民衆の信仰的對象となつて居ることだけをいふて置きたい。

民衆の信仰的對象日本神代史の搖籃地

更に眼を轉じて、日本神代史の搖籃地であり、特に朝鮮と深き因緣ありといはれて居る山陰地方に一瞥を與へよう。上古出雲の屬地たりしならんと思はるゝ伯耆は、國名それみづから pärk の古態を殘して、その古く神域たりしを表はし、且つ伯耆神(波波伎神)は古來その名を史上に顯はして居るが、山陰の大山彙にしてその最高峯なる大山嶽、矢張り神靈の寓所と、修驗行者の道場となりし所で、今は山全體として

伯耆神
大山嶽

は大山と稱せらるゝも、尚ほその東麓たる山守の南嶺に、蛭山の名を留め、且つ角盤なる一名を有して、その舊容を語らしめて居る。(大山は出雲風土記に、大神岳として見えて居るが、大山若くは只の大が、前出 taigər の略形で、矢張り pärk の一變形たるは、後に說く機會があるであらう。又角盤の大なる pärk の意なるも、後に至つて明かになるであらう)。神社中の神社といはれる出雲大社の所在地は、今出雲山又は御埼山と稱せられ居るも、藻鹽草の如きには、不老山とにて見えたるあり、それが鮮卑の赤山をアカヤマなどと讀むに擬へて・字音讀みに不老とすべきものならば、その pärk 山の面影が意外の邊に殘つたといふべきであらう。藻鹽草が後世の歌集なればとて、土地に殘りし古神を收めたのが、その價値を減ずる理由にならざるは毋論のことであるべく、その一名なる鼻高山の鼻の音と、日栖宮といはれる大社の

延喜式に所謂中國に於ける證迹

內殿が西向にて、人東に向つて拜禮するやうになつて居る古風こに照して、その pʌ̆rk この因緣を推しえらるゝも固よりである。伯耆出雲等延喜式に所謂小國だけにも、この外に、彥名、葉侶、檜山、簸川、日置、日倉、日御前、日岬、未明、春殖、深野、白太、佛經圷山等 pʌ̆rk 關係の名句が、地名の上に殘り、隱岐石見より丹後丹波に至るまでの間には、數え切れぬ程の類語を擧ぐるこが出來るのは、これ決して偶然のこゝでなかるべきである。

大和地方

かくの如く、最も多く上代の傳説を存し、記紀の神代卷こ相關する深き地方に、これ程の遺證あるは、當前こいへば當り前であるが、次いで大和に於ける、日置、布留、平羣の如く、伊勢に於ける、布氣、畫川、蛭、深長、戶木の如く、山城の平木・尾張の日置(八幡宮)、美濃の福部嶽、越前の部子山等の如く、前へこそその分布は擴がり、特に多くの證迹を殘し、秘密行七高山の隨一で、絕頂に蓬萊の

彥根山

名こ其北なる一峯に武奈の名を有する所の、比良山を始めこして、荒神山の別稱を有する平流山、天津彥根命の天降地こいはれる彥根山、神照村の一名を有する福永庄は、イヅレもその轉形こ認むべく、有名な比叡の山、琵琶の湖も、その派生語たるやも知れず。尙は進んで信濃ではイヅモその轉形ピ認むべく、武藏では冰川(出雲大社を遷し祀りたる)、常陸では百濟氏の古住地たる平間・陸奧しは堀越の別稱を有する平賀等、凡て pʌ̆rk の

關東地方

見地より見直すべきものこ思はれる。その直接派生語の中より主なるものを若干擧げてもこれ程であるが、行渡りの廣き、浸込い深さ、寧ろ驚く計りのものがあるこいはねばならぬ。

(日本語の日゠ヒも、琉球語同樣古音 pi で pʌ̆rk 類緣い語に違ひあるまい)。

比良山

日本に於ける山の好例證として箱根

仙人

神山
三神權現

白山權現

箱根が、取りも直さず「白山」の一語形

音韻の變化の多種多樣

朝鮮語の母音の母音ともいふべきもの

四、白山の音韻的變轉

今一つ日本に於ける Pǎrk(pǎrkǎn-ai) 山の好例證として箱根のことを少し計り云ふて置かう。本州を横斷して廣義に於ける關の東西を分つ程の大山彙であり、峻險合沓、名湖と多くの温泉とを有するこの勝境が早くより山嶽宗教の靈場として現はれ、聖占とか利行とか玄利とかいふ仙人、滿願とか泰澄とかいふ行者等によつて、聖山としての長い歴史を有つやうになつたのは、至極尤もな次第といふべきである。然るにその主峯に神山の稱があり、開山の三仙を崇めて三神權現となし、湖水に九龍制伏説話が結び付けられ、その神社に駒の名が付けられ、尙ほ山嶽教一方の泰斗である泰澄によつて、主峯を天嶺と稱し 伊弉諾尊主國の時の都城といはれる(元亨釋書等に見ゆ)、加賀の白山權現が勸請されたとせらるゝが如き、pǎrk 山として種種の説話的諸要素が具はつて居るは、この山の古き姿を推するに難からざらしむるものであつて、その名稱の箱根が、取りも直さず pǎrkǎn ai の一語形たるべきも自明の理であり、隨つて山を箱根といふは、山形の箱に似たるに本づくといふ古人の説の如き、固より取るに足らざる 臆説たるや知るべきである。(pǎrk 山の説話的要素については、詳論を要すべきも、今その遑なし)。

以上略説せし所によつて、日本地名の上に殘れる pǎrk の證迹は、幾分認め得るとして、たゞその音韻の變化の多種多樣なるが爲め、讀者の理解を妨ぐること尠からざるは否まれない。然しこの點は朝鮮語に於けるその原形を覈ふるによつて、難なく釋明し得る。pǎrk の朝鮮語形は、밝であるが、その母音を爲す所の ǎ は、分化の程度の低き、極めて鮮明ならざる、母音の母音 ともいふべきもので、現代語の上には殆んどその獨立性を失はぬばかりになつて居る位である。早くいへば發音機關のチョットした移變によつ

發音機關の位置によるその自由なる變轉

又朝鮮語における二重終聲解釋の音韻法則

朝鮮に於ける實例

智異山の般若

神山の神山

白山の音韻的變轉

て、ㄲ ö ㅠ e 何れにも自由に轉換されるものであるが故に、古く「ㅣ」で表はされて居つた言語は今は置によるその自由なる變轉大抵右の中の一つ、若くは二つ三つ位の音形を取つて居る。今一つ朝鮮語には「p；m；rk 見たやうな二重の終聲を有する語が、特に名詞として單獨に稱謂される場合には、音便上その中の一つが省かれるが通例であり、而も地方により、時代により、場合により、一つの語が r でいはれたり p(m；k) でいはれたりして、必ずしもその定形を持たないものである。今 붉 をこの法則によつて說明すれば、ㅃ なる母音は p、u、o、に、rk なる終聲は分離されて、單なる ㅍ の何れにも轉變される素性を有して居るから、後代の語形が、ヒコであらうが、フクであらうが、ハラであらうが、ヘルであらうが、均しくその本原を park に歸せしむるに扞格齟齬を感じない譯である。否寧ろかくの如き歧異を包含して居る點こそ、その本原の붉でなければならぬ確證になる位である。現に朝鮮に於ける實例が、またかくの如き不定相を呈して居る。

時空兩間を通じて、park 山の總元締格をなす白頭山(長白山・太伯山)の古名が、不咸であるのは、既にその音韻變化の好き例證であるが、太白小白の白は即ち ak の韻脚を取つた形であり、妙香・金剛兩山の最高峯たる毘盧、五臺山の風爐、智異山の般若(ブラニャ)等は、即ち ur の韻脚を取つた形である。漢プ プ Saipur Jeukan
江流域たる北漢山の如きは、北漢に於いて tur、其角に於いて 其角は朝鮮語 ppur)又の名なる貧兒に於いて、朝鮮語音の一汰化則、r音 y 化の例を示して居る。これ等の中妙香山は古朝鮮乃至高句麗の神嶽であり、金剛山(乃至五臺山)は臨屯乃至濊の神嶽であり、北漢山は百濟、太白山は新Popki Pakan
羅 智異山は加羅・任那等のそれぐの神嶽たりしものである。又この中の金剛山は、後に論及する如く半島だけを限る場合に、神山の神山たる資格を持つものであるだけ、毘盧の外に法起(örk の例) 白雲(aka

不成文化論

山の特徴
　Parkunの例、望軍（arkunの例）等色色の例を兼ね示して居るも面白い。又この外の小區劃に於ける小神嶽がpark若くはその轉變たる名稱を有し、而も種種雑多の音韻變化を遂げ居るは、煩を避けていはないこゝにする。

民物創成神話の舞臺
　今迄の例で略ほ推察がつく様に、凡てparkiparkunaiの名稱を有する山の特徴は、第一、それがその地方に於ける民物創成神話の舞臺であること。

江河の發源點
　第二、それが或る地域に於ける最も高大（乃至崇嚴）なる形體であること、山彙である場合には、最も主上の位置を占め居る峻峯であること、隨つてその土地に於ける大動脈を爲す江河の發源點であること、

日天祖三位一體
　第三、多くの場合にそれが敵を受くる國境線に沿ふて、屏障關阨の實を具ふこと、第四、種々の理由による住民信仰の最高對象たる神體の配祀地であり、而もそれが多く天神即ちその氏族の祖とされる太陽神であること、その主なる點である。而してかくの如き域内の高山は必ずや人天の接觸點として、古朝鮮に於いて太伯山、熊心山の如く、日本に於いて高千穗、大山の如く、山それ自身天の分身を意味し、國家の基本として意識されるから、かれ等の生

生活及文化の觀念上實際上點の出發點綜合
活及び文化は、たゞ觀念の上にのみならず、實際の上にもこれを出發點並びに綜合點として、開展されて行くのである。park觀念（乃至事實）の行はれる地方に於ける、古代生活の凡てが、偏へにこれ中心の一景象に融攝されて居り、依つて以つて特殊なる一文化系統を爲す所以もこゝにあるのである。

五、金剛山は䂓迦羅山

古代人の信仰を維ぐ現實的理由
　抑々 pārk 山が、その土地の住民から絶對の崇敬を拂はれて居るには、今一つ古代人の信仰を維ぐに十分なる現實的理由があつた。それは pārk 山は、生命の司神として、彼等の壽天禍福を左右する權威者な

生命の司神
るこゝするのであつた。イヅレ小部羣峙の最初は、それぐ\の小神山に、この權能を意識付けたであらうが、

金剛山の宗教的地位
新羅花郎の國家的巡禮
古風古意佛者に攝化さる
「通靈工夫者」の最高殿堂、人間に於ける死者の歸棲地
言語に徵される古文化の内容

國土の統合が行はれし後には、最高總攬者としての一つの park 山に、その大權があてがはれるのであつた。例へば半島に於ける(若くは韓民族に於ける)白頭山、金剛山の如き、その適例とすべきである。今便宜上金剛山に就いてその宗教的讚迹を尋ねて見よう。金剛山が古くより、朝鮮人の間に異常の尊尙を受け一代一度はぜヒ見て置かなければならぬやうに思はれるのは、單に超特なるその風景美にのみよるのでなかつた。今は殆んご古義を忘れられて居るが、仔細に硏鼓して見るご、金剛山は古くは寧ろ信仰上の一大對象として、民衆の畏敬を引寄せ、新羅時代には花郎なる當時の最高の宗教團體によつて、國家的巡禮が行はれるこいふ有樣であつた。而してその理由は、人の生命も、國の運祚も、一に繫つて金剛山神の意志によるものとして、希臘のオリムパスに於けるが如く、神託と預言が、この山によつてふれだされた樣であつた。後金剛山が次第に佛者に攝化せられる度の深厚なるにつれて、古風漸く廢り、僅か計りの面影を佛敎的名相に宿して居るに過ぎないやうになつてしまつたが、尙ほ近代に至るまでも、金剛山が仙術修行者若くは(朝鮮に於ける修驗道といふべき)「通靈工夫者」の最高殿堂とされ、且つまた人が死すれば、魂靈金剛山に歸すこいはれ、この最も幽邃なる谿谷たる靈源洞は、人間に於ける死者の歸棲地、佛敎流云つて地獄の入口とせられるが如き、古風の片割がバラくに殘つて居る次第であつた。イヅレ大昔には金剛山の人生に對する關係は、かの支那に於ける東嶽みたやうなものであつたらうと思はれる。
古代の常として、一つの事物に對し、種々の方面よりの觀念を、その名稱に云ひ含めやうと努めたお蔭に、そのもの、名稱を辿るによつて、古き文化の内容を窺ふに便宜な場合が多い。今金剛山の例についても見ても、それが park (pärkän-ai) 山ごしての面影が、蓬萊こか楓岳ごかの總名ご、 Pore-rai Pung-ak Parkun Yŏpki Jagan 望軍こか法起こか白雲こかの部分名こに迹付けられて居るは毋論のことであるが、尙は一方金剛なる名義の由緖を繹ねるによ

金剛山は斫迦羅山

一三

Vajra と Cakra

爍迦羅心と金剛心

又名

Taigǎr の古義

同じ語族内に於ける他國語との比較

Tangri

つて、金剛山の本地が益々明かになつて來るを覺ゆる。吾等のしらべによれば、金剛なる名稱の華嚴經菩薩住處品等の如きより出でたるとするはその處として、特に多くの山にする名句の中より、金剛が撰り出されるには、その必然的の一理由あるを認むる。金剛が普通には梵語 Vajra (嚩日囉) の譯なるも、時と

して Cakra (祈迦羅、爍羯羅) の譯語ともなるは、楞嚴經(三)に見ゆる。爍迦羅を金剛と譯する場合あるにても推しえられるが、今金剛山のそれは Vajra により park を現はさうとしたといふよりも、略ほ

その元名の一なる Taigǎr(ǐ) より誘導されたるものとこそが安當らしい。何故なれば、金剛山の神山としての凡ての條件が、他に於ける Taigǎr 山の實があるばかりでなく、金剛が祈迦羅の譯語であり、又その別稱とする慣性、皆骨等の現はす意味が Taigǎr に近い點のあるは、この推定を支持するに十分であるからである。(詳説は省く)。

然らば Taigǎr は一體何を意味する語かといへば、朝鮮の現代語では單に頭を意味するに過ぎないけれとも、同じ朝鮮語に於ける他の類例と、同じ語族内に於ける他國語との比較によれば、それが古くは天を云ひ現す言葉であつたとは疑はれない所である。即ち土耳古蒙古等に於ける tangri, tengeri の類語であるが、今金剛山の入口なる、長慶峯の長慶 (Tiangjung) 長安寺の長安 (Tiang-an) は、實にその古き語形を保持して來るものであり、兼ねて金剛山の Taigǎri 若くは Tengeri 山たりし左券とも見るべきものゝやうである。(Taigǎr の人格化されたる名に、後世 Taigam のあるらしく、長慶の慶 kiung 長安の安 ngan の説明はつく)。吾人のこの見解の妄でない旁證として、今一つ崛強なる類例を舉げ得る。原始新羅に於ける Taigǎr 山と思はれる吐含山の吐含が、實は Taigam の轉であるらしく、而して吐含山佛國寺の佛國も、原をたゞせば矢張り park の佛教的類語と推せらるゝは、その國東の海を枕にしたる位置の、金剛山との一致と共

六、泰山府君と大人

- 神山と天山
- 地上に於ける最高存在の高天原のタカマの意義
- 支那に於けるその證迹
- 東夷との交渉閑却さる
- 天子の祭天
- 五嶽崇拜
- 泰山府君と大人

に、古代に於ける Taigar :Taigan 山の面目を偲ばしむるものと云へる。尚ほ park 山郎ち神山といふも Taigar 山郎ち天山といふも、歸する所地上に於ける最高存在と認めし點に變りなく、而して日本に於ける park 山の群が、高千穗の高・大山の大なる別稱を帶びて居る理由も、いはゆる高天原のタカマの意義も、これによつて始めて適解を得たやうな氣がする。

述べて此處まで來れば、今少し論究の範圍を擴めなくてはならない。そは支那に於けるその證迹を繹ねる必要に迫られたからである。元來明かさうで割合に暗きは支那の古代史であり、知られて居るやうで案外分らないのは、支那文化の成立運路である。その東夷との交涉に於いて、殊に然るを見る。所謂支那文化なるものが、思ふ程の獨創的のものでなく、多くの資料をその周圍の民族に仰ぎしことは、人の旣に氣を着けないことではないが、吾々を以つて見れば、一番多分の取入れをなしたと認められる、東夷のそれは、不思議に今迄閑却され過ぎて居る。私は今その全般に亘る考察を控へることするが、姑く park を通してその一端を窺はうと思ふ。

支那に於いて國家的に最も大切なる儀禮は天子の祭天であり、民間信仰の中で最も隆盛を極むるものは五嶽崇拜であると云へる。而してこれらの二つは本來、泰山信仰の尊卑兩樣に分れて發展されたものに過ぎないし、事實又祭天は封禪を以つて、五嶽崇拜は東嶽を以つて、その極致をなすの觀を呈した。ツマリ帝王さなく民庶さなく、古さなく今さなく、支那人の信仰的最高對象は、泰山がそれなのである。然るに泰山崇拜──封禪も東嶽大帝も、支那人固有のものでなく、泰山を中心として古くからその周圍に分布さ

不咸文化論

東夷の遺風を受繼ぎ若くは取入れたもの

泰山なる泰の語原

齊魯の地と東夷

拜天の古俗

名義を東夷の語彙中に求むる理由

岱は「Taigǎr の漢文的縮約形

群岳の長

　れてゐた東夷の遺風を受繼ぎ若くは取入れたものであり、それが卽ち pǎrk 祭祀の一型式に外ならぬは、種々の徵憑により、明白なる所である。

　先つ第一に泰山なる泰の語原を考へて見る。泰の字は後に五岳の觀念成立し、恆さか華さか衡さか嵩さかの、支那流の美名にする必要からして撰ばれた吉字であるが、古くは岱の字を以つて云ひ現され、所謂五岳さは獨立した起原を有する、隨分古さもので、寧ろ五岳觀念が岱(若くは岱宗)なる古風に誘導されて出來たさ認むべき節もある。斯様に泰さも岱さも書く所に、その名稱が義を持つ者でなくして、その時代の語形を寫した音表なることが分るが、岱宗の近傍所謂齊魯の地は、カナリ後い世までも、東夷の團部が散在した所なるにより、支那人東來の以前から、夷人の原住地見たやうなものであつたことは推しえられ、かれ等の拜天の古俗は此處にもその迹を印付けられしことゝ思へば、泰山程の山に彼等の信仰が鍾まらなかつたこさもいへまいし、隨つてその名義を東夷の語彙の中に求むるは、かたく安當かご思はれる。さうして東夷の他處に於ける例に徵すれば、宗教的靈山さして Pǎriš;Taigǎr の中の一つか、或ひはその二つを兼ねるかであリさうである。斯様に見來れば先つ岱(後の泰)が、Taigǎr なる東夷語の漢文的縮約形であらいふが、架空の言こもいへなささうである。

　これを事實の方面に徵するこ、泰山は古くから一に天孫さ呼ばれて、人の生命を司つた神さして認められ、萬物の始まる所、靈氣の宿る所こされて居つた。また王者新しく天命を受くるや、功を報じ成を告ぐる必ず群岳の長たる岱宗に於てしたのも、その天さの特殊なる關係を認むればこそであつた。泰山の奧の院こもいふべき所への入口を古くから天門ご稱し、その山頂に仙人石閭さか介丘さか日觀さかの、pǎrk 山特有の語彙による名稱が付せられ、絕頂を玉皇頂さして道教のゴットたる玉皇廟が、今尙はそこに安存し、

泰山府君と大人

泰山府君

府君はpǎrkの約語

蓬元太空之天

東夷の青齳

易思想と三才觀

pǎrk の神體として、普通使はれる立石がmenhirとして古くから頂上に存在し、山の精を金鷄となし、種々の玉女傳說を有し、後世のことではあるが、開元中には封じて天齊王となしたるが如き、いかにも天山郎ちTaigǎr山として不足なき條件を示して居る。殊に玉皇頂の大きな巖に、尙ほ大觀峯（一名彌高巖）の名が殘つて、Taigǎm の古形を保有して居るのは、奇中の奇といふべきである。

尙ほ一方泰山に限つて、その主神をば府君と稱し、その名晉代の古傳に載せられる程であるが、府君をpǎrkhi以つて山の神體を稱することは、支那において他に類例のなきことなれば、これまた東夷の原語を受け繼ぎしものなるべく、その外ならぬpǎrkǎn の譯字たるべきは、明白過ぎる程である。道家にて泰山のことを蓬元太空之天と稱し、泰山女を碧霞元君と稱し、泰山頂上の主祠を今尙ほ碧霞宮と稱するが如き、何れもみなpǎrk の脈を引きしものなるべく、一體道家にて、天を碧落、碧漢、碧盧、碧城、東海を碧海、仙桃を碧桃等と碧の字を好んで使ふのも、實は偶然のことではないであらう。これらによつて見れば、泰山にはtaigǎrと共にpǎrk の語形をも傳へて、完全にその東夷たるを示して居ることが分る。而して莊重なる封禪の儀も、恭虔なる東嶽大帝崇祀の風も、共に東夷のpǎrk 山の古意を受繼ぎたるものに外ならぬこと略ほ明かであり、その支那の文化及歷史に投射した影の、いかに大なるものがあることも、幾分察しが付くことと思ふ。早くいへば、支那における、易の思想の如き、三才論の如き、特に天及天子の觀念の如きその文字の形音義からして、既に東夷の古哲學に據つたものであるらしいし、その宗教的情緒の如き、全然東夷に學んだものゝやうでもある。（この中一部は後文に論及しようとする）。

一七

七、神仙道の胎盤

泰山と夷字

この機會に、一寸書き添へて置きたいことは、支那人の東方民族に對する稱呼と泰山との關係である。

夷の音は遲と通ず

夷の字がもと夷狄・蠻夷等の樣な侮蔑的のものでなく、東方に於ける異種族を呼びなしたまでのことたるは今更喋々の要もなきことであるが、この說文の書を讀んでも、その眞義（最古義）は、今だに明かにされて居らぬやうである。その音に就いては、支那の古典に夷と遲とを混用したやうな實例もあるので、古今同じからざるを認めて居るが、形と義とに就いては、未だ適確な說が出でない有樣である。然るに吾々の考ふる所では、夷の字形は略ぼ大巨から來たものであり、大巨卽ち大人で、支那の古典に、東方に大人の國あるさするのも、實は東夷そのものを指したものであり、而して大人とは、もと太山一帶のTaigɐr人の意であつた樣である。太山中心に生活する民族といふ程で、大人といひもいはれもしたし、「大人」を信のこは、語原を同じうすることだけは、容易に設想しうるところである。夷い字の古音が tiɐ 又は tai に近さうなのが、吾人のこの考說を支持するに有力であることは母論である。これは單に夷の字の小學的問題たるばかりでなく、東方に仁と平和と生命の原始さを配する、支那の古代思想に關係を持つ極緊要な事柄である。

夷と泰は同語
原夷字の古音

あつて、爾雅に、東かた日出づる處を太平さなすさいひ、また太平の人は仁なりさいひさ、尚ほ泰山の

爾雅の太平

絕顚なる玉皇頂に、古く太平頂の稱のありしさを、併せて考ふべきである。

泰山を繞つて博類の地名多し

Taigɐr 山（park 山）の周圍は、神域たるべく、それ相應の遺證もあらねばならぬ。まづ注意されるは、古くから泰山を繞つて、博を以つて稱される都邑の設けられて居ることで、今の泰安府は漢代には博、嬴、奉

神仙道の胎盤

泰山の爲めの齋邑	高三縣たりし處で、博ㄷ奉高ㄷが park より來れる名たるは毋論、奉高は同時に泰山の爲めの齋邑たる意をも含ました名である。而して縣ㄷしての博は漢に始まつたか知らぬが、その一帶の地が博を以つて稱されたるは、もㄷより遼古からのこㄷで、縣名がそれに始まつたㄷ因みたるは、想像するに難からざる所である。この外山東半島に於ける博山・白山・福山等の山嶽、博平・博興・博縣等の縣邑の中には何れ、park ㄷ因緣を有つものも多いたらうが、そは兎も角ㄷして、泰山以東一帶の地に、古くから蓬萊なる神秘境を聯想せられ、その前洋には今に至るも、渤海の名を有する、蓋し偶然ならざるこㄷであらう。
泰山以東の地神域ㄷさる	
神仙の淵源 park 道にあり	渤海はもㄷ 渤瀣 ㄷ書かれ、古くから神仙思想ㄷ結び付けられて、種種なる說話の舞臺ㄷなりしは、實に深き因由のあるこㄷで、早くいへば、神仙なるもの、淵源、もㄷ東方の park より發し、而して東夷によつて park 視され、渤瀣ㄷ稱され、縹渺たる東海の彼方に、理想境をきたるが故に、渤海、蓬萊等の名生じたのであつた。而して今一度綜合的に考ふれば、今直隸の東安邊から、山東の海豐に至るまでを、古く渤海の地ㄷなすも、その前洋を渤瀣ㄷ稱するも、その理想化の境涯を蓬萊ㄷ稱するも、根源はおしなべて park から出たもので、神仙家乃至道敎そのものゝ濫觴も、これによつて窺はれ、古來黃帝ㄷか廣成子ㄷかいふやうな仙道の聖者達が Tengri の變形らしく思はれる靑丘、紫府等東夷の地にて敎へを受けたㄷいふ傳說の意味も、燕齊が方士の本塲たる理由も道敎の至上神格が、泰山の上に奠祀され、且泰山神が道敎に於いて、殊勝なる地位を占むるやうになつた由緒も、みな容易に說明が付くのである。かの蓬萊の說をば登萊海上に於ける蜃氣樓より誘導されたもの ㄷする論の如きは、畢竟常識的一想像たらんのみである。こ れだけでも、支那の文化に對する東夷の關與のいかに大なりしかを察するに充分であらう。
蓬萊 も park の轉化道敎の濫觴	
靑丘は Tengri	
蓬萊蜃樓說は常識的一想像たらんのみ	
支那に於ける	尙ほ支那に於ける park の遺證にも、矢張り音韻的のそれを有つは、至極面白いこㄷである。まづ秦の

神仙道の胎盤

一九

不咸文化論

始皇帝の命を受け、童男女を率ゐ、海に入つて仙人を求めたといはれる、齊人徐市の市は載ざ同字で分

parkと音韻的證迹 物切、音弗の字なるが、徐市の名は一に徐福とも書かれる。徐市は勿論方士の一人なるが、その市ざ福
徐市と徐福 ざ相通ずるは、一寸異樣に思はれんも、翻つてそれが或る支那語以外の語音の（多分東夷のそれの）寫
しで、語尾にr（或ひはt）ごkざこの二重終聲を有つものが、音便により一つが省かれ、一つだけが響くも
のごするご、それが何んの奇も無くなる。抑々方士の源頭ざ思はれる、東夷の古い敎俗では、支那流に
云ふて方士ごなるべきものを pärk 及びその轉滋形の pak; par (puk; pur) 其他にて呼びなして居るが、
この名稱はおそらく支那の同系敎俗にも行はれしなるべく、徐市の市も單なる人名でなしに、方士階級
に於ける一般的の稱呼か、さもなければ、朝鮮の古神人に弗（勃）、日本のそれにヒコの美稱が付くやう
なものであるらしい。(恐らく方士それが、既に今の朝鮮語の男巫を意味する paksu、キルギス語の、同
方士と park じく男巫を意味する baksa 等の古原語の、支那流の一譯形であらう)。而してこれ等の共通原形は、붉
(pärk) であるから、K音が省かれる時に、市の字が採られ、r音が省かれた時に、福の字が比對された
ものに外ならぬが知れる。かくの如く、徐市の名前は、齊魯の地ご pärk この關係に對し、音韻を通
して意外の秘鍵を爲したかの觀がある。(又市の字に博蓋切の音あつて、宋の字と通用され、宋の字には
paksu と baksa 普活、北末、甫昧、博蓋の四切の音あるが、市ご宋この通用が、形似的理由でなく、音韻的關係による
ごすれば、一層面白き、붉的の音韻類似を認め得るであらう。尙ほ、祓ざ福ご音義共に相通ずるを參照
すべきである)。
かく泰山の本質までを說けば pärk 思想並びにその事實を說明するに、非常の便宜あるを覺ゆる。そは
金剛山と泰山 今一層廣き範圍に於ける比較考察が可能ごなるからである。先づ金剛山ざ泰山ごの比對を試みんに兩山ご
との比對

八、더마리と Tengri と天狗

|介丘と皆骨| もに taigăr と pärk の名を有し、人の魂魄を司つた神さして崇められ、泰山の介丘（乃至高里）、金剛山の皆骨（乃至開哉、卽ち狗岾）のやうに、大を意味する別名を有し、周圍に於ける居民の最高信仰對象さして、巡禮の聖地たり、その頂邊が天界さして考へられて、その表象たる立石が置かれ、共に萬物の生起

|渤海と碧海| 點さされる國土の東に位置し、その脚下に溟海を控へて、それに泰山にて渤海、金剛山にて碧海さよりの聖號を有し、兼ねて泰山のそれ、金剛山のそれが共に滄海の別稱を有たれて、一方 tengri なる意味

|兩山の人文的意味の同源關係| をも外さない等、モハヤ兩山の人文的意味の同源關係なるは否まれぬであらう。泰山、金剛山、箱根山に

|宗教的連鎖の一側面| 共通たる地獄傳說を通して、その宗教的連鎖の一側面を眺めるも、面白いさこであるが煩を避くるさこさする。（箱根の地獄谷が、火山關係だけにて說明さるべきものでないさを、吾等は思ふ）。

|タケとタカ| 朝鮮支那に於ける pärk 山は、兼ねて taigăr（tengri）の名實を有することは、前述の通りなるが、日本に於ては如何。日本語のタケ（嶽）が、タカより導かれしさいふこさは、既に學者の注意を惹いたる所であり、

|嵩・嶽・天の必然的關係| 高天原の高が、たゞ高き意にいへるこは違つて、天を意味するこいふこさは、本居氏も推論せし所なるも、この三者の必然的關係は未だ認められて居らぬ。然し朝鮮や支那に於ける類例の示す所によれば、古神話

|高山と天の同一視| に於ける、高山さ天さは始んざ同一の意味を有するこさ前述のごとく、同一のモーチフに屬する神話を語らるゝ日本のそれも、當初は山を以つて天を象るこ、他の諸國さ同樣でありしなるべく、仔細に吟味すれば、それに關する證迹も、相當に殘つて居る筈である。伯耆の大山のさは、前に一寸云ひ及びしが

|出雲の嵩山| その近旁に就いて例を求むるに、出雲の嵩山等は、延喜式にも見えたる、布自枳美神社の鎭座地なるが、

더마리と Tengri と天狗

不咸文化論

布自根美 タケと天狗	このタケの taigɛ̆ より來れるは、この布自根美の pərkăn より來りしと同樣なるべく、それよりもモット完全なる古形を保有したるものにして、出雲兩大社の隨一なる熊野神社の主山天狗山を舉け得る。或ひは熊野山として、或ひは熊成峯(クマナリタケ)として、上古以來著名なる神山にして、タケを以つて稱されるこの山に天狗の名を有するは、固より偶然ではなかったらう。
天狗と tengeri	日本にて天狗と稱するが、tengri の和語形たるタカ、タカマの類語たるべきは、他に種種の理由から、吾輩の夙に考信する所なるが、昔から高山深山またはその神山たるもの、多く天狗の名を帶びしより、天狗が山の怪物として、想像されるやうになったのであらう。而して日本に於ける修驗道なるものは、もと tengri 山中心の山嶽敎たりしより、修驗道に於ては、山神と天狗とは殆んど同一の觀を呈する樣にもなったのである。
山神と天狗 本朝神社考に列舉した天狗	今、林羅山の本朝神社考に列舉した天狗中の粹たるものを見るに、彥山の豐前坊、大山の伯耆坊を始めとして、富士山・比良山・葛城山・比叡山・高雄山・筑波山・飯綱山等、多く pərk; taigɛ̆r の證迹を有する神山たるは、この見地より見て、至極尤もな次第といふべきである。
中軍山 (密敎の茶吉尼等とは名稱だけの因緣だらう)	試みに天狗の名を有する山に就いて、その狀態を見るに、信濃の飯綱山には、飯綱神社を中心として、天狗を狐に附會したる、尤もらしい傳說が附隨して居るも、魔所といはれる天狗嶽も、飯綱法といはれる陀祇尼の法も、おそらくみな taigɛ̆r より由來せしものなるべく、その一山全體を明神として崇めるも、固より taigɛ̆r 山たりし證迹であるべく、岩代の天狗山の如き、その隣は中軍山と呼ばれるが、二つ共 taigɛ̆r の轉形たるべきは、朝鮮に於けるそれが、多く「將軍」に轉じたと比對して、略ほ察しが付くのである。この
天狗をタカと呼ぶ譯	筋を辿るによつて、天狗の眞相と共に、日本における taigɛ̆r (tengri) 山の面影も偲ばれやうかと思ふ。かの山中では天狗を呼ぶに、高樣なる隱語を使ふといふが、實は隱語ではなく、古語なりしを思ふべきである。

山城の高（多河）神社
大和の高天山
常陸の高天原
高國
高光
日本歷史の出發點たる高天原に對する解釋
park 的稱呼
解夫婁
ヒルゴ・ヒコ
ホコ・ヒカミ
ヒコナ
弗矩內

更にその轉滋された方面を見るに、延喜式に見えたる、山城の高（多河）神社は、後佛教に入つて天王ミして習合され、高天彥神社の鎭座地たる、大和の高天山は、後に華嚴經の菩薩住所に附會されて、葛城金剛の名を取つた。（前文、朝鮮金剛山の名源論參照）。伊勢の外宮なる豐受宮の攝社なる高宮も、高處にある故にタカミはれたミいふは、不毅の說なるべく、常陸の高天原も、その鬼城の名ミ共に、確かなる由緒あつてのこミであらう。この外國造本紀の高國を始めミして、凡て多賀、多珂、高見、寶、財部、手刈、田子、天神、天狗等、タカの接頭語を有する地名人名に taigǎr より來たものミ多かるべきは疑ひのない所である。かく見來れば、日本歷史の出發點たる高天原に對する解釋も、金剛山泰山等ミ同じレベルに立たして、その考察の範疇を換へる必要あるを見るべく、隨つて古き說の取舍も、新しき見解の創立にも taigǎr なる論點を無視されないであらう。日の枕詞に高光ミいふも、實座を高御座ミいふも、天之高市・天上高白國ミいふ意も、この見地からすれば、一層の明るさを以つて理解されるであらう。

九、ヒコミタカ

山に park の名を冠せしむるは、山を神視したこミであり、そを人格化したる稱呼であるが、本來から いへば、神若くは神ミしての人の稱呼でなければならない。朝鮮に於いても、日本に於いても、後世には單なる美稱ミして、人名にも park を附するやうになつたが、上代には勿論神及神格者に限る稱呼であつた。かの夫餘の王ミいはれる、解夫婁の夫婁や、日本の神話に出て來る、ヒルゴ（蛭兒）、ヒコ（日子、彥）乃至ホコ（矛）、ヒカミ（日神）、ヒコナ（彥名）なるものが、凡てそれであつて、上つ代はかくの如き、park 達の世界で、新羅史にいはゆる弗矩內（përkuni 赫居世）、日本でいふ神代なるものが、即ちそれである

ヒコミカタ

不咸文化論

光明理世

のだ。(新羅始祖させらる、赫居世は、固より個人の名でなく、壇君說話にいふ「光明理世」、日本神話に於ける「光華明彩六合に照徹する」有樣である)。神の世さは、神の治めたまふ世さいふ意味からばかりでなく、神事を中心さする、世の中さいふ意味からでもであつた。かくの如く、國家、文物等凡ての人文の出發を、神にかけていひ、その神が即ち抽象的には天、具象的には日で、高天原をその本國さするさいふ意を傳へようさするが、朝鮮、日本、並に同じ文化圈内に屬する諸國に通ずる、その建國神話の一致相であつた。而して氏族の起原、產業の分化等に關する、若干の特殊相を除けば、この文化圈内に屬する諸民邦の古代史なるものは、その素地に於いて、相異なる別物さはいへなさゝうである。

日本語ヒコの新解釋 ヒコとヒメは一語の兩岐に非ず

こゝに挿みたいこさは、日本語ヒコに對する今までの見解に就いてゞある。日本の古典に出て來る神格に、男性に多くヒコが附き、それに對して、女性にはヒメが附く所から、ヒコミヒメを對語さして見るが普通であるが、吾輩の見る所では、兩語はその成立の逕路を異にするもので、一語の兩岐ではないやうである。第一日本語に於いて、コミメミを對立さして、男女の性を分つやうに見ゆる場合は、ムスコミムスメの一つがあるが、然るにこの場合のコにも、特に男性の意を含ましたわけでないのは毋論である。

アストン氏の說

アストン氏の如き、その日本神道論に、尙ほヲトコ、ヲトメを擧げ居るも、これはヲトコが廣く男性を現はすに對し、ヲトメは單に若年の女性を意味するを忘れたる比對で、ヲトコは寧ろヲナゴミ對をなすべき語であらう。(メス●ヲス、メノコ●ヲノコ乃至メヲト等の語に徵しても、メの對を爲すものはヲでコはへぬであらう)。又コには男女を通じて、幼年者を意味するのそれには、接尾語さしてのそれには、

コは男女に通ずる語

こ共に、反つて婦人の名たるを表はす用をなす位である。吾輩の考へではヒルコ、ヒコが、park の和語形たるは、上來考說を試みしが如くなるべく、ヒルメ、ヒメは單獨にサル理由によつて、女神を表はすやう

ヒルメミ할미아

할미이とマテラと大日孁の古義　本居氏の見解

蓋しヒルメ、ヒメは、現朝鮮語 harmi ；harmöi（祖母、老媼）と源を同じうするものと思はれる。朝鮮に於いて正見母主、東神聖母、仙桃聖母、智異聖母、松岳王大夫人等國家の産神として記傳に載せられてある大女神を、現在その土地では、凡て大日孁の古意を傳へしものに相違なからう。本居氏もその古事記傳に於いて、ヒコとヒメとを對視し、比とは凡て物の靈異なるをいふとしたるが、比を靈異の意とするはサルことながら、コメをば男女にしたのは、固より感服し難く、若し強ひて兩者の關係を繹ねるならば、ヒルメ（ヒメ）がとヒルコメ（ヒコメ）より、コ音の拔けたるものであらう位のことは云へるが、矢張りharmöiの類語ことするが、ヨリ眞實に近いであらう。

日本神名に於けるTaigar

高天彥神
多賀大神
素盞鳴尊
五十猛命
建御名方神

park と共にtaigarも、矢張り日本に於いて神格の稱として用ゐられた樣であった。先づ造化三神の隨一にして、高天原に於ける八百萬神の指揮者の役を勤めたまふ高御產巢日神（別稱高天彥神）から、伊弉諾神の別稱たる多賀大神、大已貴神の妃たりし高津姬命、並にその御子なる高照光媛大神、大國主神の御子なる阿遲鉏高日子根神並びにその妹なる高比賣神、神武東征の際武甕雷神に代つて、邪氣を拂ひしといはれる高倉下命、尚は一方天照大神の御同胞なる建速須佐之男命（素盞鳴尊）を始めとして、その御子として韓國この御因緣を說かれる五十猛命、雷神といはれる建御雷之男神（武甕槌神）、豐受大神の天降りたまふ際他の十神と共に侍從の任を盡したといはれる建御倉命、大國主神の御子にして建御雷神と國讓りの角力を試みしといはれる建御名方神、豐後の建男霜凝日子神、伊豆の多祁伊志豆伎命等、その外大年神の御子なる庭高津日神、羽山戶神の御子なる夏高津日神等凡てタカ・タキ・タク等の冠辭を有するものは、かのアマツとアメノ等と同じく、天の族なるを表はしたものに相違なかるべく、是等を猛けるの義に解せんとした古人の說は、恐らく當らないことであらう。かの修驗者の道場として、その靈異を富士、淺間に比せられた

ヒコとタカ

アマとタカは等しく天の族なるを表はす

御嶽修行	る、甲斐の御嶽を始めとして、各地にある御嶽及びそれを中心とする修行は、みな taigər 古信仰の轉化として見るべく、また嶽山の名と共に、高向のそれを始めとして、外宮の所攝
タカムク神とロ（ㅁ）	なる伊勢の高向（宇須乃）神社、武王明神を祀れりといふ因幡の多加牟久神社、其他各地にあるタカムク（コ）神なるものも、その眷屬に違ひないであらう。而して朝鮮の民間信仰に於ける、最高の大神を爲す Taigam が、これ等と同根たるも異論なき所であらう。

十、朝鮮神道の大系

朝鮮に於ける傳統	主として天を表はす、taigər（その人格形、Taigam）と主として神を表はす pərk（その人格形 Pərkän-ai）は共に、元來共に宗教的のものであつた。事實も、それに據つて古くからカナリ鮮明な宗旨が成立し、これを依據とする祭政一致の世相を現はし、而してそれが廣き範圍に亙る一文化圈を作つて居つた。神仙道はその支那的の發達であり、隨神道はその日本的の分歧でありしが、その分布の中心を爲し、而して割合に純粹なる本面目を保持して來たものが、朝鮮に於けるそれらしかつた。朝鮮では pərk を原として pərkən と、轉じて pukun とも、又單に pur とも稱されて居つた。これは長い間埋沒されて、世人の注意より遠ざけられて居つたが、よく調べて見れば、その歷史に明瞭であり、割合に明瞭であり、或時は伏泉の如く、朝鮮の歷史に貫流し、社會に浸潤して居る有樣を、文獻と事實と兩方から明かにし得るのである。
教相と法脈	
支那の神仙道と日本の隨神道	
文獻的徵憑	文獻の上に於ける、その直接表現の徵憑として存在するものは、三國史記（卷第四、眞興王三十七年）に採
鸞郞碑序文	り入れられた、崔致遠の「鸞郞碑序文」の一節なるが、曰く――

風流

令狐澄の新羅國記

國家最高の宗門

一種の年中行事化

「風流」は文意に關はりなし

「朴」は祭祀階級

「뷝」の古道

祭司即ち君長

弗短內

「奈乙」信仰

國有玄妙之道、曰風流、設敎之源、備詳仙史、實乃包含三敎、接化羣生、且如入則孝於家、出則忠於國、魯司寇之旨也、處無爲之事、行不言之敎、周柱史之宗也、諸惡莫作、衆善奉行、竺乾太子之化也。

として、その敎相を傳へて居る。然るにこの一文の外その宗敎的狀態を傳ふる載籍更に無く、これとてもその導線さなつた「源花」なる事實を伴引せる、唐の令狐澄の新羅國記の文意が、一寸見れば普通の社會的一敎化機關の樣であり、而もその名目が「風流」とある所からして、それが宗敎團體で、而も國家最高の宗門であらうとは、ツィ閑却され勝ちなのも無理は無かった。何れ當初は、民族的普遍と國家的尊崇を以つて莊嚴されたる大儀であったらうが、後代になりては、種々の理由によりその古義全く忘れられ、傳統的にその形體を承授するに止まつたから、仕舞には一種の年中行事見た樣になり、神々しい眞義は晦まされる一方となった。然しこゝに出て來る「源花」なる名句も、その文意に何んの關はりのない單なる寫音的のものであつて、その全部でなく、また「風流」なる名句に氣が付き、又これに氣が付いて始めて、この研究に於ける前後の脈絡が通じ得られたのである。

餘り繁多になるから、手取早く調べし結果だけを云ふとしよう。半島には古くから părk の道が行はれ次第に國家的色彩を帶びて來たが、新羅には肇國の當初から「朴」(pak) なる祭祀階級によつて、それが傳承され、その祭事を părkän、その祭司を paksu を主さする居西干・次次雄・尼師今・麻立干等、その敎團を源花（花郎 părkäne）、その時世を弗短內 (părknui) と稱されて居つた。祭事中心の社會であるから、始めは祭司卽ち君長でありしが、社會の發展と共に敎政の分離を見、宗敎として獨立したるものが、卽ち風流 pur と呼ばれしもので、「奈乙」(nar) 信仰を中心とするその發展は、漸く目覺しきものがあり、敎理の上

朝鮮神道の大系

二七

不咸文化論

二八

には神誌、仙史、秘詞、鄭鑑の書等聖典も次第に出來、修行の上には、音樂を一面とする山伏の行と、その一時的なる山嶽巡禮が行はれ、新羅の國情に促がされて、源花(別に國仙、後に花郞の稱あり)の社會的活躍を見る樣になつた。後に佛敎の流入と共に融攝習合漸く行はれ、pǎrkăn の聖儀も字音の類似から八關會(朝鮮音 parkwanhoi)の名目の下に執行されるまでになり、佛敎の隆盛に連れて、次第に壓倒されて、park の靈場たりし名山勝地は悉く、伽藍蘭若の地となり、國神とその社祠は佛宇の蔭に、ヤットその餘喘を保つやうになつて仕舞つた。

然しながら、國權的に防護されし方面と、民俗的に浸透されし風習は、外來の思想により、全然消滅さるべくもなく、新羅を繼ぎし泰封・泰封に代はりし高麗朝に於いて「八關」の祭禮は、終始一貫その盛大を極め、佛敎の爲め神事漸く踈忽となるや、國家は屢々詔令を發して、それを誡しめられる位であつた。高麗の末に至り儒敎頭を擡げ、李朝の革命成るや、その政治的安定を計る上から、神佛共に抑壓する政策を取りし結果、佛は兎も角、神道の方は强弩の末勢、見るも蕭條たる有樣を呈する樣になつた。殊に太宗朝に於ける、神書焚燬の厄は、殆んどこの方面の文獻の絕滅を致し、最も勢力ありし鄭鑑の書の如き、李朝の運命を語る豫言的一部分が、後世の佛典語に轉化されしをのみ、秘密に承受される位が關の山となつた。然し乍ら高麗朝に於いて、八關なる佛典語に轉化されしをのまゝ、李朝に於ては、府君さいふ儒學語に面を換へて、その神社は官府驛院何處にも舊態を保ち、Pukun-harnŏi なるものは、深き面帕に掩はれしまゝ、倚克く公的の信仰を繫がれ、國家的の八關會は、或ひは呼旗 puri、或ひは Pukun-kut pukun 的の會祭を今だに維持して居る。而して國家的不安と、社會的不平を助緣として、種々の信仰現象(宗敎的行爲)が、鄭鑑の書等に結付いて起り「南朝鮮」なる理想世界をその中に描いて、大小樣々な波紋を歷史

源花の社會的活躍

聖山悉く伽藍地となる

民俗上の生命

李朝以後

太宗朝に於ける神書焚燬

呼旗

南朝鮮

の上に傳達するやうになつた。この意味に於いて、事實として忘失されたる pärk の道は、近代に至る程金々精神的に復興され、空前の強味を以てしたとも見られる。例の東學（後の天道敎、侍天敎）吽哆敎（後の太乙敎、普天敎）其他種々の名目を以つて現はれて來る、類似宗敎團體なるものは、一つとして是に根據を置いてゐないものはないのである。かくの如きものが容易に成立し、何れも相當の發展を遂げ得る所以は、敎祖の人格にも、敎旨の妙詮にも據るものでなくして、只一つ古來深く民衆の心奥に浸み且つ潛みし、朝鮮民族の傳統的精神に反應を起すにあるのである。實に pärk の道は、朝鮮に於いて死したる形骸でなく、現に生き且つ働きつゝある一大現實であるのだ。民衆かれ自身にそれこは意識されないまゝ。

十一、建國說話上の天と檀君

新羅より現時までの系統は、前述の通りなるが、サテその以前と以外とには如何であつたか。百濟は國名からして「pärkの都」を意味して居り、高句麗と夫餘とは共に、夫婁の系統を引いたことゝ成つて居り、三韓共に天降と日生との建國傳說を有し、韓には天神を奉齋する別邑の設けあり、濊には目立つ程の山嶽崇拜が行はれ、古朝鮮には太伯山を舞臺とする、檀君の建國神話が今だに傳承されて居る等、一つとして pärk 乃至 taigăr (tengri) を以つて、國祖若くは人文の濫觴としないものはない。而してその國祖の神話には、おしなべて太陽とその抽象化されたる天と、人格化されたる pärkăn-harmöi が見えつ隱れつ、根柢を爲して居るを見るのである。割合に小さい部族でも、その部族の起原は pärkăn にかけて說く。例へば昔脫解の本國なる 正明 がそれである。隨分後の世代にも、建國の說話には pärkăn を結び付ける。例へば高

建國古傳の大

太陽とその抽象化されたる天象

三韓、濊

古朝鮮

百濟は「曷」の「벌」
高句麗、夫餘

朝鮮民族の傳統的精神

朝鮮に於ける類似宗敎の容易に成立さるゝ理由

形式上滅亡と精神的復興

建國說話上の天と檀君

二九

不咸文化論

要素	
宗教的神話神話的聖典	
その根本精神並に依據原理	
壇君、夫妻	
白馬紫卵 金城白鶴	
君巫同源	
天巫同語	
壇君とは Tengri 或ひはその類語の寫音	
確たる根據	
錦江沿岸並びに西北の諸地にて今も巫を	

麗の王氏の祖先は、虎景、(吏道讀み pǒmkyǒng) なりとするがそれである。是等の中、壇又は天と出て來るのは tengri、白又は日は pǎrk に當る寫音若くは譯字である。

今までの傳承に於ける、朝鮮の古代史なるものは、要するにかくの如き宗教的神話、神話的聖典が、歷史の形式に傳へられたもので、部族と時代とにより、その名句の字面が如何に變らうとも、その本體は或る一つの根本話型に要約さるべき性質のものなのである。そうしてその根本精神、依據原理と成つて居るものは、太陽を事實方面とする tengri 若くは pǎrk である。前者の代表をなすが、古朝鮮の高祖せらる、壇君であり、後者の原型を寫すが、壇君の子にして夫餘の肇王とせらる、夫婁で、東明說話の高祖せらる朱蒙說話の天帝も、赫居世說話の白馬紫卵も、閼智說話の金城白鷄も、加洛說話の朱日靑裔も、首露說話の紫綏金卵も、(乃至高麗國祖說話の虎景も)均しく壇君又は夫婁の變形たらんのみである。モハヤ壇君の正體を明かにして好いと思ふが、吾輩の見る所では、壇君と tengri 或ひはその類語の寫音で、もと天を意味する言葉から、轉じて天を代表するとする君師の稱呼となつた語に外ならぬのである。(君は政治的、師は宗教的の長をいふが、原始意義に於いては、兩者一體であること勿論である)。言語學的に、かの同一の文化圈に屬すと思はれる、蒙古語の tenger が天と共に巫(拜天者)を意味すること、人類學的に、君主と巫祝がおほむね一源一體であること、朝鮮の古傳承に、君主と巫祝が矢張り同一の語で呼ばれたとすることゝを、合せ考ふれば、たとへ傳說としても、壇君なるものゝ如何に確たる根據の上に立つて居るかゞ知られよう。況や支那の載籍にも、三韓の古俗を記して「國邑各立一人、主祭天神、名之天君」とあり、朝鮮の現代語にも、尚ほ巫を tanguri, tangurai と稱呼する地方あり、先にも記したるが如く、その變形たる Taigam が、今日までも朝鮮の民間信仰に於ける最上神格をなし居るに於いてをや

「ㅎㆍㄴ」と稱す 君を天と稱する習 壇君神話の歷史的背景 抹殺論の學的不誠實	ある。また宗敎的の理由から來たこと思はるゝが、君長の稱に天を冠せて呼ぶは、この文化圈内に於ける特色の一つで、漢書に見えたる、匈奴の撐犁孤屠（譯、天子）より、東明說話の天帝、北燕の天王、日本の天津日繼ぎ等の觀念及び事實に照して、壇君神話に歷史的反映の有るも、動かされない事實である。是等の證迹を無視して、壇君を後世の捏造に歸し、或ひは樹木崇拜の一古傳なりとし、而して抹殺の理由を支那の文獻にその傳へなきに置かうとする等、實に學的不誠實なりとしなければならぬ。縱し壇君が歷史的に一朦朧體とするも、その宗敎的方面に於ける古き根據は、何にも動けるものでないであらう。
Părk 敎及び Părk 文化 その掩蔽されたる原因 事實上の大證迹 朝鮮史の意義價値	サテこの park を法印とする tengri の觀念は、隨分古くから宗敎的の形體を備へて、廣き分布を爲し、遂にこの敎理を中心とする、特殊なる一大文化圈が出來た。この文化には只冥想的產物と記錄と造形美術が大事にもされず、又その道も開けなかつた爲めに、早くもそれらを有する他の文化の蔭に隱れる樣になり、殊に眩惑的の記錄を有する、支那のそれに掩蔽されて、その光りを韜まされざるを得なかつたにしろ、その淵源の古き、影響の大なる、特色の鮮かなる、把持の固き、範圍の廣さ、勢力の盛んなる、當然東方文化に於ける一大部面でなければならないもので、この忘れられたる一大文化の系統、性質等を明かにするによつて、東洋史乃至人類の文化史は、重大なる改訂を促がされることゝ思はれる。而してその討究の玄關と、硏鑽の核心となるべき朝鮮史は、それに準じて意義と價値とを增して來なければならない。

十二、不咸文化系統

不咸文化	私は假りにこの一大文化系統に、不咸文化の名を付けて、種々の考察を試みつゝあるが、この文化の中

不咸文化系統

三一

不咸文化論

不咸はその最も古き字形

心たると同時に、その殆んど全部面を爲すが、pärk (pärkän) であり。不咸はその最も古き字形たるに取つたのである。この文化の全内容を爲す宗教が、朝鮮に於いて pärkän (pärk; pur) の名で呼ばれたことが明かであるによつて、これはこの文化圏の名稱として・寧ろ本具的のものなるべきを思ふ。

歷史的俸薄者によつて支持せられて來た文化系統シヤマニズム

不咸文化は、一つはその性質より、一つはその享用者である多くの民族が歷史的薄倖者で、興廢常無くその斷片は、所謂シヤマニズムの名の下に、原始信仰の一材料として、學者の顧眄を得るに過ぎなくなつた。然しシヤマンにしろ pärk にしろ、それが印度支那兩系以外諸民族の文化的共通源泉として、古くから東方歷史展開の根本動機を爲して居た方面よりするも、不咸文化に對する支那の頂點とする支那のそれが、實は不咸文化を以つて、多分の内容さする點よりするも、不咸文化に對する學者の態度、觀念は、是から先き大いに改まねばなるまいと思ふ。早い話が、朝鮮人にしろ、日本人にしろ、自分達の文化及歷史の動機・本質を考ふる場合に、無闇に支那本位に模索するを止めて、自己本來の面目を自主的に觀察するを要すべく、一步進んで支那文化の成立に對する、自分達の共同動作の跡を繹ねて、東方文化の正しき由來を明かにする、今後努むべき方向でありらねばならぬ。

東方文化の正しき由來

不咸信仰の典型的傳統地たる朝鮮

新しくして古き不咸文化は、その特質として神山神邑を有し、それには概ね pärkän ; tengri の名稱を付け、而してこの名稱は民族的興亡に超越して、その傳稱を續けてあるが爲めに、是等の跡を辿るによつてその分布狀態及範圍を明かにし得るは、吾々の大いなる幸ひとする所である。不咸信仰の典型的傳統地たる朝鮮さ、その姉妹關係に立つ所の日本及東部支那は固よりのこと、冕嶽を始めとし、クバ●コボウ●クボウ等の御嶽を有する琉球を南極として、幌郡嶽、辨花片山、神威嶽を有する蝦夷、長白山の滿洲、不

古いparkの名残り	兒罕山の蒙古、騰格哩山・蒲類（巴里坤）海の中央亞細亞と、西へ西へとその連絡は明かに尋ねられ、少くもバルカン山のバルカン半島までは、その分布範圍として想定し得る。而してこの一連地域に於ける、大行●拔爾肯●ビルグル等の山、貝爾加爾●バルハシ●バルクル●ブルクル●騰格哩等の湖、フェルガナ●ブルコ（布魯克）●バルク●ブカン●バクトリア●ブガラ（捕噶）等の都邑は、何れも古いparkの名殘りなるが、この形跡は黒海を中心として、東は裏海、西は多島海、南は波斯灣までの間に、俄かに濃度を加へて居る。裏海の廻りでは大小兩バルカン山・ヴォルガ河・ダゲスタン・バクー港・バルフラシウ市等、メソポタミア地方では、バクダード・ビル、シリア地方ではブカ、小亞細亞ではバリケスリ、バルカン半島では、黒海沿岸のバルヂック・ブルナ・ブルガスを始めとして、バルカン・ブルガリア・ブカレスト・ベルグラド、北はプラーグより、南はピレウスを經て、トリポリのバルカに至るまで、數え切れぬ誇跡が尋ねられる。黒海の周邊は他の多くの理由と合せて、park文化の起原地と思はれる處であるが、その起原を是等の地に有するらしい點が、park文化對人類文化の種種の問題を設想せしむる所以でもある。
parK文化の起原地	
古来の地名傳説より解放されるを要す	以上はホンに直接表現的の主要なるもののみを擧げたのであるが、吾等このparK文化の起原地と思はれる千古の秘を發く爲めには是等の地名に附隨して居る、後代的の名義說明に惑はされざるを要する。その一二の適例を擧ぐることとしよう。
パミールの名義	例へばパミールの名義に就いて、今までの考說では、キルギス語にて寂寥の意なりとするも、是は古義を忘れた後適々語音の近い所から附會されたまでで、その古形のPårkmor（morは不咸文化圈内にて、山をいふ古語）たるべきは、その東方の地にはFergana, 西方の地にはBokharaの名あり、その大分歧なるアライ●崑崙●天山等、凡て天の意を有し、且その内部に、聖山を意味すると思はれるサリコル山脈ある等より推しえられる所である。而してその一支脈たる天山には、白山の古名と共に、その最高峰に汗騰格
アライ●崑崙●天山白山	

不咸文化系統

三三

巴里坤　Khantengeri、トルキスタンの東方に博格達山 Bogdo-ola、哈密の南境に白山、東の端に巴里坤（昔の蒲類 Bar-kul）等の部分名あり、又その一眷屬をなすものに、古來葱嶺を以つて稱される 鉢露羅、勃律（Bolor、Bolor-tagh（Belur-tagh）あり

トルコ語の山脈　脈中の最高點に Tagharma（Mustagh-Ata）の名を傳へ、その附近の地は昔から、何れもパミール本來の狀態を緬想させるものと見られるから、不咸系神山の標準的名例の具はつたるの如き、パミール寂寞の說等は、後代的のものなることは明かであらう。又バルカンの語原に就いては、トルコ語の山脈で、ギリシアに傳はつて、haemosとなりし語なりとは知られたるも、

火山の神　トルコ語のバルカン實は神山を意味する古語 pärkän より出でたるは知られず、或ひは羅馬神話に出て來る火山の神なる Vulcano より出でたりとすも、こは寧ろ逆にして、東方思想に於ける pärkän が羅馬に入つて、火山の神に轉じたとすべきであらう。而して Balkan も Vulcano も共に扞格相容れまいと思はれるのが pärkän によつて融合一致をなす處に pärk の妙諦が存するのである。

ついでに附記したいのは、史記匈奴傳の索隱の「…祁連一名天山、亦曰白山也」は、種々八釜しい議論のある所なるが、祁連天山可否論は兎も角として、六朝の古籍「西河舊事」以來一般に信認されしかの觀ある「白山冬夏有雪、故曰白山、匈奴謂之天山、過之皆下馬拜焉、去蒲類海百里之內」（後漢書卷二明帝紀所引）とあるは、矢

原義を忘れたる後の附會　張り原義を忘失されし後、文を望んで意を付けたまでのもので、實は天山が tengri の譯字たると同樣に、白山は pärk 山の對字と解して、始めて釋然たるべきである。丁度東方に於ける天山たる、白頭山（長白山）の白が、古義の忘れられて萬年雪を戴いたが爲めと解されて居つたのと、好一對をなすものである。tengri

白頭山の例　と pärk の必然的附隨實例を、これにも認むべきである。

十三、その世界的投影

重要なる遺物	不咸文化は、その名相說相共に、人類の嬰兒期の面影を保有するによつて、その渺邈たる起原を思はせる。原始人類が未だ、極めて狹き地域の內に住居し、習俗・稱謂等の分化旺ならざりし時の、重要なる遺物らしきものを、不咸文化の內に見出すのである。單に習俗のみならば、心理的共通による偶然の一致と見て然るべきも、事實ミ稱謂ミ（その音韻變轉の現象ミ）それに絡まる說明が、等しく符合を示す時は、
源頭に於ける必然的理由	その源頭に於ける必然的理由を尋ねるが當然である。pǎrk 思想の初產地（或ひは原始中心地）は、前に記したる如く、裏海、黑海の附近らしく思はれるが、西亞の南部が、全人類の起原地たる如何には兎も角ミして、少くミも歐亞を連絡する、人文的一湖水が、古くこの邊に湛えられて居たミこは、pǎrk 系名相の分布を通じて揣摩出來るのである。
pǎrk 系名相の分布	而して不咸文化の核心たる、pǎrk（その古形、pǎr 或ひは pur）は、北及東部亞細亞以外にも、廣く連枝遺葉を尋ね得られる。かの印度に於ける主宰神 Brahma、セム民族に於ける、大神の汎稱で、主を意味し
セム民族	日神を本體ミし、立石（Massebah）を神體ミし、Ashera 女神を隨伴ミせる Baal、バビロニアに於ける Baal なる Bel（只の Bel は Ea; Anu ミ共に、バビロニア最古三神の一にして、大地の主宰神 Bel-Merodach 卽ち
バビロニア	Miri-Dugga は、埃及の Osiris ミ同一視された太陽神で、その首の血を土に混じて人間を作つたミいはれる）、
希臘	希臘に於ける、天の光明を表はす太陽神にして、豫言の神・社會的建設の神たる Apollo（一名 Phoebos, Pha＝輝くより來る）、獵）神・道祖神乃至音樂の神・懲罰神・身心醫療の神・魔除けの神・牧畜（狩
羅馬	羅馬に於ける主宰神 Jupiter の子にして、火及鍛冶の神なる Vulcan（Vucanus; Vulcani）、北歐に於ける、

その世界的投影

三五

不咸文化論

　主宰神Wodan（ヴォタン）を夫とし、火神太陽神にして善神上神なるBaldurを子とする、智識及生殖の司神たるFrigga等は、その神話的意義並びに神格的名稱に於いて、全人類的共通源泉を通して、我がpar(pur)と、因緣淺からぬものと見られる。古日耳曼の天仙とするFairyも、大方さうであらうが、遙かに飛んで中央アメリカのグワテマラの神話に於ける、光と土地の創造主Hurakanと、大地の神Vukub-Caḥixの如きも、その餘流を汲みたるものならざるやを思はせる。

　上記の如き、それぐ\の代表的神格の外にも、その主上的神格の中に、多くの名實彙通ふものが見出される。例へば印度に於て、宇宙生成の本體とされる――その頭が天空となり、臍が空氣となり、兩脚が大地となり、心から月、眼から太陽、口から雷神火神を生み、氣息から風が生じ、乃至印度の四種姓をその體內より發生させしたとする、千頭千眼千脚の巨人Purusha、雷雨の人格化にして、天主され、空中の最高神さして「最も拿業を受けるやうになりたる囚陀羅（帝釋天）の一名なるParjanya、最高の天神光明神にして天地を作り、之を支持し、日と星とをその眼目となし、宇宙の支配者として、吠陀敎中に殆んど一神敎たる形を取るまでになつたVarna（希臘に於けるUranus）、Savitri; Pushan; Vishnu 等と共に、日神Suryaの一名たるBhaga 等は、注意に値ひする。また北歐神話に於いて、太陽をその目とするといふにより、北歐の最高神として神人の父と仰がれ、萬物の支配者とされたWodan（Odin）は、暴風雨の人格化にして、その天空神なるBüreの兒なるBoreを父としたといひ、人物を造り出す際に一身三面の觀をなしたが Viliと Veの二神たつたといひ、惡の巨人Ymirを殺したら、その肉が大地となり、血が淚となり、骨は山、齒は岩、頭髮は樹木となり、腦髓は天空に投げ上げられて雲となり、尾毛は美しい人間世界（Midgard 中つ園）を爲したといひ、彼の妻い名はFrigga、子の名はBaldur、かれに從ふ女性の戰士はValkyrか

　　　　　　　古日耳曼
　萬物の支配者　中央アメリカ

　主上的神格

三六

東北亞細亞的宇宙三界觀：かの宮殿にして天上の樂園なるは Valhalla（Valhöll）、かれの玉座は Hildskjalf、その宇宙木 Yggdrasil を潤ほす靈泉が Hvergelmer、その宇宙終局の大戰場が Vigrid といふて、かれ關係の名句が、概ね par 類緣の音を示すも、かの東北亞細亞的宇宙三界觀と、鍛治の神を Voland と呼ぶと共に、概ね pàrk 的に考慮すべきことゝ思ふ。

人類の始祖 Deucalion：かの希臘の諸神に於いては、粘土と水とで人を造り、太陽から光を取つて來て、それを土偶に吹込んで生かしたとか、Zeus に反抗して、天より神火を偸みて、これを人類に與へ、以つて人に火食を敎へたとか、その娘 Pyrrha の夫なる人類の始祖 Deucalion に、大洪水の難あるべきを豫告して、かれをして食料と舟とを用意して、九日漂ふた末 Phocis の Parnassus 山に至らしめて、人の種を繁殖させたとか、たゞへウス神の賜賞でも、災害凶事の充滿せる Pandola の箱を受くる勿れと敎へたとするが如き、人文現象の開發に偉大なる功烈あるとする神人 Prometheus を始めとして、耕作の神・葡萄酒の保護神・劇場の神にして、生殖神の意を帶び、最も華かなる祭典を享けられる Bacchus（Bacchus）、海の神にして豫言神たる Prateus、太陽神 Helios、貿易神・使節神・音樂雄辯神にして、ギリシアの國境に立てる石標なる Hermes（羅馬名 Mercurius；Mercury）、ゼウスの庶子にして、最大の勇士、十二功業の主、オリムピア競技の開祖、行旅・牧畜・農業の保護神たる Heracles（Hercules）、ゼウス大神と智慧神との子なる知識の神・平和と戰爭とを司る國家の神・學問・美術・技藝・農耕等の神、アテネ守護の大女神にして、純潔と光明の表現たる Pallas-Athena、預言の神 Hecate、壽命及び運命の神 Parcae 等を擧げ得る。以上に於いて、特に注意すべきは

神人 Prometheus

pàrk 的の名稱を有するものが概ね 創造神、至上神、天神、光明神・太陽神、火神、人文的豫言的宗敎的の神格たる點である。

pàrk 的の名稱神の神格的共通點

その世界的投影

三七

不咸文化論

眼を轉じて古地名を眺むるに、西亞においては Pars (Fars 今の Persia)、Phoenicia, Parthia, Beerseba (今の Bir-es-Seba)、Philistia, Pergamon (Pergamus, Pergamum)、Phrygia, Baalbek 等は、矢張り par 的考察の範圍に入るものなるべく、希臘に渡つては、アポロの廟宇の所在地、デルヒ神託の宣出地にして、「地球の臍」さいはる ∧phokis 地方の Parnassos (Parnassus) 聖山、アポロとミューズの奪祀地なる Boeotia の Helicon 等を數へ得る。尚ほ又基督教にて、大洋の極東なる高山にありて、エノック、エリヤ等聖者の住地とせらるゝ地上の仙境 Paradise (古波斯語 園圃の義なりとす)、波斯にて、樂土を意味するやうになつた Varuna、印度の梵世 (Brahma-loka) 等、古代に於ける思想的國民によりて考へられた樂園が、期せずして par 的の名稱を取りたるも、偶然ならざる契機によるものかも知らないであらう。(埃及の Heliopolis 希臘語、太陽たる Pi-Ra が、埃及語太陽の家なりとは、古來の通說なるが、Pira そのまゝで、もとく聖都を意味したものなるやも分らないであらう。)

抑々原始時代に於ける、文化的交通は、一般に想像するより、活潑旺盛でもあり、人種相互の同根關係も案外確實で深密なるは、種々の證迹によつて明かなところである。以上に於ける吾輩の摸索は、極めて跛策で又生硬ではあるが、その中に多少なりとも、問題或ひは方面の新提示と認むべきあるとすれば、かの Arya 一語の分布及び變化によつて 印度日耳曼の民族及び文化的連鎖を徵し得るやうに、par 類緣の言語的の民俗的溯究が、一面に於て、人類史に於ける Parkān 文化の、いかに古遠なる遺產なるを明かにし、一面に於いては parkān を通しての東西文化の交感が、人類生活の原始的世界性に想到せしむる一助緣ともなるであらう。かう見來れば par 考究はモハヤ、東亞文化の問題のみでもないのである。

Phokis
Paradise
偶然ならざる契機
原始時代に於ける文化的交通
Par 類緣の言語
人類生活の原始的世界性

三八

十四、支那文化に於ける東夷素（不咸素）

支那といふ國は、民族的にも、文化的にも、一つの大きな沈澱池であり、合成金の鎔鑛爐である。支那文化が、いはゆる四夷八蠻の諸物素を攝取して居るは、正にその民族の内に、あらゆる關係民族の血液を混合して居ると同樣である。而してゐところの東夷とは、最も早くから雜處又隣住し、或る地處では先住民の關係を有し、また最も長く繼續的に、密接なる交渉を有して居るだけ、支那文化に於ける東夷の遺物は、料外に多量で、またその要部を占め居るを見るのである。

支那の文物に於て、最も早く整形を示したるは、國家倫理であり、その中心を爲すものは、天命を受けたとする主權者で、後世支那の文化財は、凡て之を焦點こするに觀を呈するまでになつてしまつたが、その いはゆる天命なるものゝ原始的形態は、天の子として人間を治むべく使はされることである。天子または天王とは、この謂ひである。然るにこの天子も天王も一般に「林兗天帝皇王后辟公侯君也」［爾雅釋詁第一］「古之神聖人 母感天而生子、故曰天子…」とあるによりて推し得られることで、かの書經に見える

皇天眷命、奄有四海、爲天下君。（大禹謨）

天之曆數、在汝躬、汝終陟元后。（上同）

惟天、生民有欲、無主乃亂、惟天生聰明、時乂、有夏昏德、民墜塗炭、天乃錫王勇智、表正萬邦。（仲虺之誥）

天子惟君萬邦、百官承式、王言惟作命。（說命上）

支那文化に於ける東夷素（不咸素）

三九

不咸文化論

明王奉若天道、建邦設都、樹侯王君公。（説命中）

惟天地萬物父母、惟人萬物之靈、亶聰明作元后、元后作民父母。（泰誓上）

天佑下民、作之君作之師。（上同）

惟天惠民、惟辟奉天。（泰誓中）

曰皇極之敷言、是彛是訓、于帝其訓、凡厥庶民、極之敷言、是訓是行、以近天子之光、曰天子作民父母、以爲天下王。（洪範）

と、白虎通一爵篇に

天子者爵稱也、爵所以稱天子者何、王者父天母地、爲天之子也…（獨斷「天子夷狄之所稱父天母地故稱天子」参照）

等も、後代の常識的説明よりも、説話的に解釋してモット眞意を掴み得べきものであらう。然しなら、支那程古き文字國でありながら、支那原始説話の載籍に乏しき所はないので、天子の古義なども、支那の古傳の古き文字を超えて、ハッキリ把捉できない憾みがある。かへつて不咸文化圏の古代神話による時に、始めて斷爛現在のブリヤートの宗教でも、天上界の最上善神 Ata-Ulan-tengeri は、絶えず中つ國即ち人間界の狀態を視察して、災厄に苦しむ場合には、神子達を降して、救濟したまふとこの信仰があるが、これは實は不咸文化圏に於ける、古き傳統的信念であつて、その最古徵憑は、朝鮮の神典に見られるのである。三國遺事に引用された、多分「壇君記」と思はれる「古記」に、

昔有桓國、庶子桓雄、數意天下、貪求人世、父知子意、下視三危、太伯可以弘益人間、乃授天符印三箇、遣往理之、雄率徒三千、降於太伯山頂神壇樹下、謂之神市、是謂桓雄天王也、將風伯雨師雲師

天佑下民作之君作之師

支那古説話の眞義は不咸系の古傳に照して解すべき

支那程原始説話の載籍に乏しき所はない

ブリヤートの宗教

朝鮮の神典

「壇君記」

庶子桓雄

神市

四〇

東明王篇　而主穀主命主病主善惡、凡主人間三百六十餘事、在世理化…。
　それで、これも隨分要約されたものであるけれども、裏からいへば、天子降誕の動機運路が窺はれる。倘ほこの母體說話の別

天若日子　その子をこの世に遣はす理由――天子降誕の動機運路が窺はれる。倘ほこの母體說話の別支たる、ブリヤート所傳の、親なる Esege Malan の命を受けた、九人兄弟中の眞中の息子 Gesil Bogdo が混亂と災厄の Mangathais へ、降臨する說話と、日本所傳の、親なる天津國玉神の命を受けた、天若日子が「晝は五月蠅如す水沸き、夜は火瓮如く光く神あり、石根木立青水沫も事問ひて荒ぶる國なり」の出雲國造の神賀詞

支那に於ける王權原論も不咸系古傳說の一片鱗　の葦原の中つ國へ降臨する說話とに對照すれば、一層明瞭に話意のある所が看取されるであらう。天命、天明、天道、天威等と云ふて、幾千年間學者紛議の對象さなれる、支那に於ける王權原論も、不咸系古傳說の一片鱗さして見て面白いものがある。

支那思想の核心たる天も東夷よりの讓り物　學術●政敎一切に亙つて、一貫の核心をなす所の天が、支那思想及び支那人の生活に於いて、いかに大切なものであるかは、今更めて云ふ必要を見ないが、この天なるもの、意識及び稱呼は、大概不咸系より

天の諧聲的古義　の讓りものたるを思はせる。天は顚、頂、登、壇を通じ、高の意より導かれし形と義なるが、Tien 又は Tan

凶奴語と蒙古語　なるその音は、凶奴語の撐犂・蒙古語及トルコ語 tangri (tengeri) とも交涉あるべきもので、おそらく拜天者 (Heaven-worshipper) たる、不咸系原住民 (或ひは雜居民) より受繼いで、異種語支那化の場合によく

頭音だけの單綴化　見る例のやうに、頭音だけで單綴化されたる語形であらうし、天と意を通ずる大、泰、台乃至帝等は、そのまた略化されたものであらう。支那に於いて、天を神格的に稱呼する場合に

太一　〔淮南子天文訓〕

天極　〔漢書天文志〕中宮天極星其一明者泰一之常居也。太微者太一之庭也、紫宮者太一之居也、

支那文化に於ける東夷素（不咸素）

四一

不咸文化論

泰。一。 上同〔同郊祀志〕 毫人謬忌秦祠泰一方曰天神貴者泰一泰一佐曰五帝。
天皇。〔張衡思玄賦〕 覲天皇於瓊宮。

十五、伏羲氏と帝堯舜

天と tangri との源流關係を、最も具體的に表象してくれるものとして伏羲（庖犧・宓犧・炮犧）神話を擧げ得る。伏羲は天上神たる三皇に次いで、人界神の始祖さなり、人文の創始者こなられた、首出の「帝」（天子、天の代表者）で、まづ壇君、Gesil Bogdo 的地位の者なるが、その說話素を見るこ震より出でたさいひ、住東方に在りさいひ、春を司り日の明に象つたさいひ、犧牲の祖、卜筮の起りさいひ、何れも pǎrk 的淵源を思はせるものばかりで、而もその帝號は伏羲（昊）さいひて、明かに pǎrk 系の名號をも帶びて居、神母が光明に感じて孕み生みしさいふ pǎrk 系感生談をも傳へて居る。

漢書 律歷志下「太昊帝易曰炮犧氏之一切王天下也言炮犧繼天而王爲百王先…」

等があり、その權化さする天子に、大君（易）・大家・天家（獨斷）の別稱があり、後世道家にて天を器界化して呼ぶ時に、大雜・丹丘・青丘・赤縣と稱され、支那の民間信仰に於いて、天を代表さすに北斗を以てするが通例なるが、斗に太一・太乙・天極・天罡・斗君の名ある等によつて、吾人の天の本生（原形）こして、tangri (tengeri) 若くはその類語を想像するの、强ち無理ならざるを見る。而して泰山を天視し、望秩・封禪等の盛儀を以つて、天に告謝の誠を展ぶるが、東夷拜天の遺風なるべきを思へば、支那人の「天」に關する理論及び實際が、多く不咸系文化に負ふ所あるを知るべきである。（天の祭を禘こし、その祭壇を泰と稱することも、合せ考ふべきである）。

帝と泰
大君・大家
天家
丹丘
伏羲
天上神たる三
皇
帝
出子震
太皞
pǎrk 系感生談

（一說に神母大人の跡に感じたこといふ大人が、矢張りその東夷に由來するを暗示するものとも見られる）。かく taigar と pärk との典型的兩稱號と、その附隨的事實を兼ね備へたる太昊伏羲氏（Taigär-pärk）は、先づ壇君の支那的一別傳と考へて差支なかるべきである。

典型的兩稱號とその附隨的事實

壇君の支那的一別傳

烈風迅雷弗迷

拜天――而も日を天主としての拜天者たりし、東夷によつて傳へられた、古い話型であらねばならぬ。先づ壇君の支那的一別傳と考へて差支なかるべきである。

支那上代の人文の一大ヒーローにして、東夷の人と考へられた、舜傳說に傳へられる名句が、「名重華字都君。……始遷於負夏、販於頓丘、債於傳虛。……崩於鳴條、葬於蒼梧」世紀の如く、一に tangri 的のものにて、吾輩の見る所では、字形既に光明の意より導かれたるが明かであり、音の舒閏切、また曙晟鮮新等の類緣で、日光關係のものらしく、謚法獨斷及び史記五帝本紀註疏按にも、仁聖盛明曰舜としたる等によりて、大體 tangri 若くは pärk 的證迹を徵すべきが、并せて是によりて支那に傳はりし東夷系古語の變化通型を考ふべきである。

首生盤古

支那の開闢說話

尚ほ進んで、吾人は支那神話の源頭に遡つて、明かなる pärk 傳承の證迹を指摘することが出來る。

支那の開闢說話旣にそれなのである。五運歷年記によれば

元氣濛鴻、萌芽玆始、遂分天地、肇立乾坤、啓陰感陽、分布元氣、乃孕中和、是爲人也、首生盤古、垂死化身、氣成風雲、聲爲雷霆、左眼爲日、右眼爲月、四肢五體爲四極四嶽、血液爲江河、筋脈爲地里、肌肉爲田土、髮髭爲星辰、皮毛爲草木、齒骨爲金石、精髓爲珠玉、汗流爲雨澤、身之諸蟲、因風所感、化爲黎氓

宇宙創成說話
巨人化生的宇宙創成說話

こて、支那に於ても、いはゆる巨人化生說話を以つて宇宙の創成を說く。盤古神話は、そのモチーフ旣に然

伏羲氏と帝堯舜

四三

不成文化論

盤古とプルシヤとヴオタンの總起原にあり

盤古は漢民族專有のものでなし

皇はpark的 帝はtagri的

皇字の象日的構成

鐘鼎彝器に見えたる皇字の古形

從來の解釋は改むる要あり

光り輝く太陽の表象

宗教的對象としての太陽を表はしたもの大也・大君也

であるが、名稱もやはり、印度のプルシヤ、北歐のヴオタン（ヴヰリ、ヴェーを合せて）と、類似を示して居る。然して、吾輩より見れば、是等をひつくるめて、その總起原をpar, 若くはparkěn に求むべきものなのである。盤古の漢民族專有のものでないとは、盤古に次いで、後漢書南蠻西南夷列傳所載の槃瓠傳說と、述異記所載の南海中盤古國傳說とによりて知られる。盤古に次いで、天皇地皇人皇等いはゆる三皇なるものが相次いで說かれ・人皇によりて人文的活動を見られるが、ツマリ天より出で、人世を治理するといふことにな

る。皇は獨斷の文を借りれば「皇者煌也、盛德煌煌、無所不照」とあつて、一方「帝者諦也、能行天道、事天審諦」と（淮南子本經訓「帝者體太一」參照）するに照して、帝がtengri系を爲すやうに、皇はpark系の尊稱を表はし居るが認められる。

皇は說文（一ノ上段注本に據る）に依れば、𝟙大也、从自王、自始也、始王者三皇、大君也、自讀若鼻、今俗以作始生子爲鼻子、是也とあつて、自王に从ひ、大と始の意を表はしたとするも、こは秦代以後の小篆の訛形によつて誤られた見解で、鐘鼎彝器に見えたる古形では、多く𐤇と作つて、自にも王にも關係なく、上の𐤇は中實を取り去つて、𐤇にも作り（皃叔編鐘）、頭上の縱畫を增して、𐤇に作つて（豊号卽敦等）金々自こは風馬牛たるを示して居るから、自王に从ひたるものとして立てられた從來の釋は改めねばならない。吾輩の見る所では、そを尊貴ならしむる基臺を示したもので（實日なれば大地、表象物なれば祭壇）、土（若くは上）は、𐤇の頭畫は、日の光芒を現はしたもので、共に光り輝く太陽の表象たりみたやうなもの）、總じて光明體卽ち太陽、特に宗教的對象としての太陽を表はしたものらしい。皇がもと卽ち日の字を中心として出來た象形兼會意の字たるは疑ひなかるべきと思ふ。（但し說文若くはその以前からの傳統的解釋たるべき、大也とか大君也とかも、必ず根據のあることで、別に考量を要すべ

四四

點と思ふ、

また獨斷に據れば、上古天子庖犧氏神農氏稱皇、堯舜稱帝…で、皇は特に庖犧神農の號であり、帝は皇帝稱號に對する獨斷の限定するに於て、皇たる庖犧氏はその名に於て、明かに pärk の證迹を留め、帝たる堯は、その字形の高遠を意味し（說文）、その名とする放動が、類緣のものであり（大戴禮、史記）、その性德が、其仁如天、其知如神、就之如日、望之如雲、富而不驕、貴而不舒、黃收純衣、彤車乘白馬、能明以親九族、九族旣睦、便章百姓、百姓昭明、合和萬國（史記）とか、光被四表、格于上下（書堯典）とか、その業績が、欽若昊天、曆象日月星辰、敬授人時（上同）とかといはるゝに於いて、舜はその字形字音及び前に記した多くの名句に於いて、それぐ\太陽神若くはその眷屬、若くはその脫化物であるこ見られるであらう。而してそれらが、太陽神即ち天帝であり、pärk, tangri 系の名を有するによりて、その東夷系卽ち不咸系の古傳說古信仰と交涉あるを思はせるものである。

○

帝の字の天、而も東夷語の天を意味する語（Tangri 若くは Taigär）と緣續きたるべきは、その形音義何れの方面よりも揣摩出來る。その篆形帝は、上の二（古文上の字）にて至高無上を現はし、下の示と又は tek の音が出るのであるが、諸音符の字は刺戟貫適の例にて知らゝが如く、入聲Kを伴ふが本義らしいのと、支那に於ける諧聲的字義に、卓違緯偉焯犦擢倜德嫡逖督驀灼的炤磨積礴の例にて知られる通り、tak; tiŏk 類緣の音には、高大超遠光明を意味すると多いのとを以つて類推して、同じ

不咸系神話との交涉

堯は高遠を意味す
放動

炎帝神農氏

太昊庖犧氏

舜

帝字の形音義
と Taigär
その形至高無
上を現はす

その音の Tak

伏犧氏と帝堯舜

四五

不咸文化論

東夷語と朝鮮語	高大光明の意を有する帝の字に tak 類線縁の音のあつたことは、無理のないことである。而して若し帝の字に tak の古音ありしを事實とすれば、それが東夷語に没交渉たる能はざるや知るべく、朝鮮の古語に、天を taigör といひ（今は頭、上を意味し）、今も高きもの、卓れたる形を tak, tăk といふによつてもその古形古義の出自を推しえられる。
天子と感生談	伏羲旣に然りだが、いはゆる感生帝の創業帝王神迹説話は、その天子觀念に附隨する所の、必然的説話上のモチーフで、卵生モチーフと共に、先づ東夷系の思想と認めて然るべきものである。古くは玄鳥卵の
殷の大母神	瑞異を説かる〻、殷の大母神にして堯の庶母といはる〻簡狄説話（史記）より、降つては、卵生遺棄の受難を説かる〻、東夷國といはる〻徐の偃王説話（博物志）に至るまで、支那古傳の中に於ける、東夷型の文化財は、思つたより多量を示すのである。これだけにしても支那古傳と不咸思想との交渉は、いかに本質的で、深きものであるかが推せられよう。
徐偃王	
不咸文化的語彙	翻つてこれを言語の上に徵するに、支那に於ける一物多名の理由には、確かに同じ事物に對する異族語を包含したことも、その一つとして数へらる〻ものと思ふが、その中には東夷系不咸文化系のものも、隨
支那に於ける一物多名と異族語	分多くあるものと思はれる。まづこれを帝王の稱號に就いて考ふるに、天、帝等が tengri（檀君）、皇が桓●桓雄と交渉し、王が ŏm、君が kan, kun と通ずるは兎も角として、特に天子諸侯の通稱たる、惟天惠民惟辟奉天誓泰、蕩蕩上帝下民之辟 詩大雅の辟と、邦伯師長百執事之人尚皆隱哉書盤、宗伯掌邦禮治神人和上下官書周の伯は正に pŭrk それであり、文王烝哉詩大雅の烝と、古之長民者周の長は
皇、王	
辟	
伯●正●烝	
邦	おほかた tangri から來たものであらう。（伯に風伯河伯等の如く長上と神明の義あるは、一層明かにpŭrk と同語たるを示す樣である）。國に對して邦あり、書堯典に協和萬邦とあるやうに、國よりも寧ろ古い

四六

眞番と帶方	語こも見られるが、邦は恐らく不咸系語のPar, Pur（韓にて伐、弗）と同根の語なるべく、郡縣に對する
宗敎語彙	府もそれであらうし、封、方、藩、服、部、鄙、郭、堡等も、これに準じて解すべきものであらう。（朝鮮に於ける眞番、帶方の譯例は、當然參照すべきものであらう）。若し夫れ宗敎的方面に於ては
	神、聖、仙、僳等の神格
	禘、祭、禪、祀、呪、祝、誓、筮、卜、祓、拜、崇等の神事
	福、壽、禍、害等の神驗
	是、善、當、正等の神德
東君	何れも、P、T兩類の外に、Sの類語を加へて、不咸系信仰語彙を以つて解される古語であるが、今は省略に從ふこゝにする。たゞ一つ古來支那にて、太陽を神格化したるを、東君こし（屈原九歌、史記封禪書等）、これが道敎に入つて、東王公こして、重大なる位置を占めたるが、字義は字義こして措いて、これが外ならぬtangriの譯對で、壇君の一別稱たるべきを附記して置く。
東王公	
壇君の一別稱	
伏羲神農と壇君との本質的一致	尙ほ伏羲神農の如き、唐堯虞舜の如き、皇或ひは帝（天神）が、太陽の德を具へ、農業の務めを爲す點に於いて、park の大神格──壇君の如きこ、本質的に一致するを考察し、名相の符合の偶然ならざるを、別の方面より證明するも、面白いここであるが、今はたゞ支那古典に影像されたる不咸（Parkān）的要素の
支那古典に影像されたる不咸的要素	尠からざるここを認めて戴く程度にて足れりこしよう。

十六、蒙古の鄂博と滿洲の神杆

不咸文化に於いて、支那は一旁系こいふよりも寧ろ、久しい前に流被されて居つた一別流の、今はハヤ

不咸文化論

本幹は東北亞細亞

朝鮮の不咸文化圏に於ける地位的一放射點

鄂博祭

朝鮮を通して鄂博の普遍を知る

　甕塞され、涸渇してしまつたる、舊河床の餘痕たらんのみであるが、古今を貫いて pǎrkǎn の脈絡を通じて居るは、實は東北亞細亞及びその隣接地である。近くは滿蒙然り、日琉然りであるが、直ちに滿蒙と日琉さを比較して、本支の跡を徵しにくいものでも、これを朝鮮なる淨玻璃に照せば、三世の實相明歷歷に現はれる所に、朝鮮のこの文化圏に於ける地位が知れるのである。蓋しこの文化圏内に於いて、最も長久の間・一つの土地に於ける一の民族によつて、一貫一統の歷史を有し、一方その前後左右に對して、文化的の一放射點こなりたるが、朝鮮たつたからである。

　蒙古人は天地山川凡てのものを神さ見、その標識こして鄂博なるものを作る。鄂博こは蒙古語「堆」で、石或ひは土を、尖頂の圓形に堆んで、それに非常なる尊崇の誠を捧げ、拜禮を行ふ程であり、五月の鄂博祭には、王その祭主こなるのである。この鄂博は一寸他の所には、類似の俗を見出し難いが、朝鮮にはチャンそれがある。村毎にあつて共同の大祭場たる tangsan、多くの場合兩地の境を意味する峠の上さか、山野神祠の前さかに設けて、行旅により供物を獻げられる chŏthap がそれである。tangsan は堂山こ書かれ、chŏthap は造塔を意味すると思はれるから、イヅレ後代的の稱呼であらうが、他方民家の埓內に淨所を選んで、土を盛り藁覆ひをして、家內の守護神乃至財帛神こして、嚴かに祭られるものを、섭주こ呼ぶのは、蓋し蒙古の Obo と同根語に違ひあるまじく、家内の tangsan の一家的の縮約形（勸請物）が、Op に外ならぬ所である。今の民俗に tangsan が村の入口にある時は多く石堆であり、Op を現はし、これと相對し、その上に一枚石（尖頂たるこ多し）を載せて置くが、これは實に於いて Obo を現はして居る。かく朝鮮を通して、Obo が蒙古に限るものでなく、古い起原を有する、普遍の俗たりし

四八

が知られるが、Obo と Op とを連結して考ふる時に、日本に於ける「ウブ」のこゝが思ひ起される。ウブと云ふだけでは分るまいが、土地開拓の祖神または土地經營の功績神を、その土地の守護神として、極めて親密隆盛なる崇拜を捧げ、これをウブスナノカミ（産土神）と呼ぶがそれであつて、これを氏神として、同一族の祖先乃至住民の生命の由つて出づる所こなし、全氏族或ひは全村落の共同崇祀を受くるは、まさに鄂博そのものである。このウブスナを、或ひは產砂の意ありとし或ひは產住揚なりとも、爲產根とも云ひなすが、吾輩をもつて見れば、これは皆牽强穿鑿の談で、實はその根語「ウブ」に於いて、その本義眞義を徵すべきものと思はれる。而してその樞機を握るが朝鮮なのである。若し朝鮮に於ける tangsan と、滿洲の大祭壇たる堂子との間に、言語的關係があるとすれば、滿洲のこの俗も、朝鮮を通して、その名實の古義を尋ねらるべきである。嘯亭雜錄によれば、國家起自遼瀋、有設竿祭天之禮、又總祀社稷諸神祗於靜室、名曰堂子とあるから、堂子は社稷神卽ち土地神を祭るを以つて本義とすること Obo、Op、ウブに於けるが如くと見られる。（下文並照）

滿洲の古俗たる「設竿祭天之禮」も矢張りその獨特の風を見るべきものであるが、その淸朝に於ける國家的祭祀の意義は、天咫偶聞に據れば

堂子所以祀土穀而諸神祔焉・中植神杆以爲社主・諸王亦皆有陪祭之位…

とあり、その設備の詳は、大淸會典の

…於堂子用松樹一株、留樹杆枝葉十有三層、餘皆芟去枝葉、削成杆長二丈、栩木旛頭黃絹旛一首、五色綾各九尺、剪寫縷、三色朝鮮貢紙八十張打寫錢、黃綿線三斤八兩

蒙古の鄂博と滿洲の神杆

設竿祭天之禮
總祀社稷諸神
祗於靜室
神杆の形制

ウブスナノカミ
全氏族或ひは
全村落の共同
崇祀

四九

不咸文化論

大小鈴七枚	さあり、尚ほ大小鈴七枚を樺木杆梢に繫けたるをあるによりて知られ、その取扱ひ方は、これを、滿洲祭天典禮に「索莫杆」と作して、祭祀毎に請下し來るといふによりて知られ、且つその滿洲に於ける舊樣古義は、方拱乾(甦菴)の寧古塔志の「霆常庭中、必有一竿、頭繫布片曰先祖所憑依、動之則如掘其墓云」によりて揣摩される。然るに、この神杆の俗必ずしも滿洲專有のものでないことは、古くは魏志東夷傳馬韓の「國邑各立一人、主祭天神、名之天君、又諸國各有別邑、名之爲蘇塗、立大木、懸鈴鼓、事鬼神、諸亡逃至其中、皆不還之」とあり、最近に至るまで、昔のその餘流といふべきものが矢대 Sot-tai; Hyot-tai; Sukumakl-tai等の名をもつて流來するあり、今も尚ほ鄕村には魔除けの護りとして、彫物の神鳥を頭に載せたる神杆を、常時庭內に建しく置く風のある等によりて知る通りである。神杆は古く不咸文化系共通の靈標たつたのであるが、他には廢れ若くは變轉を遂げる中に、滿洲には索莫杆として、朝鮮にはSot-taiその他として、その面影を傳へて居るのであるらしい。かの日本に於ける、神社の前に建てる、鳥居の如き、種々その起原意義を說かるゝも、吾輩の見る所では矢張り不咸系の共通古俗たる神杆の變形されたもので、二個い神杆に連絡を與へたのが、今の門形鳥居の起原と思はれる。
索莫杆	
神杆は滿洲の專有でなし	
蘇塗と鈴鼓	
矢대、효人대、수구막이人대	
神杆は古く不咸文化系共通の靈標	
門形鳥居	
三門	滿洲の神杆に、爵位の尊卑によりて、立杆の數に多寡のあるは、日本に於ける三輪鳥居が、朝鮮に於ける「三門」の趣を有するに合せて、神杆のもと孤單的のものばかりでなく、二つ以上のものゝ連結し得るを想見すべきである。尚は日本にて神位を一柱二柱といふも、この索莫杆、蘇塗杆によりて說明さるべきもの
位神をハシラ	

十七、朝鮮と日本との祭祀上一致

満鮮日の共通的説明を要す

とぶふこと

であらうが、これ等は朝鮮の橋渡しによりて、よくその變移の迹を徴されることである。また日本に於いて、神社の拜所・其他神前に於いて、神の注意を促さむ爲めらしく打鳴すべき鈴の掛けあるも、滿洲朝鮮と合せて、共通的説明を爲すべきものたるや、論なきことである。

朝鮮と日本と文化的類緣の深き一理由

日本は朝鮮に次いで、一土一民の繼承的古國であるだけ、宗教文化、不咸文化を通しての、兩國の類緣狀態は、特に深く多きを見る。今一々それらを羅列するの暇を有しないが、祭禮の一隅を舉げて、その全面を偲ぶこととしよう。

両地の祭祀的同源

朝鮮の古語にて祭禮を마지といふは、日本のマツリと同源關係に立つを想はせるものであり、日本の祭禮に於ける、神輿、山車、講中の俗は、新羅の龍華香徒三國史記卷四十一、高麗の萬佛香徒東國通鑑卷之十八肅宗六年及卷之二

神輿と香徒

十二仁宗九年參照 等の、香徒の風と符節を合すが如きがあり、且つ日本の神輿が朝鮮の大祭典たる八關儀と、儀禮の種目と、御祭り氣分とを同じうし仲冬八關儀參照、日本の神事に淵源したらしく思はれる。

마지とマツリ

現朝鮮の상두 sangtu と、形體裝飾を同じうすること等は、兩地の祭祀的同源を徴するに見逃すべからざる事柄である。

民俗に生きる古神道

朝鮮に於ける古神道は、特に李朝以來その宗教的統一を失ひたるも、その古儀行事は多く、原義を忘れられしも、又變轉墮落を重ねつゝ、民俗的に別種の生命を保持するやうになつた。新羅に於ける「原花」、高麗に於ける「仙家」なる教團が解體されて、その眷屬なる「仙官」は口寄せ（寄人）となり、「花郎」は語り物師となり、「仙家」となり、

朝鮮の古神道原花、仙家、仙官、花郎

「花郎」[꼿대장이]、사당

「꼿대장이」、「사당」は歌比丘尼となる等、凡て社會的賤民劣

朝鮮と日本との祭祀上一致

五一

不咸文化論

契	
香徒軍	
契の宗教的起原	宗教中心の一種の自治團體
契員同士を香徒と呼ぶ	
無盡講、賴母子講の原始	
香徒都家は町村自治役場	

業に墮してしまつた。而してその奉仕團體なる「香徒」が、經濟的一面は「契」(講)となり、一種の互助組合若くは細民金融機關となりたるは宜しくして、その奉仕的一面が名號と共に喪轝擔ぎに受繼がれて「상두」(香徒連中)といへば、殆んど人非人の輩とされるに至りたるは、實に心外といへばいへることである。(今の「상두」は香徒の轉化)。

今は契の起原も、「상두」の名義も忘れられて居るが、契はもと宗教的行事を中心とする一種の部落議會であつた。(三國遺事卷第一新羅始祖、卷第二駕洛國記參照)。これが後に、國敎の成立と共に、敎團の中心となり、進んで國民皆敎徒の古義より宗敎中心の一種の自治團體の形を爲し、村里毎に若くは職業毎に一契を有して、共同生活上一切の世話をするやうになつたが、これかいはゆる契の源委で、契員同士を香徒と呼ぶのであつた。いはゞ香燈香火を共にする連中とでもいつたのだらう。而してその内には神地參詣の團體もあり、神事奉仕の部面もあり、賴母子講の原始もなり、隨つてその費用の積立と、利殖の方法も出來、轉々して今日見るが如き、無盡講、賴母子講の「香徒軍」=喪轝擔ぎは、羅麗代に於ける神輿擔ぎより來り、「香徒都家」=喪儀屋は、朝鮮中葉迄も町村自治團の役場見た樣なものであつた。

芝峰類說(卷二)諸國部風俗に

我國之俗、凡中外鄕邑坊里、皆作契、以相糾檢、謂之香徒、按輿地勝覽、金庾信年十五、爲花郞、時人服從、號龍華香徒云、今香徒之稱、盖本於此

とあり、五洲衍文(卷五十二)香徒辨證說に

余見三四十年間、京師閭巷以米息利、名曰香徒米、又有香徒稧之稱、此以喪徒稧、貫喪葬諸具及舁喪轝擔軍䰎名稱香徒

近世に於ける香徒の義	禊、禊者非王逸少蘭亭修禊祓除不祥之稱、如古里社、一里相會殖利者謂之契也如漁夫契四亡契、四寸契隨事爲名、大抵仿蘭亭脩禊之禊而訛作禊也、省作契也
	こあり、共に近世に於ける香徒の義を徴すべく、尚は三國史記(卷四)眞興王に三十七年春始奉源花、初君臣病無以知人、欲使類聚羣遊、以觀其行義、然後擧而用之、遂簡美女二人、一日南毛、一日俊貞、聚徒三百餘人、二女爭娟相妬、俊貞引南毛於私第、強勸酒至醉、曳而投河水而殺之、俊貞伏誅、徒人失和罷散、其後更取美貌男子粧飾之、名花郎以奉之、徒衆雲集、或相磨以道義、或相悅以歌樂、遊娛山水、無遠不至、因此知其人邪正、擇其善者、薦之於朝…
「風月」敎團 彌勒仙花 國仙之徒	こあり、三國遺事に「風月」敎團、卽ち國仙花郎の眷屬を記するにも、彌勒仙花卷三、桃花女鼻荊郎卷一等の「其徒」、竹旨郎卷二、栢栗寺卷三、景文大王卷二等の「郞道」、月明師兜率歌卷五の「國仙之徒」、融天師彗星歌卷五の「三仙之徒」、栢栗寺卷三の「珠履千徒」、貧女養母卷五の「郞之千徒」の如く、徒の字が常用されて居るに、香徒(或ひは郞徒の轉?)の稱の古きを推すべきである。
祓(禊)	然しこゝには細かい穿鑿を止めて、祭禮に於ける最も必須事ざされる、祓(禊)に就いて、考察を試みれば、祓は古代神道に於いて、罪ざ穢さを一つにする觀念から、事前には預備的に、事後には追贖的に、身心を潔齋す(淨む)ることによりて、神に近づくやう(又遠さかれないやう)にする宗敎的行事であるが、
日本に於ける古來の解釋	ハラヒ≧稱へる語義を究むるによりて、その原始的意義を尋ぬべきである。日本に於ける古來の解釋によれば、ハラヒ(へ)はアラヒ≧同義にて、洗ひ淨むる意ぁりこすろが、こは行事の形相からいつて、穿き違ひさまではいへないにしても・吾輩の見る所では、眞を穿つた解釋≧は思はれぬのである。
朝鮮に於ける神事	朝鮮に於ける神事は、大雜把に又 Kut, 둘이 Nori 풀이 Puri の三種に分けられるが、その中でも Puri は

朝鮮と日本との祭祀上一致

不咸文化論

三者をひつくるめる總稱　三者をひつくるめる總稱として用ひらるゝものと思はれる。풀이 puri は逐鬱のことを「쯧풀이」、驅邪のことを「푸넛풀이」、洩ひ、誦常語にも、撥悶のことを「火풀이」、報宽のことを「憤풀이」といふ等に照して見て、追ひやる、拂ひ退ける意なるが知れ、又一方には邪神惡鬼に供物を捧ぐることを풀어먹이 puri-

풀이の根本義は「解ク」　mǒki、即ち puri して食べさせるといふこともあるによりて、其の最も本義さするはトク、ホドク、チラス、ノクの意にて、結滯を融解さす、憤怒を和らぐ、憎惡を解かす、宗敎的にいつて、穢を去つて淨きに就き、罪を消して善に返り、禍厄を直して吉祥に近づき、惡精より逃れて善靈にかしづく等が、もさく「解ク」といふ一原義より派生し來たものに外ならぬのである。日本神道に於けるハラヒなるものも、もさ斯くの如き性質のもので、自らの力にてアラヒサルことでもなく、又淨くなりをはるわけでもなく、禊なごの方法にて身を淨むるは、神へのハラヒの前提にて、

日本神道に於けるハラヒ　その實體ではなきこと、朝鮮の puri にて知らるゝが如きものなるを思はせる。ツマリ日本のハラヒの本義を知るには、朝鮮の puri に徵して可なるべく、ハラヒといふ稱それが、既に puri の和語形に外ならぬのは音韻上明白なことである。

풀이とハラヒ

ハラヒグシの兩國同形　puri さ、ハラヒグシの同源關係を示してくれる一左劵として、ハラヒグシの兩國同形を擧げ得る。高麗史（卷四十）恭愍王十三年夏四月の

剪紙爲旗　辛丑燃燈　觀呼旗戯於殿庭、賜布、國俗以四月八日、是釋迦生日、家家燃燈、前期數日、羣童剪紙竿爲旗、周呼城中街里、求米布爲其費、謂之呼旗

こあるこ、慵齊叢話（卷之二）歲時名日所擧之事に

四月八　燃燈、俗言釋迦如來誕生辰也、春時兒童剪紙爲旗、剝魚皮爲皷、爭聚爲羣、巡閭巷、乞燃燈

十八、不咸文化圏とその楔子

呼旗	之具、名曰呼旗、至是日、家家樹竿懸燈…とあるの、呼旗は吏道讀みに불긔 purki と讀むべきもので、新羅の弗矩内が高麗にて八關會の名を冒す樣になりたる如く、古神道ハラヘグシの、佛教行事に攝收轉化されたものたるや疑ひなきことである。こゝにいはゆる「剪紙寫旗」は、ハラヘグシ(祓串)の「細キ木ニ紙ヲ細ク切リテ付」(言海)けたるものであり、前に出した淸會典の「五色綾各九尺、剪寫縷、三色朝鮮貢紙八十張打寫錢」であり、寧古塔志所記の「竿頭繋布片」と相通するものである。かくハラヒを通して、個人的消極的原始的の神事に於いて、朝鮮と日本こが、名實共に緊密なる一致を示し、滿洲またその類緣地なるを彷彿たらしむるも、その契機は朝鮮の풀이にあるのである。(祓のことは略する)
呼旗(ハラヘグシ)の鮮日滿連結	
풀이の世界的語根 祓 pur	尚ほ面白きことは、不淨、觸穢、罪障を拂淨を意味する言葉が、邃古から、東西形を同じうすること である。漢字の祓(弗、茀、祓)が、拔の義より導かれたるはさることゝして、拂淨 purification; pure の語源を作す英の pure、佛の pur、羅甸の purus (putus)、梵語の pur 等凡て淨むる意の語が、풀이と類緣を示すは、固より偶然でなく、適々以つて풀이の事實と共に、その稱謂の古きを徴すべきことゝ思はれる。こ の一點にも、朝鮮を通して見られる不咸文化を通して眺められる全人文の深き秘密が、魅力あるその眼を瞬くを見る。
朝鮮を通して見られる不咸文化	
不咸文化の廣き範圍と深き根柢	以上の蕪雑なる考察によつても park 中心の文化が、如何に廣き範圍に亘り、深き根柢を有つて、存在せ (parkăn) られたかが略ほ窺はれる。而して秦代を下らざると思はれる山海經には、既に不咸の稱が、大人、白民の名

五五

不咸文化論

不咸文化圏

- 強靭なる信仰
- 特色の起りし理由
- 東方の諸民邦今尚ほ共通の文化に育まれ居る
- 主上神名稱上の一致
- 不兒罕と布庫哩山
- 建國神話上の一致
- 赤山と泰山Taigăr信仰上の一致
- 山海經の不咸漢書の分黎

共に記され、漢書には、今朝鮮にて白山さいはれるを分黎山さして載す、以つて文獻的にも、păik（păr）（păr）の古きを見るべく、魏書には烏丸人の信仰を記して、人死すればその魂魄赤山さいふ靈地に歸すさなし、死者あれば、犬牛等を附けて、赤山に護送すさしたが、この赤山また Taigăr 信仰の遍ねきを知るべく、蒙古の建國神話は、天命を受けたる蒼き狼さ・その妻なる憐白き牝鹿の不兒罕山にいへるして、國祖を生みたるを傳へ、滿洲の創業は金剛山等さ 符節を合すが如きによつて、Taigăr の一略形で、名實共に泰山金剛山等さ 符節を合すが如きによつて、

また、長白山の東、布庫哩山下布勒瑚哩地の朱果異蹟を説る、不咸系の傳統的思想の常恒普遍に驚くべきである。尚ほ蒙古語、神佛を總稱してブルカンさし、鄂倫春人家毎に八拉罕の神棚を設け、索倫人の家には必ずボロハンの祭られるあり、ギリヤークでは山の神にパールの名あり、朝鮮に於ける府君（Pukun 乃至 Taigam）賁祟、日本に於ける神道諸派、琉球に於ける御日の御前（琉球語日を fii pi さいふ）の信仰さ共に、東方の諸民邦今に至るも、隱約の間に共通の文化に育まれ居る消息を察すべきである。păik 思想の學究的興味を唆る、豈只歴史的の一面に止まらんや。漫然亞細亞主義を説くもの、またその精神的支柱さして、是に顧みるを要するであらう。

要するに黑海より、裏海を經て、パーミルの北東支たる天山山脈より、アルタイ山脈、サヤン山脈、ヤブロノイ山脈に沿ひ、更に南に轉じて、與安山脈大行山脈以東の地、朝鮮、日本、琉球を包括する一線は păik 中心の信仰、社會組織を有する民族分布し、その種族的關係は兎も角さして、文化的には確かに一連鎖を爲して居つた。その本源地より遷徙年代の前後さ、定着地の環境的制約さは、それに文野若干の派別を生ぜしめたるも、もさ同一の根本より分れた説話を、その建國歴史さして、分割的に傳承し、その また根本を爲す所の、普遍にして強靭なる一信仰によりて、よく一致したる文化的現象を保有し、それが

| に統括せらる

| 壇君と夫妻

| 學界の處女地
| 東亞文化の秘鍵

| 人文科學的民俗學的研究
| 東方乃至全人類文化の隠れたる一面

元來動かし難い信念的のもの、即ち生活の最上規範ごしたものであつた故、絶えずョリ強き文化に壓迫され乍ら、尚ほよく、古今東西に通ずる、その系統的生命を維持して居つた。これが支那、印度の兩南系に對して、東方文化の北系を爲す不咸文化系統で、この系統に屬する民邦には、或る時期迄の特殊なる歴史なきが、その一大特色をなす位に、共通一致した感情が流れて居つた。Pārkān に照されて、又 Taigār に護られて、彼等の現實的理念的の一切生活は、安泰ご滿足を得るごするのであつた。而してその明白なる徵憑ご喫繋なる契機を爲す者が、朝鮮歴史上に於ける、壇君ご夫婆ご、その敎へごする「風流」道(八關會)、府君神道、乃至國仙道)である。 Tār(Pārk) Taigar Pār (Pārkan) Tār kān

今日東亞殊にその北部に於ける、多くの民族分派の源委、文化構成の内容は、尚ほ未だ學界の處女地に屬し、俄かにその眞さ詳しきするも、吾輩はこの pārk 思想の探究に依つて、その淵源の大幹を垣間見たる感あり、是を辿り、是に基いて、東亞古文化の眞の説明は付くものぢやないかさいふここを、年來考へて居る。宗敎上言語上又た人類學的に民俗學的に比較鑽鑿されて、寧ろ東亞文化の秘鍵こも思はれる壇君が、一知半解の常識的學者によつて盲打ちにされるを見る度に、隨分ハラハラの思をさせられ、一方東亞の文化ごしいへば、凡て支那本位乃至印度本位に見且つ價値付けるべきものノ樣に云爲されるを見る度に、東洋學の進まざる、この成心ご先入見さに禍ひされて居ることの多きを嘆ぜざるを得ぬ。近間に至り、漸く人文科學的民俗學的の風盛んになり、學界爲めに新生面を開かれんごするは誠に、埋もれたる東方文化の本地眞相の爲めに、喜びに堪えないこさで、今後の期待は一に掛つて、この方面にあるこもいへる。吾輩の見て東方乃至全人類文化の隠れたる一面さし、その綜合的視察の焦點たるべきごする、この pārk 思想が、今後幾多聰明の士に依つて、益々幽を開き秘を發かれ、その體系ご性質さが明かにさ

不咸文化圏とその楔子

五七

不咸文化論

れば、人類文化の審明上、隨分大きな新光明を齎らされることゝならう。

（一九二五、一二、二七稿。もと新聞の連載物として起草したるが爲め、通俗簡明を主とし、依據と引證とを省いた。但一四―一七は後に至り補足す、叙述の體同じからざるは之が爲めである）。

大きな新光明

역주자(譯註者) 약력

정재승(鄭在乘)
한민족 고대문화의 기원 문제에 관심을 갖고 답사와 연구를 병행하고 있다. 《민족비전 정신수련법》, 《선도(仙道)공부》, 《일만년 겨레얼을 찾아서》, 《바이칼, 한민족의 시원을 찾아서》 등을 엮어 펴냈다.

이주현(李周眩)
일본 각슈잉(學習院)대학 사학과 졸업(일본 고대사 전공). 이화여대 사학과 석사(한국 고대사 전공). 현재 상명대학교 사학과 박사과정 재학 중(한국사 전공).
논문〈발해-왜(倭) 외교관계연구〉, 〈7세기 백제-왜 외교관계연구〉

불함문화론

2008년 12월 20일 초판 1쇄 발행
2016년 5월 31일 초판 2쇄 발행

지은이 | 최남선
역주자 | 정재승·이주현
펴낸이 | 이세용
펴낸곳 | 우리역사연구재단
출판등록 | 2008년 11월 19일 제321-2008-00141호

주 소 | 서울시 서초구 서초동 1689-2번지 서흥빌딩 401호
전 화 | 02-523-2363
팩 스 | 02-523-2338
이메일 | admin@koreahistoryfoundation.org
홈페이지 | http://www.koreahistoryfoundation.org

ISBN | 979-89-961975-2-2 94910

잘못된 책은 구입하신 서점에서 바꾸어 드립니다.
이 책의 저작권은 우리역사연구재단에게 있습니다.
우리역사연구재단의 허락 없이 내용을 인용하거나 발췌하는 것을 금합니다.

정 가 | 20,000원